SAUVEZ VOTRE COUPLE

UNE STRATÉGIE EN SEPT ÉTAPES
POUR RÉTABLIR LES LIENS AVEC VOTRE PARTENAIRE

SAUVEZ VOTRE COUPLE

UNE STRATÉGIE EN SEPT ÉTAPES
POUR RÉTABLIR LES LIENS AVEC VOTRE PARTENAIRE

PHILLIP C. MCGRAW, PH.D.

Adapté de l'américain par
Mathieu Fleury

© 2000 Phillip C. McGraw, Ph.D.
Titre original anglais : Relationship Rescue: a seven-step strategy for reconnecting with your partner
© 2001 Éditions AdA Inc. pour la traduction française
Cette édition est publiée en accord avec Hyperion, New York, NY

Typographie et mise en page : Carl Lemyre
Traduction : Mathieu Fleury
Révision : Denise Pelletier, Françoise-Laure Burlet, Cécile Rolland
Graphisme : Carl Lemyre

ISBN 2-89565-022-5

Dépôt légal : troisième trimestre 2001
    Bibliothèque nationale du Québec
    Bibliothèque nationale du Canada
Première impression : 2001

Données de catalogage avant publication (Canada)

McGraw, Phillip C., 1950-

    Sauvez votre couple : une stratégie en 7 étapes pour rétablir les liens avec votre partenaire

    Traduction de : Relationship Rescue.

    ISBN 2-89565-022-5

    1. Thérapie conjugale - Ouvrages de vulgarisation. 2. Relations entre

hommes et femmes. I. Titre.

RC488.5.M4M4214 2001   616.89'156   C2001-941235-5

Éditions AdA Inc.

172, Des Censitaires

Varennes, Québec, Canada, J3X 2C5

Téléphone :   450-929-0296

Télécopieur : 450-929-0220

www.AdA-inc.com

info@AdA-inc.com

Diffusion

    Canada : Éditions AdA Inc.

    Téléphone :   450-929-0296

    Télécopieur : 450-929-0220

    www.AdA-inc.com

    info@AdA.com

Imprimé au Canada

Dédicace

*Ce livre est dédié, avec tout mon amour et ma tendresse,
à mon épouse, Robin,
qui n'a jamais cessé d'être ma femme
même si entre-temps elle est devenue mère ;*

*à mes deux fils,
Jay et Jordan,
qui m'inspirent l'excellence ;*

*et à la mémoire de mon défunt père,
« Dr. Joe » (alias « old man »),
un homme aux grandes passions et un être d'émotions
qui surmonta d'énormes défis afin d'apporter le bien à tant d'êtres.*

table des matières

remerciements

Je remercie Oprah Winfrey pour l'amitié qu'elle ne cesse de me porter, pour son soutien et parce qu'elle croit en mon travail. Je la remercie pour sa vision du monde et pour m'avoir permis de partager le plateau de son émission par laquelle elle maintient son engagement à apporter dans la journée de ses auditeurs quelques moments sains et constructifs. Elle représente toujours la lumière la plus étincelante et la voix la plus claire que notre monde connaisse par son courage et son intégrité.

Je remercie mon épouse, Robin, et mes fils, Jay et Jordan, de croire en « papa » et pour leurs sacrifices personnels durant l'hibernation que nécessite mon travail. Ils n'ont manifesté qu'enthousiasme et ferveur et ne se sont jamais plaints de l'intrusion dans la vie familiale de mon projet. Un merci tout spécial à Jordan pour ses fréquentes visites et sa présence sur le balcon au-dessus de mon bureau. « Merci, Peteski. » Ma famille m'inspire et me prodigue un amour inconditionnel. Je les remercie de pouvoir toujours compter sur eux ; ils sont, pour moi, un baume réconfortant, une tanière où je peux me reposer. Si la valeur d'un homme se reflète dans la vie de sa femme et de sa famille, je suis un homme béni et comblé.

Je voudrais également remercier Skip Hollandsworth pour l'édition passionnée et vivante de ce manuscrit. Skip a été incroyablement têtu, une source intarissable d'arguments, et a travaillé sans relâche à mon amélioration personnelle ainsi qu'à celle de mon manuscrit. Il a d'ailleurs atteint ces deux objectifs. Son humour, son ardeur au travail et l'intarissable talent qu'il possède pour démêler et éclaircir mon propos ont constitué des ingrédients importants dans l'élaboration de ce livre. Merci, Skip, pour ton esprit et ton amitié. Tu as fait une grande différence dans ce projet. Tu es un véritable professionnel.

Encore une fois, j'aimerais souligner l'apport de Jonathan Leach, je voudrais le remercier pour son style d'écriture unique et pour son apport organisationnel au projet, particulièrement dans les points tournants de ce livre. Merci, Jonathan, d'avoir accepté d'offrir ton aide malgré ton emploi du temps très chargé. Tu as été présent lorsque j'en ai eu besoin et je t'en suis reconnaissant.

Mes remerciements habituels à Gary Dobbs, mon ami de longue date, mon associé et le parrain de mes enfants. Merci de tout partager avec moi.

Merci à Bill Dawson, « l'éclair pourpre », premièrement pour l'authenticité de son amitié et deuxièmement pour ses conseils légaux. Bill est inscrit sur la minuscule liste des gens qui ne me disent jamais non. Merci d'ailleurs à Scott Madsen d'être également inscrit sur cette liste.

Merci encore à Tami Galloway et Melodi Gregg qui ont travaillé sans arrêt mais avec un bonheur constant à la préparation de ce manuscrit. Toujours l'esprit vif, même aux petites heures du matin et la fin de semaine où elles auraient pu être à un million d'autres endroits. Je n'y serais jamais arrivé sans elles.

De plus, je voudrais une fois de plus remercier les centaines et les centaines de participants à mes séminaires qui m'ont appris, année après année, ce qui fait qu'une relation de couple réelle fonctionne ou non. J'espère que mon travail en général et mes écrits en particulier démontrent que, durant tout ce temps, j'ai été l'étudiant et j'ai moi-même suivi un cours sur la vie.

Un gros merci à Bob Miller et Leslie Wells de la maison d'édition Hyperion. Je n'ai jamais parlé à Leslie et à Bob sans me sentir mieux d'avoir vécu cette expérience. Ce sont des personnes qui croient vraiment à l'intégrité d'un livre ou ils ne le publient pas. Il font ressortir le meilleur de moi-même en me mettant au défi de m'élever à leur niveau.

En dernier, mais avec une aussi vive reconnaissance, je remercie tous ceux qui m'ont apporté leur soutien lors de mon travail télévisuel et qui m'ont aussi soutenu pour mon livre *Stratégies de vie*. Il m'a fait un immense plaisir de recevoir autant de nouvelles de vous et d'apprendre les changements que vous avez apportés à vos vies.

SAUVEZ VOTRE COUPLE

SOYEZ RÉALISTE :
PRENEZ CONSCIENCE DE VOTRE ÂME

S i votre relation amoureuse est problématique, que ces problèmes soient minimes ou extrêmes, je vais vous dire sans détour comment résoudre cette situation. Je ne tenterai pas d'être ni séduisant ni doucereux et je ne vous assommerai pas avec de grands mots. Je ne ferai pas non plus de psycho-babillage et je n'utiliserai pas une théorie *à la mode* actuellement. Je vais vous donner des réponses utiles, honnêtes et sensées, des formules qui ont toujours fonctionné mais qui ont été noyées dans le déluge de la psycho-pop, psychologie totalement dénuée de sens.

Mais il existe un préalable sérieux qui déterminera les résultats du sauvetage efficace de votre relation et du rétablissement de la connexion avec votre partenaire. Vous devez être réaliste au sujet de *votre* situation. Et lorsque je dis réaliste, c'est à cent pour cent réaliste, sans vous défendre et sans nier : totalement réaliste. Si vous vous justifiez, si vous êtes borné, si vous êtes sur la défensive et entêté, vous allez certainement échouer. Bien que le but de ce livre soit de porter secours à votre relation amoureuse et de vous aider à rétablir les liens avec votre partenaire, vous êtes l'outil nécessaire à l'accomplissement de cette tâche. L'outil n'est pas vous et votre partenaire, mais vous seul. Vous ne pourrez rétablir les liens avec votre partenaire qu'en rétablissant le contact avec vous-même.

Je vous le dis, vous pouvez changer votre partenaire du tout au tout, vous pouvez quitter cette personne et en choisir une meilleure, mais cela ne changera absolument rien, sauf si vous décidez de faire le ménage de votre propre terrain. Ce périple ne commence pas par votre partenaire et vous, c'est vous qui en êtes le point de départ. Vous devez reprendre les rênes et devenir une personne qui exige la qualité et inspire le respect, qui ne se satisfait de rien de moins qu'un amour vécu au présent et durable. Ce changement s'effectuera par une redécouverte personnelle et seulement lorsque vous déciderez ce qui doit advenir de votre amour, de votre vie et de vos ambitions. Ce changement vient donc de votre for intérieur et s'extériorisera par la suite. Votre perspicacité et votre engagement doivent être optimaux. La sauvegarde et le sauvetage de votre couple dépendent de vous. Poursuivre ce cheminement dans un autre état d'esprit assurerait son échec, un échec lamentable. Voilà pourquoi je dois d'abord vous amener à devenir réaliste avec vous-mêmes. Je sais que vous n'êtes pas sincère et honnête avec vous-même, car, si c'était le cas, votre relation ne serait pas problématique et vous n'auriez pas commencé la lecture de ce livre.

D'ailleurs, si vous êtes dans une relation pénible, cahoteuse, dans une relation qui vous accable de souffrances, qui vous rend confus ou insensible, vous avez définitivement, j'en suis convaincu, perdu le contact avec votre pouvoir personnel, votre propre dignité, vos propres critères d'excellence et l'estime de vous-même. Vous vous êtes complu dans votre souffrance et accommodé d'attitudes destructives. En désirant être trop raisonnable, vous avez mis de côté la plupart de vos rêves et espoirs ; vous vous êtes contenté de trop peu ; vous avez laissé l'apathie vous engourdir et vous avez probablement laissé votre partenaire vous maltraiter pendant plusieurs années. Mais qui plus est, vous *vous* êtes maltraité. Vous avez blâmé votre partenaire et certaines circonstances plutôt que de vous efforcer à chercher, en vous, les réponses. Vous avez perdu le contact avec une partie de vous-même que j'appelle le noyau de votre conscience : l'endroit où vous êtes totalement défini ; l'endroit où sont concentrés vos forces, vos instincts, vos valeurs, vos talents et votre sagesse. Souvenez-vous : il existe un moment dans votre vie où vous étiez sûr de ce que vous étiez, sûr de ce que vous vouliez. Vous croyiez à votre potentiel et votre vie était remplie d'espoir et d'optimisme. Vous étiez en contact avec le noyau de votre conscience. Vous viviez à l'unisson avec ce cadeau de Dieu, avec le noyau qui vous définissait. Vous pouvez reprendre contact avec ce noyau.

Ceci n'est pas de ridicules babillages. Ceci sera, peut-être, la plus importante notion que vous devrez maîtriser. J'ai fait l'étude des gens qui ont du succès, et ce, toute ma vie. Je me suis toujours demandé pourquoi ces personnes créaient des relations et une vie fructueuses, merveilleuses et gratifiantes. Tandis que d'autres personnes tout aussi talentueuses vivent dans la médiocrité. Nous connaissons tous des gens sur qui les bonnes occasions déferlent constamment, mais qui n'en font strictement rien. Nous connaissons aussi d'autres personnes qui semblent sortir de nulle part, des personnes qui défient la chance, qui surmontent d'immenses obstacles et qui se forgent une place dans ce monde. J'ai découvert, de manière indéniable, que les gens qui réussissent ont un si bon contact avec le noyau de leur conscience, sont tellement conscients de leur valeur que, non seulement ils se traitent avec respect, mais ils inspirent ce même respect à autrui. Ils vivent avec une plus grande clarté d'esprit, une clarté qui leur confère une inébranlable confiance en eux-mêmes. Ce qui leur permet, à eux seuls, de déterminer la qualité de leur vie. Ils se sont infiltrés dans le noyau de leur conscience ; ils ont réclamé leur droit à une vie qui les comble ; ils ont refusé d'exiger moins d'eux-mêmes et de toutes autres personnes.

La vérité n'est pas toujours facile à entendre, mais elle n'en est pas moins juste. Je ne vous permettrai pas de vous y soustraire et, par le fait même, de vous leurrer. Alors, écoutez-moi : si vous ne faites pas le ménage dans toutes les convictions négatives injustifiables et dans toutes les informations douteuses que vous avez assimilées, vous ne pourrez pas reprendre le contact avec le noyau de votre conscience. Vous aurez des critères de réussite si bas que vous continuerez de détruire votre relation. Vous resterez affligé par la souffrance, la culpabilité, la colère et la confusion ; soyez-en certain.

Voilà pourquoi je veux que nous débutions par vous. Vous devez réclamer votre propre force et votre propre pouvoir pour bâtir une relation extraordinaire. Le pouvoir dont je parle n'est pas celui qui vous permettra de dominer votre partenaire ; il ne vous permettra pas non plus de gagner en arguments.

Ce n'est pas un pouvoir qui prend aux autres pour vous donner davantage. C'est un pouvoir qui vous permet de donner et d'améliorer la vie des gens qui vous entourent. Je parle d'un pouvoir qui prend sa source dans la profondeur d'esprit et dans les convictions : le pouvoir d'inspirer, le pouvoir de créer, le pouvoir de vivre votre vie et votre relation à un tout autre niveau. C'est le pouvoir silencieux et pacifique de la dignité et du mérite personnel. Lorsque vous vous infiltrerez dans le noyau de votre conscience, lorsque vous commencerez à créer votre propre expérience, le monde et votre partenaire commenceront à agir différemment avec vous. Comme Emerson a un jour écrit : « Ce qui s'étale derrière nous et ce qui s'étend devant nous est blême en comparaison avec ce qui est en nous. »

Voici donc la condition à respecter : en parcourant ce livre, vous devez considérer avec attention tout ce qui vous est présenté en gardant à l'esprit ce que cela peut vous apporter dans la reprise de contact avec vous-même ; comment cela peut vous faire accéder au noyau de force qui est en vous. En parcourant les pages de ce livre, gardez à l'esprit qu'il faut remettre l'honneur et la noblesse dans votre cœur afin de pouvoir commencer à approcher le monde dans une position de force plutôt que de faiblesse. Engagez-vous immédiatement à exiger davantage de votre personne. Faites-le pour vous et faites-le dans chaque aspect de votre vie. En tournant chaque page, je veux que votre esprit s'élève, je veux que votre menton se redresse et que votre buste se gonfle ; non pas par vanité, mais par détermination. Vous infiltrer dans le noyau de votre conscience, redécouvrir votre force intérieure et votre désir de grandeur peut être l'acte le plus significatif de votre vie et le plus beau cadeau que vous puissiez offrir à votre partenaire.

chapitre un

C'EST L'HEURE ; IL EST TEMPS D'AGIR

Il y a maintenant quinze ans que j'ai rencontré Carol et Larry dans mon cabinet de psychologie. Ils formaient un couple plutôt typique ; je dis typique parce qu'ils éprouvaient des problèmes dans leur relation de couple. Comme tant d'autres, ils étaient persuadés que leur profond amour et leur optimisme feraient perdurer leur relation. Ils avaient choisi de former un couple parce qu'ils sentaient que l'idée de partager leur vie était la chose à faire et parce qu'ils croyaient que leur union les comblerait. Ils ont sérieusement établi leur relation, ils ont fait des sacrifices et se sont promis de s'offrir leur cœur et leur âme.

Et les voilà dans mon cabinet, tentant de s'expliquer pourquoi la chose même qui devait les rendre heureux et les combler, en réalité les emprisonnait et engendrait, chez eux, un sentiment de déception. Ils souffraient, se remettaient en question et se demandaient comment leur union avait pu devenir stagnante en si peu de temps. Carol avala sa salive, en touchant de ses doigts sa gorge pendant que des larmes glissaient le long de ses joues. Larry regarda par la fenêtre, les épaules affaissées, le menton appuyé sur ses doigts. Leur relation se définissait désormais par une exaspération silencieuse ponctuée de silences fâchés en alternance avec des attaques enflammées. Dans un ultime effort, ils étaient partis à la recherche d'une aide professionnelle. « Je suis tellement fatiguée de me sentir seule » m'avait dit Carol. « Je voudrais crier ou frapper, mais je ne sais pas quoi et je ne sais pas pourquoi. Nous étions si spontanés et si vivants. Mais maintenant, notre amour est froid, amer et sans vie. Est-ce que c'est terminé ? Est-ce tout ce qu'il reste de notre amour ? »

Je me suis mis à parler, leur servant les platitudes habituelles ; la même sagesse conventionnelle avec laquelle, moi et tous les thérapeutes du pays, nous bercions les gens depuis plusieurs années. « Vous allez devoir vous engager à résoudre vos problèmes » leur dis-je. « Vous devrez avoir une meilleure communication, voir les choses du point de vue de votre partenaire, essayer de trouver des compromis pour régler chacun de vos désaccords. Rappelez-vous vos vœux de mariage. » Comme on me l'avait enseigné, j'adoptais une attitude chaleureuse et authentique en déblatérant les réponses usuelles. Mais soudainement, tout ce que je pouvais m'entendre dire c'était : « Bla, bla, bla. Bla bla bla bla. » Je me suis alors demandé : « Quelqu'un a-t-il remarqué, pendant ces quinze dernières années que cette foutaise ne fonctionne pas ? Est-il venu à l'esprit de quelqu'un que la situation de ces couples ne va pas en s'améliorant ? »

Deux personnes étaient assises dans mon cabinet, à la recherche de réponses, et je réalisais que mon discours sur la « nature des relations amoureuses » ne ferait aucune différence. Mes conseils professionnels étaient tous bons et précieux, à condition de vivre dans une tour d'ivoire ou encore si nos clients jouaient, tels des acteurs, dans une comédie de situation. Ces conseils ne pouvaient s'appliquer à des problèmes réels, à des enfants réels, à des exigences financières concrètes, lors de compétitions affectives ou de stress bien réels. Non seulement la grande majorité des conseils proposés aux couples dans notre société ne fonctionnaient pas, mais ils pouvaient causer des torts irrémédiables. C'était vrai à l'époque et ce l'est toujours aujourd'hui. Les recherches démontrent que deux tiers des couples, qu'ils soient mariés ou non, qui assistent à des séances de « counseling » ne se portent pas mieux ou se portent même moins bien après la première année. Le taux de divorce en Amérique dépasse les cinquante pour cent et vingt pour cent d'entre nous divorceront plus d'une fois dans leur vie. Les instructions plaisantes et générales sur « l'art de la communication » ou les rêveries théoriques sur les relations amoureuses ne fonctionnaient pas il y a quinze ans, alors je ne vois pas comment elles pourraient fonctionner aujourd'hui.

Cette séance avec Carol et Larry a été un point tournant dans ma vie. Si je continuais à instruire les gens de la sagesse conventionnelle, je les priverais et je priverais toutes les personnes comme eux d'une chance de remettre leur relation sur pied. C'est à ce moment que j'ai décidé que j'allais dire véritablement pourquoi les relations amoureuses mouraient en Amérique et ce qui devait être fait pour véritablement sauver ces relations. Les gens avaient besoin d'une façon solide et pratique de redéfinir leur vie afin de créer une relation saine plutôt que de vivre et de devoir supporter une relation malsaine. Je n'avais pas besoin de centaines de diplômes universitaires pour agir. J'ai décidé que je devais me salir les mains en affrontant les laideurs de la vie. Je devais arrêter de prodiguer des conseils bidon et rencontrer tous les Carol et les Larry du monde ; peu importe où ils en étaient rendus dans leur vie et dans leur relation.

Voilà ce qui m'a poussé à écrire ce livre. Je vais vous dire ce que vous devez faire pour combler vos besoins et ceux de votre partenaire ; je vais vous dire exactement comment rebâtir les fondations de votre vie pour que vous puissiez avoir une relation comblée.

Mon propos n'a rien à voir avec de grandes théories de communication populaires. Je ne pleurerai pas avec vous et je ne vous tiendrai pas doucement la main. Je ne tenterai pas de vous faire sentir mieux, vous et votre partenaire, en vous faisant rédiger des lettres d'amour et offrir des roses. Si vous recherchez une technique qui vous sauvera rapidement, je vous suggère de donner ce livre à quelqu'un d'autre parce que je veux vous ébranler jusque dans votre noyau de conscience ; vous réveiller pour vous aider à construire une vie satisfaisante et une relation saine.

Je l'admets, je suis plutôt une personne très franche et rudement directe. Vous devez savoir que ce livre ne vous rendra pas les choses faciles. Ce livre est comme un appel du clairon sonnant votre libération ; par lui, vous vous libérerez de vos peurs, vous mettrez de l'ordre dans le désordre de

---

votre passé et vous élèverez vos critères d'excellence. Cependant vous devez être très vigilant, vous devez rester sur votre trajectoire si vous voulez obtenir ce que vous désirez dans votre vie. Ma mission consiste à vous aider à balayer la confusion et les pensées négatives qui dominent votre relation, à vous libérer de ce monde irréel, à vous remettre en contact avec votre for intérieur et à vous aider à trouver les solutions judicieuses.

Je sais que cela signifie qu'une grande partie d'entre vous a besoin de réponses. Nous avons tous eu connaissance de relations amoureuses, et plus particulièrement de mariages et de familles, qui se dégradent sous nos yeux. Des familles perdent leur voie : la violence conjugale, les abus et les déviances émotionnelles sont à la hausse. L'épidémie est tel un train accélérant sans cesse sur une pente raide et, si vous lisez ce livre, vous êtes probablement à bord de ce train destiné à la catastrophe.

Je sais que vous n'aviez pas l'intention de monter à bord de ce train. Tout ce que vous vouliez, c'est aimer quelqu'un et être aimé par cette personne. Vous pensiez que cette relation comblerait votre vie. Vous n'étiez pas idiot, vous n'étiez pas un de ces masochistes recherchant la souffrance à tout prix. Néanmoins, vous en êtes là. Nous savons, vous et moi, malgré votre grande volonté de maintenir cette relation, qu'il y a une ligne à ne pas franchir ; et que si vous franchissez cette ligne, vous laisserez tout tomber : « C'en est assez ! Je ne supporterai pas ça une minute de plus. » Ce sera alors le début de la fin. Vous savez que vous avez vos limites et si elles sont transgressées une fois de trop, vous prendrez finalement votre courage à deux mains et cet arrangement amoureux sera terminé en un éclair. Votre dignité l'obligera.

Cette ligne se trace peut-être au loin dans votre futur ou vous marchez peut-être dessus en ce moment et vous vous sentez sur un fil de fer suspendu. Mais qu'importe, je veux vous empêcher de franchir cette ligne. Vous ne savez peut-être pas pourquoi et comment votre relation s'est embourbée de la sorte, mais moi, je le sais. Je sais ce que vous vivez et je sais également comment vous en êtes arrivé là. Ce que je vais vous dire peut paraître arrogant ; et si cela l'est pardonnez-moi d'être si brusque. Avoir vu des milliers de couples passer du paradis à l'enfer dans toutes sortes de circonstances m'a conféré une expérience significative. Je sais comment vous pouvez reprendre le contrôle de la situation et remettre votre relation sur la bonne voie. Et si vous me suivez tout au long de ce livre, je vous montrerai ce que vous n'avez pas compris et je vous apporterai des réponses claires, en commençant par celle-ci : « Vous n'êtes pas inadéquat ou incompétent en ce qui a trait à une relation. » La triste mais implacable vérité est que les cartes dans votre jeu ont été placées à votre désavantage.

~ C'EST UNE MERVEILLE QUE VOUS ~ VOUS SOYEZ RENDU JUSQU'ICI

Si vous me connaissez un tant soit peu ou si vous avez pris connaissance de mes écrits et de mon travail télévisuel, alors vous savez que je suis la dernière personne sur terre qui vous dira que vous êtes une victime ou que vous devez trouver les causes des problèmes qui définissent à présent votre vie ailleurs qu'en votre personne. Mais la société même qui vous a appris qu'il était bon, correct et normal de partager votre vie avec une autre personne, celle-là même qui, en grande partie, définit et détermine votre succès par la façon dont vous gérez votre relation amoureuse et votre famille, n'a jamais cru bon de vous apprendre comment gérer ces concepts.

Pensez-y : les exigences pour l'obtention d'un permis de conduire sont dix fois plus élevées que les exigences pour l'obtention d'une licence de mariage – pour conduire, vous devez au moins démontrer, au moyen d'un test, un certain niveau de compréhension et de compétence avant d'être laissé à vous-même. Néanmoins, la société est prête à vous laisser la vie de quelqu'un d'autre entre les mains pour quelques malheureux dollars et une simple signature au palais de justice. Les seules leçons sur les relations amoureuses qui vous ont été données l'ont été probablement par vos parents. Ce qui est problématique dans cet état de fait, c'est que vos parents avaient, sans aucun doute, moins d'éducation et de connaissances que vous à propos des relations amoureuses. À l'école, on vous a appris à lire, à écrire et à compter, mais on ne vous a jamais appris à comprendre vos émotions.

Vous n'avez jamais reçu une formation générale vous informant sur ce que vous devez attendre d'une relation ou sur comment vous comporter dans celle-ci. Personne ne vous a appris à être en relation. Personne ne vous a appris comment choisir un bon partenaire. Personne ne vous a appris à être un époux ou une épouse. Et personne ne vous a appris comment agir lorsque les choses tournent mal. En y pensant bien, on ne vous a même pas appris la définition du mot « mal ».

Donc, vous avez probablement choisi votre partenaire pour les mauvaises raisons et vous vous êtes engagé dans cette relation muni d'habiletés inappropriées, avec des buts et des attentes irréalistes. Puis arriva l'inévitable ; et lorsque vous êtes parti chercher de l'aide, la plupart des « professionnels de l'aide » ne semblaient absolument pas comprendre comment ils pouvaient vous aider avec leurs livres et leurs théories psychologiques. Je suis fasciné de voir à quel point notre pays est inondé par des thérapeutes maritaux, des psychiatres, des psychologues, des conseillers, des guérisseurs, des chroniqueurs-conseil, des auteurs de livres de croissance personnelle et de constater que leur approche par rapport aux relations amoureuses est si embarrassante que je me cacherais tellement j'ai honte.

Il est grand temps d'éliminer ce double langage et ces idées confuses. Dans ce cheminement – celui que vous avez entrepris au travers de ces pages – vous n'aurez pas à vous fier sur des théories et des informations erronées. Vous vous fierez à des techniques et des réalités pour créer et gérer une relation amoureuse saine. Au lieu d'entreprendre une autre thérapie dispendieuse ou de lire de la psychologie « à l'eau de rose » qui pourraient vous empêcher de poser des gestes appropriés, vous allez apprendre la vérité. Cette vérité, c'est que votre relation amoureuse ne fonctionne pas parce que *vous* en avez décidé ainsi.

Relisez cette phrase : votre relation amoureuse ne fonctionne pas parce que *vous* en avez décidé ainsi. Laissez-moi être bien clair, je ne dis pas que vous avez choisi l'état de votre relation en ayant été volontairement de mauvaise humeur à quelques reprises dans le passé. Vous n'avez pas choisi cet état parce que vous avez volontairement fait quelque chose de vraiment terrible il y a cinq mois ou cinq ans. Vous avez engendré cet état en élaborant, en programmant et en modelant activement, efficacement et continuellement votre mode de vie afin de créer et supporter cette relation malsaine. Vous avez fait le choix de vivre de façon à ne pas pouvoir obtenir d'autre résultat que l'échec.

Je vous répéterai constamment ceci avant que vous ne terminiez ce livre : il vous est impossible de vivre une relation déficiente à long terme à moins que vous n'ayez engendré et adopté un mode de vie qui soutient cette relation. Toutes les personnes provenant de toutes les sphères de la société ont un mode de vie qui justifie ce qu'elles sont. Si vous êtes une personne saine, vive, efficace, productive et en accord avec le noyau de votre conscience, je sais, sans aucun doute, que vous avez un mode de vie qui justifie votre manière de vivre. Si vous êtes une personne émotionnellement blessée, aux relations troubles, ayant perdu tout contact avec le noyau de votre conscience, je sais que vous avez un mode de vie justifiant votre situation. Vous ne pouvez pas avoir une mauvaise relation sans que votre mode de vie soit caractérisé par le stress, la pression, la distraction et par une existence tourmentée et chaotique. De plus, si vous entretenez une relation non fonctionnelle avec quelqu'un, c'est que vous en entretenez une similaire avec vous-même.

Je ne mets pas le blâme sur vous ; je ne fais que vous exposer la réalité. Une mauvaise relation amoureuse ne peut pas exister sans qu'elle soit nourrie et entretenue d'une quelconque façon. Si vous croyez que j'ai tort, regardez un peu par la fenêtre. Si vous apercevez des mauvaises herbes dans votre cour ou dans le champ du voisin, elles n'y sont pas pour rien (elles ne sont pas tombées du ciel). D'une façon ou d'une autre, ces herbes ont dû prendre racine à un certain moment. Et qui plus est, elles ont dû être nourries et entretenues d'une quelconque façon. Elles n'ont pas pris racine dans le béton ; elles existent parce que l'environnement leur a permis de le faire.

Je ne vous dis pas que vous avez choisi consciemment votre environnement ou votre mode de vie ; je ne vous dis pas non plus que vous avez volontairement désiré une relation dysfonctionnelle. Je vous dis plutôt que l'état de votre relation de couple et l'état de votre relation avec vous-même ainsi que votre mode de vie en général sont inextricablement inter reliés. Si vous avez construit votre vie de façon à créer la distance plutôt que l'intimité, la combativité plutôt que la coopération, le blâme et le rejet plutôt que l'acceptation et la responsabilité, vous ne pouvez pas contenir l'érosion et la souffrance que vous vivez présentement. Les problèmes ne se multiplient pas seuls. Ils sont aidés et entretenus.

Par exemple, comparez le mode de vie d'une personne qui souffre d'un surplus de poids chronique et maladif avec le mode de vie d'une personne en forme, énergique et qui a un poids normal. Je vous jure que ces deux personnes ont modelé leur réalité afin de soutenir et de justifier ce qu'elles sont devenues. Celle souffrant d'un surplus de poids utilisera la nourriture différemment. Vous vous rendrez compte que cette personne vit pour manger, tandis que celle de poids normal mange pour vivre. Cette vérité blesse, mais c'est la vérité. En ce qui a trait à votre relation de couple, vous avez choisi de vivre selon des modèles de pensée, de comportement et de sentiment qui ont engendré des situations indésirables. Vous vivez pour souffrir au lieu d'aimer pour vivre. Cela doit changer ; et cet état doit d'abord changer pour que le reste puisse commencer à se mettre en place.

Il n'y a aucun doute que, en ce moment, certains d'entre vous disent : « Un instant Dr. Phil. Tout ce que vous dites pour que je retrouve la bonne voie est merveilleux, mais vous n'avez aucune idée à quel point mon partenaire est invivable. Vous n'avez aucune idée de l'enfer qu'il apporte dans ma vie. Je suis bien prêt à améliorer ma vie, mais qu'en est-il de mon partenaire ? Pourquoi vous concentrez-vous uniquement sur moi ? Je ne constitue que la moitié du couple ! »

Faites-moi confiance, je sais ce que vous vivez et je vous promets que votre partenaire aura à faire face à ses responsabilités. Mais, de toute évidence, votre partenaire ne lit pas ce livre par-dessus votre épaule en ce moment ; vous êtes la seule personne à le lire. Je n'ai d'influence que sur vous et voilà pourquoi je me concentre sur votre personne ; et si vous vous considérez brillant, vous ferez de même. Je sais qu'on ne danse pas seul un tango, mais si vous êtes en mesure de changer, si vous êtes capable de créer un mode de vie et un environnement différents pour votre relation, si vous pouvez retrouver votre propre force, votre dignité et le respect qui vous est dû, alors votre partenaire en sera sérieusement affecté.

Vous ne pouvez pas contrôler votre partenaire. Vous ne pouvez pas faire des changements pour votre partenaire. Vous ne pouvez pas dire à votre partenaire ce qu'il doit faire. Vous ne pouvez qu'agir différemment et lui offrir d'autres stimuli auxquels il pourra réagir. Si vous vous débarrassez de vos perceptions destructives et des interactions mutuellement frustrantes qui font imploser votre relation, si vous arrêtez la querelle, si vous commencez à vivre différemment, il sera très difficile pour votre partenaire de continuer à cracher son venin. Vous pouvez arrêter votre propre sabotage et celui de votre relation de couple ; vous pouvez commencer à inciter le genre de réactions que vous désirez de la part de votre partenaire. Celui-ci ne pourra pas continuer de combattre, d'argumenter ou d'être offensé seul face à une approche aussi constructive. Votre partenaire fera peut-être la moue, se rétractera ou sera suspicieux un certain temps, mais il se sentira éventuellement stupide assis dans son coin pendant que vous devenez de plus en plus heureux, de plus en plus optimiste et en paix avec vous-même.

~ SAUVER VOTRE RELATION IMPLIQUE QUE VOUS VOUS SAUVIEZ VOUS-MÊME ~

De toute façon, quelles sont vos alternatives : permettre à votre mode de vie actuel de perdurer, un mode de vie qui vous éloigne, de jour en jour, de vos rêves et de vos espoirs ? Il n'est pas question, ici, de neurochirurgie ou de physique quantique : ce que vous faites, la manière dont vous vivez, ne fonctionne pas. C'est d'une simplicité banale : cela ne fonctionne pas. Si vous ne vous efforcez pas de trouver ce qui ne fonctionne pas dans votre vie, ce qui, dans votre mode de vie, a engendré et entretenu cette relation amoureuse négative, vous continuerez de souffrir. Vous travaillerez sur les mauvais aspects de votre relation, aspects qui n'ont rien à voir avec l'état de celle-ci, plutôt que sur ceux qui déterminent réellement le succès ou l'échec de votre relation. Vous tenterez de vous convaincre qu'il est acceptable d'oublier certains de vos rêves en vous disant que vous êtes en « sécurité » et « confortable ». Vous utiliserez de plus en plus le langage des perdants en vous disant que vous « devriez » agir pour améliorer votre situation désespérée. Vous aimeriez bien changer mais vous ne savez pas par où commencer. Lorsque vous choisissez un comportement, vous en choisissez les conséquences. Vous devez donc commencer, à l'instant même, en choisissant différemment : soyez ouvert aux idées de ce livre.

Vous savez maintenant où vous allez. Si vous devez sauver votre relation de couple, c'est à vous que nous devons lancer la première bouée de sauvetage afin de vous sortir de votre marécage émotionnel. En changeant la façon dont vous vous traitez, vous modifiez le plus important élément de l'équation : vous changez l'environnement dans lequel votre relation de couple évolue et vous changez les priorités qui dictent l'emploi de votre temps et de votre énergie. Vous devez redéfinir la toile de fond de votre relation, le contexte dans lequel elle se déroule. Tant que vous ne vivrez pas avec dignité, dans le respect et avec une intégrité émotionnelle, vous n'aurez pas d'interaction de qualité avec quiconque. Comme j'aime bien le dire : vous ne pouvez pas offrir ou donner ce que vous ne possédez pas. Si vous ne vous aimez pas sainement et si vous ne vous considérez pas, comment voulez-vous aimer et considérer une autre personne ? Et si vous ne pouvez pas offrir ces sentiments, comment voulez-vous qu'ils soient réciproques ?

Je n'insinue pas que vous devez devenir une autre personne. Je vous propose de faire ressortir le meilleur de vous-même. Vous pouvez mettre un terme à vos souffrances sur-le-champ et commencer à changer votre vie. Vous vous sentez peut-être perdu dans un labyrinthe sans aucune issue, sans aucun chemin menant au noyau de votre conscience où toute votre sagesse et toute votre force résident. Alors, laissez-moi vous dire qu'il me fera plaisir de construire ce chemin où et quand vous le voudrez. Je ne suis plus prisonnier d'une tour d'ivoire idéologique. Tout ce que je désire, c'est créer de bons résultats. Je suis prêt à défoncer à coups de pied les murs de ce labyrinthe qui vous afflige de souffrances et dont vous êtes captif ; je suis prêt à vous fournir l'accès à des réponses orientées vers l'action et aux instructions nécessaires à l'obtention de ce que vous désirez vraiment.

Mais comme je l'ai déjà dit, j'ai besoin de votre aide. Admettez que lorsqu'il s'agit de gérer une relation de couple, tout ce que vous pensez et tout ce que vous ressentez n'est pas forcément juste. Vous devez vouloir ébranler certaines convictions profondes, certaines émotions vécues depuis longtemps et certains modèles comportementaux et adoptés jadis. Lorsque je dis « ébranler », je veux dire que vous devez volontairement changer du tout au tout la manière dont vous pensez, dont vous ressentez et dont vous vous comportez en relation avec votre partenaire et avec vous-même. Ces changements seront peut-être plus difficiles à effectuer que vous ne l'auriez imaginé. Je vous demande d'appuyer sur le bouton « effacer » ; je vous demande d'éliminer des idées que vous préconisez depuis dix, vingt, trente ou peut-être même quarante ans ; je vous demande d'oublier tout ce qu'il y avait sur l'ardoise et d'adopter une nouvelle ligne de pensée. Donc, je vous demande de penser que vous êtes à nouveau une personne de qualité qui mérite une relation amoureuse de qualité. Renouer avec le noyau de votre conscience vous rappellera et vous convaincra qu'il n'y a rien qui cloche chez vous, rien qui justifie une relation moins que satisfaisante. Vous méritez d'aimer, d'être aimé et de jouir de chaque jour de votre vie.

Êtes-vous prêt à adopter une nouvelle ligne de pensée ? Un nouveau système de convictions ? Une nouvelle façon de vous voir et de voir votre partenaire ? Afin de déterminer si vous êtes réellement prêt à poursuivre la lecture de ce livre, répondez aux questions suivantes :

QUESTION

Êtes-vous en mesure d'oublier ce que vous savez sur la gestion d'une relation de couple ?

QUESTION

Pouvez-vous évaluer la qualité de votre relation amoureuse en vous fondant sur les résultats plutôt que sur les intentions et les promesses ?

QUESTION

Vous serait-il possible de préférer être heureux plutôt que d'avoir raison ?

QUESTION

Êtes-vous capable de ne plus jouer au « jeu des blâmes » et de reconnaître qu'aujourd'hui est un autre jour ?

QUESTION

Voulez-vous changer votre approche et la manière dont vous discutez avec votre partenaire ?

QUESTION

Voulez-vous devenir réaliste et honnête avec vous-même peu importe la souffrance que cela peut engendrer ?

QUESTION

Êtes-vous en mesure d'arrêter de renier pour être complètement sincère sur l'état de votre relation de couple ?

Je sais qu'il peut s'avérer difficile en ce moment pour plusieurs d'entre vous de donner honnêtement une réponse affirmative à toutes ces questions. Qu'importe, n'abandonnez pas ; du moins, pas avant de prendre connaissance de ce qui suit.

~ ALLEZ À L'ENCONTRE DE LA TENDANCE : FAITES ~
FONCTIONNER VOTRE RELATION DE COUPLE

Premièrement : il n'est pas trop tard. Si vous ne vous permettez pas de croire et d'accepter ce fait, vous penserez que votre relation de couple est terminée avant même que nous ayons eu la chance de la sauver. Vous pensez peut-être que votre relation est un échec ; vous pensez peut-être que vous avez tout essayé ; vous vous sentez peut-être las, démonté et vaincu, mais je vous assure qu'il faut chasser ces idées de votre esprit car elles vous tueront ; elles sont des enclumes attachées à vos chevilles qui vous gardent au fond de l'eau. Peu importe le nombre de fois où on vous a blessé, peu importe le nombre de fois où vous avez été déçu, peu importe le nombre de fois où vous avez cru que la relation serait différente seulement pour vous faire gifler le contraire une fois de plus : donnez-vous une autre chance. Même si vous souffrez depuis si longtemps et si intensément que vous n'êtes pas sûr de désirer la survie de votre relation ; même si vous n'êtes pas certain de pouvoir endurer d'autres souffrances engendrées par la relation de couple ; même si vous n'êtes pas vraiment motivé ou si vous n'avez que très peu d'espoir, vous pouvez commencer à sortir de l'impasse en vous disant : « Je souhaiterais me sentir bien à nouveau dans cette relation et j'aimerais redevenir amoureux de cette personne parce que je sais que ces émotions m'ont fait sentir bien à un moment de ma vie. » Ces mots sont assez de braise pour que nous puissions les transformer en flammes.

Deuxièmement : vous n'êtes pas seul. Vous êtes peut-être perplexe et démoralisé en ce moment, plongé dans une solitude causée par la détérioration de votre relation amoureuse. Vous vous sentez peut-être intimidé et accablé par ce qui semble être des problèmes insurmontables ou des souffrances extrêmement profondes. Mais je veux vous informer que, à partir de maintenant, vous avez un coéquipier. Vous avez un coéquipier qui est prêt à marcher avec vous dans cet intimidant labyrinthe d'émotions et qui est prêt à interagir avec vous sans juger et sans critiquer. De plus, ce coéquipier a la volonté et le courage de vous dire la vérité. Je fais équipe avec vous. J'ai déjà conseillé des milliers de gens et j'ai enseigné à des

---

dizaines de milliers d'autres au cours de mes séminaires en les aidant à créer et à entretenir une relation de couple dans leur vie. J'ai acquis les connaissances que vous possédez déjà et, plus important encore, celles que vous ne possédez pas encore sur le partage de votre vie avec une autre personne. J'ai élaboré cette approche de sorte qu'elle puisse vous aider peu importe où vous en êtes rendu dans votre relation et de sorte qu'elle puisse vous donner le pouvoir d'effectuer des changements ; pouvoir qui découle de l'apprentissage de la vérité pure et sans fart. En effet, une fois que vous aurez appris la vérité sur le parcours qui vous a mené à ce fouillis relationnel et une fois que vous aurez appris comment faire le ménage dans celui-ci, vous frissonnerez à l'idée que vous auriez pu abandonner trop tôt. Vous êtes plus près du succès que vous ne pouvez l'imaginer. Vous n'avez qu'à avoir le courage d'être vrai envers vous-même.

Nous ne procéderons pas aléatoirement. La stratégie pour sauver votre couple comprend sept étapes majeures. Nous allons premièrement nous concentrer sur le diagnostic de votre relation parce que vous ne pourrez jamais changer ce que vous ne reconnaissez pas. Ce n'est que par une identification précise de ce qui ne fonctionne pas chez vous et dans votre relation que vous serez en mesure d'établir des objectifs raisonnables de changement. Je veux que vous ayez un tout autre niveau de compréhension de vous-même et de votre relation amoureuse. C'est une chose de dire : « Je souffre ; je ne me sens pas bien ; il me manque quelque chose. » C'est une toute autre chose de sonder en profondeur ce qui ne fonctionne pas en analysant les comportements adoptés, la philosophie utilisée et les émotions ressenties. Ce n'est qu'en cernant le problème que vous pourrez employer la solution adéquate. Vous serez stupéfait du pouvoir que cette connaissance vous conférera au cours du sauvetage de votre couple.

Nous devons deuxièmement vous débarrasser de vos mauvais raisonnements. Comme je l'ai dit plus tôt, vous n'avez pas seulement souffert d'un manque d'informations, vous avez également subi un empoisonnement de votre raisonnement par une infusion d'informations erronées. Ces mauvaises informations (les mythes qui foisonnent à propos de la relation de couple) vous ont amené sur le mauvais chemin, elles vous ont poussé à mal

Sauvez votre couple

définir les problèmes. Si vous avez, comme nous venons de l'expliquer, fait un mauvais diagnostic du problème pour ensuite adopter, inconsciemment ou non, un mauvais raisonnement fondé sur ces mythes populaires, vous n'avez pas recours aux bons traitements pour les bons problèmes.

Troisièmement, il sera important de déceler vos propres comportements et attitudes négatifs qui causent des torts irrémédiables à votre relation. En d'autres mots, les manières dont vous interagissez qui vont à l'encontre de votre « moi », cet état idéal défini par le noyau de votre conscience. Vous ne pouvez pas être sur la défensive ici et vous plaindre à propos de votre partenaire. D'ailleurs, je vous promets que, eu égard aux résultats, vous allez trouver une multitude de changements à apporter à vos propres comportements avant de vous concentrer sur ceux de votre partenaire. Vous faites partie de ceux qui comprennent ou non et ce n'est qu'en « comprenant » comment et pourquoi votre relation ne vous satisfait pas que vous pourrez la rendre satisfaisante. Vous devriez être content que l'on se concentre sur vous parce que vous, du moins je l'espère, vous pouvez vous contrôler !

Ce n'est qu'après avoir compris la nature de vos mauvais raisonnements, de vos mauvaises attitudes et actions ainsi que leurs puissants impacts sur votre couple qu'il vous sera possible de passer à l'étape quatre ; étape dans laquelle vous devrez assimiler ce que j'appelle des « attitudes personnelles à adopter dans le couple ». Ces attitudes deviendront la nouvelle fondation de votre relation de couple. Ce sont elles qui vous permettront de renouer avec le noyau de votre conscience, qui vous permettront d'être en harmonie émotionnelle et qui régiront vos comportements de manière à ce que votre partenaire puisse y répondre positivement.

Puis vous passerez à la cinquième étape au cours de laquelle vous apprendrez la plus puissante formule qui agit dans l'essence même du fonctionnement humain : la formule spécifique au succès dans une relation de couple.

ALERTE ROUGE : Vous ne pourrez utiliser cette formule adéquatement sans compléter les quatre premières étapes. Ne gâchez pas vos chances d'appliquer efficacement la formule. Soyez assez patient et préparez-vous d'abord au succès. La volonté de réussir ne vaut rien sans la volonté de préparer la victoire. N'allez donc pas essayer cette formule à ce moment-ci de votre cheminement. Vous y arriverez assez vite et si vous accomplissez la démarche, vous serez fin prêt lors de votre arrivée.

Dans la sixième étape, nous commencerons à rétablir les liens. Plusieurs d'entre vous avez permis la coupure de cette connexion il y a plusieurs années. Pour d'autres, elle ne fait que s'affaiblir et la distance émotionnelle dans le couple s'insinue. Qu'importe, que le traitement soit préventif ou curatif, il est maintenant temps de recommencer les négociations, de suivre une série d'étapes cruciales afin d'apprendre à gérer vos propres besoins et ceux de votre partenaire de telle sorte que le succès soit possible.

Voici un de mes mantras : vous devez le nommer avant de pouvoir le réclamer. Vous devez décider de la relation amoureuse que vous désirez, de ce que vous voulez de vous-même et de votre partenaire. Nous apprendrons comment cerner ces désirs plus tard. Faisant partie intégrante du processus de reconnexion, vous suivrez un puissant programme hautement structuré de quatorze jours au travers duquel vous et votre partenaire commencerez votre nouvelle vie ; vous verrez de vos propres yeux les liens se rétablir entre vous et votre partenaire.

En dernier lieu, vous apprendrez dans la septième étape comment gérer votre relation de couple une fois les liens retissés avec votre partenaire. Soyons honnête. Ni vous ni votre partenaire n'êtes nés de la dernière pluie. Vous avez un gros bagage émotionnel et vous devrez consacrer un temps considérable afin de vous assurer que ce bagage soit largué par-dessus bord pour que votre couple puisse jouir d'un nouveau départ, d'une deuxième chance. Pour m'assurer que vous êtes prêt à faire face à ce qui vous attend dans le vrai monde, je vous propose un autre chapitre sur la question de la vie quotidienne en couple, chapitre qui comprend des thèmes aussi intimes que la sexualité et aussi explosifs que la violence et l'abus physique.

~ Relation de couple : état de projet ~

Il existe un important préalable à l'accomplissement de ces sept étapes : vous devez mettre votre relation en « état de projet ». Cela signifie que vous devez consciemment décider de travailler activement et délibérément à l'amélioration de votre situation à chaque jour. Je ne veux pas dire que vous devez « vouloir » ou avoir « l'intention » de travailler sur votre situation. Je veux dire *le faire*, à chaque jour. Disciplinez-vous et faites le travail. Vous trouvez du temps pour faire des tas d'activités à chaque jour de votre vie ; vous êtes en mesure de sortir les ordures à chaque jour, vous êtes capable d'aller porter vos enfants à l'école à chaque jour, vous allez au travail à chaque jour. Le travail que vous effectuez sur votre relation devrait être traité pareillement. Vous devrez allouer une période de temps quotidienne pour réorganiser votre relation et pour effectuer les multiples travaux qui vous seront assignés dans ce livre. Vous retirerez de ce projet ce que vous y mettrez. Cela peut signifier que vous devez restructurer votre horaire ou renoncer à certaines activités de manière à avoir le temps nécessaire pour travailler sur votre relation. Cela peut aussi signifier que vous devrez changer complètement votre emploi du temps, des fins de semaine en passant par vos vacances, afin de vous permettre de gérer les exigences des changements à apporter dans votre relation de couple. Mettre votre relation en état de projet signifie qu'elle devient extrêmement importante pour vous.

Mettre votre relation en état de projet signifie également que vous devez être résolu à faire un long trajet. Une formule testée et vraie s'insère bien ici : Être-Faire-Avoir. Soyez résolu, faites ce qu'il faut et vous obtiendrez ce que vous désirez. Ne décidez pas de travailler votre relation sur une période de temps prédéterminée. Vous devez rendre ce travail à terme. Vous devez travailler sur ce projet jusqu'à ce que vous obteniez ce que vous voulez ; non pas jusqu'à ce qu'une période de temps arbitraire soit écoulée. Je soupçonne qu'il a fallu beaucoup de temps pour que la relation s'envenime, alors donnez-vous autant de temps pour la remettre sur le droit chemin.

Il y aura, dans ce voyage, des revers, de la souffrance, des déceptions, mais ce n'est que par ce cheminement que de réels changements s'effectueront. Engagez-vous à faciliter ces changements. Vous devez être résolu dans ce long processus de développement d'un nouveau mode de vie, de nouvelles pensées, de nouveaux sentiments et de nouvelles actions. Par eux seuls, ce « désir » et cet « espoir » de changement amélioreront la relation. Vous devez chercher profondément cette soif d'excellence enfouie depuis longtemps en vous-même et vous devez ensuite la libérer volontairement.

Vous devez vous insurger et défier les probabilités, défier vos propres insécurités et défier la sagesse conventionnelle qui vous ont lamentablement fait échouer. Fixez-vous ces barèmes personnels dès le départ. Adoptez la philosophie gagnante qui stipule : « Je n'abandonnerai pas. Je ne permettrai pas qu'on me vole mes espoirs et mes rêves. » N'oubliez jamais : cette vie est votre seule chance. Ce n'est pas une répétition pour la grande première. Vous devez vouloir atteindre vos objectifs et ce, maintenant. Si vous vous contentez de moins, alors, c'est ce que vous obtiendrez.

Être en état de projet implique que vous ne devez pas oublier l'importance de votre relation avec vous-même. Vous devez exiger le meilleur de vous-même. Faites-le pour vous. Vous devez vous dire qu'il n'est pas mal de tout vouloir. Il n'est pas mal de demander la dignité, l'amour, l'honneur et du romantisme dans votre vie. Vous devez décider que vous méritez tout ce que vous voulez. Vous devez décider que la joie et l'abondance ne sont pas uniquement faites pour autrui. Elles sont pour vous. Il n'est pas égoïste de les demander, il n'est pas naïf de les vouloir et il n'est pas immature de s'attendre à les obtenir. Ce qui *est* immature, c'est d'abandonner et de se contenter de moins que ce que vous désirez réellement.

Ce n'est pas prétentieux ou répréhensible de désirer, d'espérer, de demander et d'aspirer à une relation amoureuse où vous seriez traité avec dignité, honneur et respect. Il n'est pas irréaliste de croire que votre partenaire peut être, pour vous, un havre de paix. Ce n'est pas rêver d'un château en Espagne de croire que Dieu a créé une personne pour vous accompagner dans ce monde et avec qui vous pouvez partager, en toute confiance, vos plus intimes secrets et besoins.

Je n'insinue pas que d'être démesurément optimiste ou que de faire fi des risques est une bonne approche. Je ne vous dis pas qu'il n'existe aucun problème ou que ces problèmes se régleront d'eux-mêmes. Je vous demande seulement de croire que vous avez la capacité, en vous-même, de réussir, de croire que votre relation peut s'améliorer. J'ai souvent dit : « Nous prenons parfois les bonnes décisions, mais, parfois, nous devons les rendre bonnes. » Si vous désirez obtenir l'information, les outils ainsi qu'un plan d'action détaillé rendant bonnes vos décisions, si vous désirez effectuer de véritables changements dans votre vie et sauver votre couple, continuez la lecture de ce livre. Vous trouverez dans les pages qui suivent une stratégie sérieuse et efficace qui vous permettra de renouer avec votre partenaire.

Vous ne désirez peut-être pas entendre ce qui suit. Vous n'apprécierez peut-être pas la démystification de certains mythes trompeurs et extrêmement destructeurs concernant le succès d'une relation de couple ; vous n'aimerez peut-être pas confronter la réalité, mais je prédis que vous adorerez les résultats qui en découleront. Vous jouirez d'être en mesure de vous programmer pour le succès plutôt que pour l'échec et d'être capable de préparer votre futur plutôt que d'espérer en avoir un. Vous et votre partenaire pourrez ensuite commencer à travailler pour obtenir ce que vous désirez, à éliminer la souffrance dont vous êtes affligés et à engendrer plus d'amour, de paix et la plus grande des joies dans votre couple.

chapitre deux

DÉFINISSONS LE PROBLÈME

Lorsque les gens me disent que leur relation de couple ne fonctionne pas, la première question que je leur pose est la suivante : « Quel est le problème au juste ? » Habituellement, la seule réponse qu'ils sont capables de me donner est... un silence ! Je leur demande donc : « Où en êtes-vous rendus dans votre relation de couple ? » Encore le silence. Certains d'entre vous êtes en mesure de me relater quelques « incidents » qui se sont déroulés entre vous et votre partenaire et de décrire la souffrance que vous éprouvez, mais vous ne pouvez ni ne savez comment exprimer et articuler le problème sous-jacent qui cause ces frictions dans votre couple.

Désolé, mais cela ne fera pas l'affaire. Vous devez devenir réaliste et extrêmement clair sur l'état de votre relation et sur les causes de cet état. Vous devez connaître l'actif et le passif de votre relation ainsi que ce qui fonctionne bien ou non dans celle-ci. Que cette relation soit stagnante, qu'elle soit à la dérive ou même qu'elle soit tout à fait hors de contrôle, vous devez comprendre avec précision comment cette relation évolue ou se détériore. On entend souvent dire : « La moitié de la résolution d'un problème consiste à le définir. » En d'autres mots, nous devons savoir précisément l'état, qu'il soit positif ou négatif, de votre relation de couple et en connaître les causes. Vous ne pouvez pas changer ce que vous ne reconnaissez pas.

Plus important encore, vous devez identifier ce que vous avez fait pour amener votre relation à son état actuel. Comment avez-vous contribué à cet état ? Comment avez-vous contaminé cette relation ? Lorsque vous affirmez qu'il y a quelque chose qui ne tourne pas rond dans cette relation, savez-vous ce qu'est ce « quelque chose » ou vous ne faites que soupçonner sa nature et réagir instinctivement au lieu de suivre une stratégie claire et réfléchie ? Ce « quelque chose » n'est-il pas plutôt votre manque de communication, votre tendance à vous disputer, votre peur de l'intimité ou une série d'autres problèmes ? Êtes-vous certain que l'anxiété ou l'inquiétude que vous ressentez est engendrée par votre relation de couple ? Ces sentiments n'auraient-ils pas une toute autre source ?

Ne vous induisez pas en erreur : une relation de couple maladive, comme toute autre affection, doit être diagnostiquée. Si vous effectuez un mauvais diagnostic, vous traiterez le mauvais problème et vous ignorerez le problème réel.

La pire erreur que vous pouvez commettre est de tirer de mauvaises conclusions en fondant celles-ci sur l'aspect cause à effet dans votre relation. Pour sauver votre couple, votre travail consiste non seulement à diagnostiquer avec précision les besoins de changement, mais aussi d'appliquer, par la suite, une intervention stratégique adéquate permettant la réalisation de ces changements. Ce travail n'a pas à être un processus écrasant et complexe. Il n'est pas nécessaire que vous soyez un professionnel pour accomplir ce diagnostic. D'ailleurs, il est préférable que vous ne soyez pas spécialiste. Cependant, ce diagnostic nécessite que vous soyez inextricablement honnête vis-à-vis de votre relation de couple et le rôle que vous y jouez. Vous ne pouvez pas vous faire d'illusions ; vous ne pouvez pas vous donner le beau rôle dans l'histoire. Si votre relation est complètement embourbée, vous devez l'admettre. Si elle est en « faillite émotionnelle » parce que votre partenaire et vous êtes totalement épuisés, admettez-le. Si vous êtes mariés mais vivez un « divorce émotionnel », admettez-le. Si cette relation vous tue et meurtrit votre estime personnelle, admettez-le. Si vous êtes morose et durci par trop de souffrance, admettez-le également.

De grâce, ne vous dites surtout pas : « Eh bien, nous devrons faire un petit peu mieux. » La vérité, c'est que vous devrez faire de votre mieux. À vous de décider : devenez réaliste ou préparez-vous à subir l'état actuel et la détérioration future de votre relation de couple maintenant et à perpétuité ! Le problème est-il causé parce que l'un des deux partenaires rend responsable l'autre de ses frustrations personnelles (frustrations qui n'ont rien à voir avec la relation de couple) ? La réalité de votre couple est-elle devenue si familière que vous avez oublié ce qui différencie l'amitié de la relation amoureuse ? Vous rappelez-vous ce que c'est que d'être attentif l'un envers l'autre ? La sexualité est-elle absente dans votre couple ? Qu'en est-il de votre intimité ? Est-elle toujours présente ? Êtes-vous froid et distant avec votre partenaire en raison d'un événement qui s'est déroulé il y a une dizaine d'années ? Êtes-vous tous les deux salariés et n'avez-vous aucun temps libre à partager ? Des tensions sont-elles causées par une aventure amoureuse antérieure d'un des partenaires ?

Je vous avais prévenu que vous ne pourriez pas lire ce livre les bras croisés ; décroisez-les et munissez-vous d'un stylo et de feuilles de papier. Vous devez jouer un rôle actif du début à la fin. En tant qu'entraîneur, mes tâches ne s'étendent pas au-delà de la ligne de touche. Vous êtes le marqueur de buts ; vous êtes le moteur des changements. Vous devez éveiller votre esprit, votre cœur et votre âme afin de véritablement tâter le pouls de vos propres sentiments.

~ PROFIL CONCEPTUEL PERSONNEL ~

Commencez cet exercice en remplissant le questionnaire ci-dessous. Il a pour but de stimuler la réflexion sur votre relation de couple actuelle ainsi que sur l'effet qu'elle a sur vous. Nous nous servirons de cet aperçu, de ces informations sur votre relation, dans le parcours que je vous propose ; ce parcours est destiné à vous éclairer sur ce qui se passe dans votre couple. Ce questionnaire comporte quarante-deux phrases incomplètes. Vous devez achever chacune de ces phrases par des pensées spontanées et sincères. Ne vous attardez pas trop à interpréter ces énoncés. Votre première réaction sera probablement la plus révélatrice.

ALERTE ROUGE : Avant même que vous ne débutiez ce premier exercice, laissez-moi vous dire qu'il est éminemment nécessaire que vous soyez sincère et honnête dans les réponses que vous fournirez dans ce questionnaire. Nous savons, vous et moi, qu'il est possible de détourner à notre avantage ce processus en usant de réponses doucereuses et socialement acceptées. Résistez à la tentation de répondre « correctement ». Vous seul connaîtrez l'existence de ces réponses. Si vous ne mettez pas l'effort nécessaire et si vous vous désistez maintenant, vous vous escroquez vous-même et vous trahirez plus tard votre partenaire.

Afin d'assurer la confidentialité des réponses et pour que vous puissiez répondre sans gêne à ce questionnaire, je vous conseille l'utilisation d'un journal personnel. Répondre mentalement à une question n'a pas le même impact que de l'exprimer par écrit. Mettre vos réponses sur papier vous force à être cohérent et exhaustif ; ces atouts vous seront d'une aide précieuse lorsque vous aurez à rassembler et à interpréter la multitude de vos pensées, de vos sentiments et de vos réactions. Ces notes seront d'autant plus précieuses car elles nous permettront, dans notre cheminement, d'avoir un regard sur le passé et un aperçu de votre progression. L'usage d'un journal personnel vous fournira donc l'objectivité nécessaire à votre propre évaluation.

Assurez-vous néanmoins, pour des raisons de sécurité, de garder votre journal « top secret ». Faites respecter la confidentialité de ce journal et, par conséquent, protégez votre vie privée en ne divulguant pas son contenu à qui que ce soit. Il est très important que vous écriviez librement et sans inhibition. Ce n'est que sans contrainte que vous arriverez à obtenir la clarté d'esprit nécessaire pour changer, pour créer la relation de couple qui vous comblera.

1. J'ai tendance à renier_____
2. Je suis heureux lorsque _____

3. Parfois, je _____

4. Ce qui me met en colère, c'est_____

5. Je souhaiterais _____

6. Je déteste lorsque _____

7. Lorsque je me mets en colère, je _____

8. Je donnerais tout ce que je possède pour que mon ou ma partenaire fasse _____

9. Parfois_____

10. Je serais plus aimable si _____

11. Mon père et ma mère _____

12. Si au moins j'avais_____

13. Ma plus grande qualité, c'est_____

14. Parfois, la nuit_____

15. Lorsque j'étais enfant _____

16. Mon pire trait de caractère, c'est _____

17. Ma vie a changé dramatiquement lorsque _____

18. Si ma relation de couple se termine, ce sera parce que_____

19. Mon ou ma partenaire déteste lorsque je_____

20. Lorsque je suis seul, je_____

21. Mon ou ma partenaire se choque lorsque _____

22. La plus grande peur de mon ou ma partenaire est _____

23. Je me sens blessé lorsque mon ou ma partenaire _____

24. Les moments où je me sens le plus seul sont _____

25. Je suis effrayé _____

26. J'aime _____

27. Nous avions l'habitude de rire davantage parce que_____

28. Ce serait mieux si _____

29. Mes amis _____

30. Je me sens « poseur » lorsque_____

31. Je ne peux pas pardonner _____

32. Ensemble, nous_____

33. Ce qui me surprend, c'est _____

34. Je crois _____

35. Les gens pensent que_____

36. Les hommes _____

37. Les femmes_____

38. Je regrette _____

39. Il n'est pas payant de_____

40. Il est bénéfique lorsque nous_____

41. Si seulement _____

42. Nous ne semblons pas être en mesure de_____

◆ ◆ ◆

Que vous le réalisiez ou non, vos réponses à ces questions vous fournissent d'importantes informations sur vos attitudes et vos tendances comportementales. En vous servant de ces quarante-deux réponses, répondez maintenant aux questions suivantes :

1. Examinez vos réponses aux énoncés 4, 6, 7, 16, 17, 24, 25 et 31. Qu'est-ce que ces réponses vous apprennent sur la colère que vous exprimez dans votre vie et dans votre couple ? Élaborez cette question en deux paragraphes dans votre journal personnel.

2. Examinez vos réponses aux énoncés 1, 2, 14, 25, 27 et 30. Qu'est-ce que ces réponses vous apprennent sur la manifestation de vos peurs dans votre vie ? Élaborez une réponse à cette question d'au moins deux paragraphes dans votre journal.

3. Examinez vos réponses aux énoncés 2, 8, 10, 14, 20, 23, 24 et 42. Qu'est-ce que ces réponses vous apprennent sur la nature de la solitude dans votre vie ? Écrivez deux paragraphes répondant à cette question dans votre journal.

4. Examinez vos réponses pour les énoncés 4, 6, 8, 11, 12, 16, 19, 31, 38 et 41. Qu'est-ce que ces réponses vous apprennent sur le blâme et le pardon dans votre vie et dans votre relation de couple ? Écrivez deux paragraphes répondant à cette question dans votre journal.

5. Examinez vos réponses pour les énoncés 2, 3, 5, 8, 12, 26, 28, 34, 41 et 42. Qu'est-ce que ces réponses vous apprennent sur vos rêves dans la vie et dans votre relation ? Écrivez deux paragraphes répondant à cette question dans votre journal.

~ PROFIL DE LA SANTÉ DE VOTRE COUPLE ~

Maintenant que vous en savez davantage sur vous-même, jetons un coup d'œil à votre relation de couple. Le questionnaire Vrai ou Faux suivant est conçu pour créer une interprétation générale et évaluer la santé de votre relation. Il vous faut, ici encore, être honnête et vous fier à votre première impression. Ne perdez pas trop de temps à l'interprétation des énoncés.

Encerclez Vrai ou Faux pour chacun des énoncés suivants :

1. Je suis satisfait de ma vie sexuelle.   Vrai   Faux
2. Mon ou ma partenaire ne m'écoute pas vraiment.   Vrai   Faux
3. Je fais confiance à mon ou ma partenaire.   Vrai   Faux
4. Je me sens harcelé et étouffé.   Vrai   Faux
5. J'ai espoir en notre futur.   Vrai   Faux
6. Il m'est difficile de partager mes sentiments.   Vrai   Faux
7. Mon ou ma partenaire me dit souvent : « Je t'aime »   Vrai   Faux
8. Je suis parfois furieux.   Vrai   Faux
9. Je me sens apprécié.   Vrai   Faux
10. Je n'ai plus le contrôle.   Vrai   Faux
11. Mon partenaire est présent dans les moments difficiles.   Vrai   Faux
12. Mon partenaire est sévère dans ses critiques.   Vrai   Faux
13. Mon partenaire me comprend.   Vrai   Faux
14. Je crains que mon partenaire s'ennuie.   Vrai   Faux
15. Mon partenaire n'aime pas me faire part de ce qu'il a en tête, de ce qu'il pense.   Vrai   Faux
16. Je m'imagine divorcé.   Vrai   Faux

17. Je n'ai jamais rêvé d'une meilleure relation de couple. **Vrai** **Faux**
18. Je sais que j'ai raison. **Vrai** **Faux**
19. Mon partenaire me respecte et me traite avec dignité. **Vrai** **Faux**
20. Mon partenaire est contrôlant. **Vrai** **Faux**
21. Nous passons souvent d'agréables moments ensemble. **Vrai** **Faux**
22. Parfois, je voudrais vraiment faire du mal à mon partenaire. **Vrai** **Faux**
23. Je me sens aimé. **Vrai** **Faux**
24. Je préfère mentir que de régler un problème. **Vrai** **Faux**
25. La passion est encore présente dans notre couple. **Vrai** **Faux**
26. Je n'ai aucune porte de sortie ; je suis prisonnier. **Vrai** **Faux**
27. Ma présence apporte du plaisir à mon partenaire. **Vrai** **Faux**
28. Notre relation de couple est devenue ennuyeuse. **Vrai** **Faux**
29. Nous apprécions les sorties en couple. **Vrai** **Faux**
30. Mon partenaire a honte de moi. **Vrai** **Faux**
31. Nous nous faisons vraiment confiance. **Vrai** **Faux**
32. Nous ne sommes plus que des colocataires. **Vrai** **Faux**
33. Je sais que mon partenaire ne me quittera jamais. **Vrai** **Faux**
34. Je ne suis plus fier de mon corps. **Vrai** **Faux**
35. Mon partenaire me respecte. **Vrai** **Faux**
36. Mon partenaire me compare toujours aux autres. **Vrai** **Faux**
37. Mon partenaire me trouve encore désirable. **Vrai** **Faux**
38. Nous semblons avoir des objectifs différents. **Vrai** **Faux**
39. Je peux penser par moi-même. **Vrai** **Faux**
40. Je me sens étouffé par mon partenaire. **Vrai** **Faux**
41. Je suis franc avec mon partenaire. **Vrai** **Faux**
42. Personne ne connaît la véritable nature de notre relation de couple. **Vrai** **Faux**
43. Mon partenaire est très ouvert d'esprit. **Vrai** **Faux**
44. Mon partenaire me garde à l'écart. **Vrai** **Faux**
45. Mon partenaire est ma principale source de support émotionnel. **Vrai** **Faux**
46. Je me sens jugé et rejeté par mon partenaire. **Vrai** **Faux**
47. Mon partenaire se soucie lorsque je suis fâché ou triste. **Vrai** **Faux**

48. Mon partenaire me traite comme un enfant.	Vrai	Faux
49. Mon partenaire met notre relation au premier plan.	Vrai	Faux
50. Je ne comblerai jamais mon partenaire.	Vrai	Faux
51. Mon partenaire s'intéresse à mes préoccupations.	Vrai	Faux
52. J'ai choisi mon partenaire pour les mauvaises raisons.	Vrai	Faux
53. J'anticipe notre prochaine rencontre.	Vrai	Faux
54. Mon partenaire croit que je suis ennuyeux au lit.	Vrai	Faux
55. Mon partenaire a de la chance de m'avoir.	Vrai	Faux
56. Mon partenaire me traite comme un employé.	Vrai	Faux
57. J'ai plus de disputes à mon actif que mon partenaire.	Vrai	Faux
58. J'envie les relations amoureuses de mes amis.	Vrai	Faux
59. Mon partenaire me protégerait s'il le fallait.	Vrai	Faux
60. Je suis méfiant à l'égard de mon partenaire.	Vrai	Faux
61. Je sens que mon partenaire a besoin de moi.	Vrai	Faux
62. Mon partenaire est jaloux de moi.	Vrai	Faux

Faites maintenant le compte des questions paires auxquelles vous avez répondu « Vrai » et faites-en le total. Puis, faites le compte des questions impaires auxquelles vous avez répondu « Faux ». Ajoutez ce total au nombre de réponses affirmatives afin d'obtenir votre résultat final.

Total des réponses paires « Vrai » : _____

Total des réponses impaires « Faux » : _____

RÉSULTAT FINAL : _____

Ce test est conçu de façon à vous donner une vue d'ensemble sur la santé de votre relation de couple. Si votre résultat final est au-dessus de 32, il est probable que votre couple soit en déséquilibre, sur la corde raide. Si ce résultat se situe entre 20 et 32, votre couple est alors en sérieux danger et vous vivez peut-être présentement un « divorce émotionnel ». Si ce résultat oscille entre 12 et 19, votre relation peut être qualifiée de « dans la moyenne » (ce qui ne signifie pas nécessairement appréciable) et a certainement besoin d'ajustements. Si votre résultat final se chiffre sous la barre des 11, votre couple est bien en deçà de la norme mais vous pouvez, tout de même, améliorer certains aspects isolés dans votre relation.

~ PROFIL GÉNÉRAL DES PROBLÈMES AU SEIN ~ D'UNE RELATION DE COUPLE

Revoyez le test du profil de la santé de votre couple que vous venez de réaliser et identifiez les secteurs où vous avez obtenu un score qui démontrait que la santé de votre couple est en péril. En d'autres mots, inscrivez dans votre journal personnel tous les énoncés pairs auxquels vous avez répondu « Vrai » et tous ceux impairs auxquels vous avez répondu « Faux ». Par exemple, si vous avez encerclé Vrai à l'énoncé 60, inscrivez-le : « Je suis méfiant à l'égard de mon partenaire. » Si vous avez encerclé Faux à l'énoncé 61, prenez-en note : « Je sens que mon partenaire a besoin de moi. » Il sera important d'élaborer une liste de ces réponses dans votre journal personnel parce qu'elles aideront, elles aussi, à définir les objectifs à atteindre pour sauver votre couple. Nous nous servirons énormément de ces informations durant la création d'autres profils donc, appliquez-vous et soyez consciencieux.

Après l'étude de votre liste, examinez la liste de traits caractéristiques qui décrivent une relation de couple problématique. Donnez à chacun de ces traits une cote reliée à leur fréquence et à leur puissance dans votre relation en considérant un comme la plus basse valeur et dix comme la plus élevée. Par exemple, si vous croyez que « l'hostilité et le mépris » sont les sentiments prédominants dans votre couple, vous devrez leur donner un 10. Si l'amour est le sentiment le plus absent dans votre relation actuelle, vous devrez l'affranchir d'un 1.

Hostilité et mépris : _____
Apathie : _____
Peur : _____

Méfiance :   ____

Haine :   ____

Amour :   ____

Solitude :   ____

Culpabilité et honte :   ____

Colère :   ____

Frustration :   ____

~ PROFIL DES PROBLÈMES SPÉCIFIQUES ~ À LA RELATION DE COUPLE

Soyons maintenant plus précis. J'ai élaboré une liste des zones potentiellement problématiques s'appliquant peut-être à votre relation amoureuse. Si ces éléments s'avèrent effectivement des aspects dans votre relation de couple où vous êtes en mesure d'identifier la présence de problèmes, encerclez-les. Puis, classifiez en ordre décroissant ces aspects problématiques selon leur gravité respective (1 représentant l'aspect comportant les plus importants troubles jusqu'au nombre définissant l'aspect où les problèmes sont les plus bénins). En d'autres mots, si vous croyez que le plus important problème réside en la confiance, attribuez-lui le chiffre 1. Si l'aspect où il y a le moins de problèmes est la sexualité et que vous avez déjà identifié six autres aspects problématiques, alors l'aspect sexualité héritera de la septième place au rangement. Vous n'avez pas à classifier tous les aspects ci-dessous ; ne classifiez que ceux qui s'appliquent, selon vous, significativement à votre situation. Dans l'espace libre, à côté de chaque aspect, écrivez une phrase décrivant l'essence ou l'élément principal du problème.

La confiance :   _____

La sexualité :   _____

L'argent :   _____

La famille :   _____

Le temps : _____

Les enfants : _____

Le manque d'intimité : _____

La communication : _____

La rage : _____

Les drogues et l'alcool : _____

La sévérité : _____

La critique : _____

La peur : _____

L'infidélité : _____

L'ennui : _____

Le manque de passion : _____

La jalousie : _____

La répartition des tâches : _____

~ LES COMPORTEMENTS RELATIONNELS : ~
PROFIL DE VOTRE PARTENAIRE

Voici maintenant dix questions qui vous aideront à organiser et à guider une réflexion concernant ce que vous ressentez vis-à-vis de votre partenaire et les causes de ces sentiments. Ce n'est pas grave si certaines de vos réponses se répètent dans plusieurs questions. Utilisez, si vous le désirez, votre journal personnel afin de mieux saisir la nature de vos sentiments.

• Faites une liste de cinq occasions où votre partenaire vous à démontré de l'amour durant le dernier mois.

• Faites une liste de cinq occasions où votre partenaire à été peu affectueux ou carrément détestable durant le dernier mois.

• Faites une liste des cinq meilleures qualités de votre conjoint et décrivez-les.

- Faites une liste des cinq pires défauts de votre conjoint et décrivez-les.

- Faites une liste des comportements de votre partenaire qui n'ont pas été modifiés malgré vos demandes incessantes.

- Nommez cinq aspects de votre partenaire qui ont fait que vous êtes tombé amoureux de lui.

- Nommez cinq aspects de votre partenaire qui feraient que vous ne tomberiez pas en amour avec lui aujourd'hui.

- Décrivez vos relations sexuelles en vous concentrant plus particulièrement sur les modèles que votre partenaire suit :
  - Modèles d'amorce.
  - Fréquence.
  - Qualité.
  - Les problèmes.

- Décrivez la tendance ou le manque de votre partenaire à vous donner de l'attention et plus particulièrement :
  - Au désir d'être physiquement près de vous.
  - Au désir de vous parler seul à seul.
  - Au désir de passer du temps seul avec vous.
  - Au désir de vous protéger ou de vous réconforter lorsque c'est nécessaire.
  - Au désir de vous plaire.

- Attendez-vous avec impatience votre partenaire à la fin de la journée ? Si ce n'est pas le cas, écrivez-en les raisons dans votre journal. Soyez aussi précis que possible. Si votre partenaire se plaint de l'état de la maison en arrivant, écrivez-le. Si c'est causé par l'expression faciale et l'attitude de votre partenaire, écrivez-le. Si c'est parce que vous vous sentez obligé d'entretenir la conversation afin de rendre l'atmosphère plaisante, écrivez-le également.

~ LES COMPORTEMENTS RELATIONNELS : VOUS ~

Vous venez d'accomplir la partie facile de l'exercice. Voici maintenant dix questions similaires à celles ci-dessus auxquelles vous devez répondre en toute honnêteté pour évaluer votre perception de vous-même et la manière dont votre couple fonctionne. Vous ne vous poseriez pas, de votre propre chef, ces questions, alors considérez-les avec minutie. Engagez-vous maintenant à ne pas vous mentir. Obligez-vous à faire face à la vérité, même si c'est douloureux. Préparez votre esprit et votre cœur à être ouverts plutôt que d'être sur la défensive. Il est lâche de blâmer autrui et il est dangereux de renier. Utilisez votre journal personnel, si vous le désirez, pour vous aider à cerner les causes de vos sentiments.

1. Faites une liste de cinq occasions où vous avez démontré de l'amour envers votre partenaire durant le dernier mois.

2. Faites une liste de cinq occasions où vous avez été peu affectueux ou carrément détestable envers votre partenaire durant le dernier mois.

3. Faites une liste de vos cinq meilleures qualités et décrivez-les.

4. Faites une liste de vos cinq pires défauts et décrivez-les.

5. Faites une liste des comportements que votre partenaire vous a demandé à maintes reprises de corriger ou d'améliorer, mais que vous n'avez pas modifiés.

6. Nommez cinq aspects de votre personne qui ont fait que votre partenaire est tombé amoureux de vous.

7. Nommez cinq aspects de votre personne qui dissuaderaient votre partenaire de tomber en amour avec vous aujourd'hui.

---

8. Décrivez vos relations sexuelles avec votre partenaire en vous concentrant plus particulièrement sur les modèles que vous suivez :
   - Modèles d'amorce.
   - Fréquence.
   - Qualité.
   - Les problèmes.

9. Décrivez votre tendance ou votre manque à donner de l'attention à votre partenaire et plus particulièrement :
   - Au désir d'être physiquement près de votre partenaire.
   - Au désir de parler seul à seul avec votre partenaire.
   - Au désir de passer du temps seul avec votre partenaire.
   - Au désir de protéger ou de réconforter votre partenaire lorsque c'est nécessaire.
   - Au désir de plaire à votre partenaire.

10. Votre partenaire vous attend-il avec impatience à la fin de la journée ? Si ce n'est pas le cas, écrivez-en les raisons dans votre journal. Soyez aussi précis que possible. Si vous avez tendance à vous plaindre à votre partenaire de l'horrible journée que vous avez passée, écrivez-le. Si vous avez une attitude stressante ou une mine patibulaire lorsque vous voyez votre partenaire, écrivez-le. Si c'est parce que vous ressentez de l'appréhension en voyant votre partenaire, écrivez-le également.

J'espère que ce test vous aide à comprendre que sauver votre couple ne consiste pas seulement à changer votre partenaire. D'ailleurs, je le répéterai continuellement dans ce livre, vous n'avez pas à effectuer cette mission de secours dans la perspective que vous devez rappeler votre partenaire à l'ordre. Croyez-moi, vous avez amplement de travail à faire sur votre propre personne. Il ne s'agit pas, ici, d'un combat ayant pour but votre triomphe sur l'être aimé, mais plutôt d'une lutte visant la victoire de votre relation, le succès de votre couple.

Je ne le répéterai jamais assez : vous devez avoir une approche où vous détenez votre part de responsabilité pour l'état de votre couple ; vous détenez votre part de responsabilité du problème. Peu importe les comportements désagréables que votre partenaire a constamment, ce dernier agit de cette façon, du moins en partie, à cause de vos réactions à ces comportements. Vous apprenez à votre partenaire comment vous traiter ou comment continuer de vous traiter, par la façon dont vous réagissez à ce traitement. Ces comportements sont soit provoqués, soit entretenus ou soit permis par votre propre réaction à ceux-ci. Si, par exemple, votre partenaire commet certains abus au sein de la relation ou si votre partenaire est constamment insensible et rude avec vous, je vous jure qu'il a appris que ces comportements sont acceptables en raison de votre réaction à ces agissements. Vous avez peut-être déjà récompensé votre partenaire pour des comportements de la sorte en vous avouant vaincu, en revenant sur vos positions ou en devenant tellement colérique que vous n'étiez plus capable d'exprimer adéquatement vos sentiments et vos convictions.

Reconnaître vos propres problèmes peut être des plus stimulant lorsque vous réalisez que vous êtes enfin devenu réaliste face à votre situation. Je suis certain que vous trouverez que cette volonté de jeter un regard franc et ouvert sur vous-même peut et inspirera votre partenaire.

~ Profil du mode de vie dans votre relation ~

Au cours de votre lecture, je vais également vous demander d'évaluer votre mode de vie et celui que vous et votre partenaire avez communément défini et créé. Vous devez identifier le ou les éléments dans votre mode de vie qui provoque, entretient et permet une relation de couple malsaine.

Vous et votre partenaire avez défini en commun votre relation. D'un commun accord, consciemment ou non, vous avez défini votre couple tel qu'il est. Vous avez négocié les termes de cette relation pour en faire ce qu'elle est actuellement, en vous influençant l'un et l'autre par l'interprétation de vos réactions respectives. Vous n'avez peut-être pas obtenu les résultats que vous désiriez consciemment dans cette négociation, mais vous en êtes tout de même arrivés à ce stade. Et vous y resterez tant et aussi longtemps que vous ne développerez pas un mode de vie créant des comportements sains.

Examinons ce mode de vie. Je ne mettrai jamais assez d'emphase sur l'importance d'accepter le concept de « responsabilité du mode de vie » parce qu'il est source de changements dans votre relation actuelle. L'acceptation de ce concept vous permettra de jouir d'une relation de couple saine et gratifiante. Il n'existe aucune exception. Les questions qui suivent vous montreront les manières par lesquelles votre mode de vie blesse votre relation. Une fois de plus, si vous n'êtes pas absolument franc et ouvert dans vos réponses, vous ne vous faites aucun bien.

- Avez-vous des conversations sérieuses dans votre couple ? Discutez-vous surtout de problèmes ?

- Êtes-vous tous les deux pessimistes en regard de votre avenir ?

- Vous sentez-vous envahis ou dominés par vos enfants ? Par votre travail ? Par les travaux ménagers ? Par les dettes financières ?

- Vous sentez-vous en mauvaise forme ? Souffrez-vous d'un surplus de poids ? Avez-vous perdu l'intérêt de bien paraître, d'avoir une belle apparence dans la maison ?

- Trouvez-vous que vous n'avez plus beaucoup d'énergie ? Êtes-vous assis devant la télévision pendant de longues périodes de temps ? Vous est-il pénible de garder les yeux ouverts après le souper ? Est-ce que l'un d'entre vous tend à être déjà endormi lorsque l'autre se met au lit ?

- Vivez-vous de longues périodes où aucun d'entre vous n'est intéressé par le sexe, par l'affection ou par les contacts physiques ?

- De manière générale, vous ennuyez-vous lorsque vous êtes ensemble ?

- Si l'on vous apercevait en public, aurait-on tendance à vous décrire comme moroses et tristes ?

- Allez-vous chez autrui pour trouver du confort et vous divertir ?

- Buvez-vous, vous et votre partenaire, plus que par le passé ? Consommez-vous des drogues quelconques ?

- Chacun d'entre vous craint-il que l'autre domine la relation, ce qui vous force à être « sur vos gardes » lorsque vous êtes ensemble ?

- Vous assurez-vous, lorsque vous rendez service à votre partenaire, qu'il se sente redevable ? Votre partenaire a-t-il le même comportement envers vous ?

- Êtes-vous incapables, vous et votre partenaire, de savoir quand vous arrêter lorsqu'une dispute éclate ?

- Avez-vous tendance, vous et votre partenaire, à attaquer personnellement et à faire des remarques désobligeantes à l'autre lorsque vous vous disputez ?

- Vous arrive-t-il souvent, vous et votre partenaire, de vous replier sur vous-mêmes plutôt que de dire ce que vous pensez réellement ?

- N'êtes-vous plus intéressé par ce qui intéresse votre partenaire, et vice versa ?

- Persévérez-vous dans des attitudes ou des comportements que vous savez destructeurs pour le bien de la relation de couple tout simplement parce qu'ils vous plaisent ? Votre partenaire adopte-t-il des comportements et des attitudes similaires ?

- Même lorsque vous êtes des plus aimables avec votre partenaire, il vous est difficile d'oublier les mauvais sentiments que vous avez à son égard ? Pensez-vous que votre partenaire ressente la même chose ?

- Avez-vous arrêté de parler de votre avenir commun ? De ce que vous pourriez faire lors de votre retraite ? De ce à quoi vous aspirez, de vos rêves… ?

~ TEST DE COMMUNICATION DANS VOTRE COUPLE ~

Quel type de communication avez-vous, vous et votre partenaire, développé dans votre relation de couple ? Faites ce test rapide, conçu pour mieux comprendre comment établir des rapports avec votre partenaire, en répondant aux questions par Vrai ou par Faux. Ces questions vous aideront également à réaliser si vous êtes vraiment à l'aise avec votre partenaire ; la personne qui est supposée être la plus significative et celle à qui vous devriez faire le plus confiance dans votre vie. Une fois encore, ceci doit rester confidentiel. Encerclez « Vrai » pour tous les énoncés qui expriment, du moins occasionnellement, un de vos problèmes.

1. Je suis rarement en mesure de trouver les bons mots pour m'exprimer.   Vrai   Faux
2. Je crains que mon partenaire me rejette si je m'expose complètement devant lui.   Vrai   Faux
3. Je m'exprime rarement parce que j'ai peur d'avoir tort.   Vrai   Faux
4. Je crois que de dire ce que je pense ne fera qu'envenimer la situation.   Vrai   Faux
5. Je parle trop et je ne laisse pas la chance à mon partenaire de s'exprimer.   Vrai   Faux
6. Je ne suis pas impatient de parler à mon partenaire.   Vrai   Faux
7. Lorsque je me lance dans une dispute, il m'est difficile d'en sortir.   Vrai   Faux

8. Mon discours est souvent défensif.	**Vrai**	**Faux**
9. Je rappelle souvent à mon partenaire ses erreurs passées.	**Vrai**	**Faux**
10. Mes actions ne sont pas à la hauteur de mes paroles.	**Vrai**	**Faux**
11. Je n'écoute pas vraiment.	**Vrai**	**Faux**
12. J'essaie de combattre la colère par la colère et les insultes par des insultes.	**Vrai**	**Faux**
13. Je taquine abusivement mon partenaire.	**Vrai**	**Faux**
14. Je ne parle que rarement de ce qui est vraiment important.	**Vrai**	**Faux**
15. Je mens fréquemment par omission.	**Vrai**	**Faux**
16. Je déteste lorsque mon partenaire soulève un problème.	**Vrai**	**Faux**
17. Je crois qu'il est important de faire part à mon partenaire de toutes les récriminations que j'ai à lui faire.	**Vrai**	**Faux**
18. J'exprime mes récriminations d'une manière irritante.	**Vrai**	**Faux**
19. J'ai tendance à dire « Tu fais toujours… » ou « Tu ne fais jamais… » lorsque je discute de mes récriminations à l'endroit de mon partenaire.	**Vrai**	**Faux**
20. Je fais des récriminations pour blesser mon partenaire.	**Vrai**	**Faux**
21. Je n'aime pas avoir des discussions échauffées parce que je sens qu'elles ont un mauvais effet sur ma relation de couple.	**Vrai**	**Faux**
22. Je n'aime pas discuter de nos sentiments parce que cela ne nous mène jamais à rien.	**Vrai**	**Faux**
23. Je crois que je ne devrais pas avoir à dire ce qui me dérange parce que mon partenaire devrait déjà le savoir.	**Vrai**	**Faux**

Il n'y a pas de bon ou de mauvais nombre de réponses vraies ou fausses dans ce test. Vous devriez cependant revoir vos réponses afin d'obtenir un aperçu d'où se situent vos problèmes de perception et de communication. Cela vous aidera à répondre à la série de questions qui suit et, dans un autre chapitre, à élaborer une stratégie pour rétablir les liens dans votre couple.

~ TEST DE CHIMIE ~

Voici une autre façon de jauger le fonctionnement de votre mode de vie relationnel. Répondez aux questions suivantes concernant la chimie qui existe ou qui n'existe pas entre vous et votre partenaire. N'ayez pas peur de dire la vérité. Aussi superficiels que certains de ces énoncés peuvent paraître, ces questionnements peuvent avoir une puissante influence dans votre couple.

1. Je ne suis plus attiré physiquement par mon partenaire.   **Vrai   Faux**
2. Mon partenaire me fait sentir sexy.   **Vrai   Faux**
3. Nous ne nous embrassons plus ; nous ne nous caressons plus.   **Vrai   Faux**
4. Les relations sexuelles avec mon partenaire sont satisfaisantes et ragaillardissantes.   **Vrai   Faux**
5. Nous ne flirtons plus ensemble.   **Vrai   Faux**
6. Nous préférons être ensemble plutôt que d'être avec d'autres personnes.   **Vrai   Faux**
7. Je ne regarde plus mon partenaire dans les yeux lorsque nous sommes seuls.   **Vrai   Faux**
8. Si nous n'avons pas de rapports sexuels après quelques jours, cela me manque vraiment.   **Vrai   Faux**
9. À certains moments, je n'apprécie pas mon partenaire.   **Vrai   Faux**
10. J'adore procurer du plaisir physique à mon partenaire.   **Vrai   Faux**

Chaque question impaire à laquelle vous avez répondu « Vrai » et chaque question paire à laquelle vous avez répondu « Faux » sont des points faibles dans votre relation de couple. Si vous avez plus de trois de ces réponses, vous avez manifestement des problèmes dans l'aspect intimité sexuelle de votre relation. Prenez note de ces réponses qui jouent en votre défaveur car nous nous en servirons pour définir vos objectifs dans une planification ultérieure.

~ LES CINQ QUESTIONS ARDUES ~

Venons-en maintenant aux choses sérieuses. Je sais, je sais, vous vous demandez : « Hé ! Je croyais que c'était ce que nous faisions ? » Effectivement, mais vous devez à présent vous poser cinq questions incroyablement ardues afin d'établir la distance qui vous sépare de la ligne de danger dont nous avons parlé précédemment. À quel point votre perception de vous-même est déformée et à quel point celle de votre couple est éloignée de la réalité ? Vous ne devez, d'aucune manière, partager vos réponses avec votre partenaire. Comme vous l'apprendrez plus loin dans ce livre, nous avons tendance à exagérer nos sentiments négatifs lorsque nous sommes en situation de déception et nous oublions de mettre l'emphase sur nos sentiments positifs. Mais pour l'instant, extériorisez vos sentiments et inscrivez dans votre journal ce que ce questionnement vous révélera. Ayez le courage d'être honnête dans cet exercice, même si vous êtes effrayé d'admettre certains éléments dans vos réponses. Ce qui est véritablement pire que d'avoir une relation truffée de problèmes, c'est de ne pas reconnaître ces problèmes. Comme c'est le cas pour la majorité des problèmes, une intervention rapide et adéquate peut vous fournir la clé ouvrant la porte au résultat final : sauver votre couple.

1. Convenons d'une définition de l'amour : la sécurité et le bien-être de votre partenaire sont aussi importants que votre propre sécurité, votre propre bien-être. Diriez-vous que, à la lumière des résultats, vous agissez d'une manière qui prouve que vous êtes amoureux de votre partenaire ? Pourquoi ?

2. En vous servant de la même définition, votre partenaire est-il amoureux de vous ? Pourquoi ?

3. À présent que vous savez ce que vous faites de votre relation, est-ce que vous vous impliqueriez avec la même personne si vous deviez tout recommencer ? Pourquoi ?

4. En vous comparant avec d'autres personnes en couple, vous sentez-vous lésé ou vous êtes-vous tout simplement contenté du minimum ? Pourquoi ?

5. Si vous pouviez mettre fin à votre relation de couple ou si vous pouviez divorcer à ce moment précis sans aucun inconvénient, sans coût de procédure, sans embarras et sans que ce soit une trop grosse épreuve pour vos enfants (si vous en avez), le feriez-vous ? Pourquoi ?

Je suis conscient que ce questionnement est aussi plaisant qu'un traitement de canal, mais en l'ayant complété, vous avez fait un énorme pas vers le sauvetage de votre relation. En devenant réaliste envers votre relation, vous-même et votre partenaire, vous avez identifié des forces puissantes et destructrices dans votre vie et vous devrez lutter contre elles. Je veux savoir si vous vivez cette relation parce que vous le voulez ou si vous êtes dans cette relation aujourd'hui simplement parce que vous y étiez hier. Passer sa vie avec quelqu'un pour cause de lâcheté, parce qu'il est plus simple de ne pas changer n'est pas la base d'une relation de couple saine ; et si vous agissez de la sorte, laissez-moi vous dire que vous avez du pain sur la planche. Par ailleurs, vous reconnaissez et admettez au moins vos sentiments. Vous pouvez faire face à toutes les éventualités, du moment qu'elles soient connues et définies. Si vous vous obligez à reconnaître la réalité, alors vous accepterez votre situation telle qu'elle est et, de là, vous saurez comment vous en sortir. Vous connaissez votre ennemi, alors rassemblez vos armes et vos ressources et donnez l'assaut.

Je vous soupçonne de n'avoir jamais été aussi sévèrement honnête envers vous-même, vos sentiments et votre couple, de toute votre vie. Je crois fortement que vous êtes en train de vous rencontrer et, par conséquent, de rencontrer votre partenaire véritablement pour la première fois. Vous ressentez peut-être des émotions contradictoires en ce moment, mais, de grâce, n'abandonnez surtout pas. Si les tests vous ont laissé sur cette pensée : « Mon Dieu, ma relation est dans un bien pire état que je ne le croyais. » Ne décrochez pas ; n'arrêtez pas de lire. Comme je vous l'ai dit au début de ce livre, on vous a noyé dans une mare d'informations inexactes et il est d'ailleurs très étonnant que vous ayez pu maintenir une relation avec ces informations. Je veux que vous soyez enthousiasmé par le fait d'être vrai avec vous-même. Préparez-vous : votre relation prendra un tournant décisif.

chapitre trois

DÉMYSTIFIONS LES MYTHES

C omme je vous l'ai dit au tout début de ce livre, une des raisons qui vous laisse penser que votre relation est un échec, ce qu'elle n'est pas en vérité, est de croire que votre partenaire et vous devez suivre certaines « règles » et certaines lignes de conduite préétablies. Ces règles vous semblent logiques et on vous a persuadé qu'en ne les respectant pas, vous iriez droit vers l'échec.

Vous auriez dû vous méfier, dès le départ, de cette approche. Car la logique ne peut pas être appliquée à l'amour. De manière générale, ces règles sont des mythes répandus par des thérapeutes bien intentionnés, mais mal informés et par des auteurs aussi peu avisés, mais peut-être moins bien intentionnés dont les intérêts sont certainement plus mercantiles que humanistes. (Vous vous dites peut-être que je ne vaux pas mieux qu'eux, mais je suis prêt à prendre le risque de vous amener à ce questionnement.) On vous a conditionné à intégrer ces caractéristiques « indispensables » au bonheur d'un couple. Vous avez été bombardé par des images romancées représentant l'idéal amoureux. On vous a amené à croire que votre partenaire et vous-même deviez constituer une seule et même entité afin de vivre en parfaite harmonie.

Je vous prie de m'excuser, mais je crois qu'on s'est moqué de vous. Sonnons l'alarme ! Cette logique erronée doit être démentie. Attardons-nous maintenant aux dix mythes les plus dangereux et répandus liés aux relations de couple. Lorsque vous les lirez, vous vous direz peut-être que j'ai perdu la tête. Vous avez intégré certains de ces mythes depuis si longtemps qu'il vous sera sans doute difficile de les remettre en question. Ne croyez pas que ces mythes n'existent pas ; *ils existent.* Ils nous paraissent si justes et si logiques qu'on croit qu'ils sont « Vérité » !

Tout ce que je peux vous dire, c'est que de s'accrocher à ces croyances pour la seule raison qu'elles sont populaires entretiendra votre perpétuelle désillusion. Selon moi ces croyances populaires sont des mythes tout simplement parce qu'*elles ne fonctionnent pas* et j'ai constaté ce fait en fondant mon jugement sur un critère élémentaire : les résultats. En regard des résultats, ces mythes ne vous apporteront pas une relation satisfaisante. Si vous croyez à ces mythes, vous êtes destiné à être toujours et encore déçu. Si ces mythes sont les bases de votre relation, vous échouerez inévitablement, malgré vos efforts herculéens. Les fausses informations mènent aux mauvais choix et les mauvais choix ne mènent qu'à l'échec. Ne vous contentez pas de médiocre victoire en suivant ce proverbe : « Au royaume des aveugles, le borgne est roi. »

Il est donc crucial que vous soyez ouvert d'esprit et prêt à ébranler ces dix mythes populaires. En les éliminant, vous pourrez évaluer votre relation de manière réaliste et vous ne la gâcherez pas. Une relation amoureuse saine nécessite d'abord une saine réflexion et, pour ce faire, vous devez renouer avec le noyau de votre conscience pour que jaillissent la vérité et votre sagesse innée. Il est maintenant temps de supprimer ces mythes pour que vous puissiez vous concentrer sur ce qui est vraiment important dans une relation de couple.

Mythe n° 1 : Une relation de couple exceptionnelle doit être la rencontre entre deux grands esprits

J'ai rarement rencontré des couples en péril qui ne croyaient pas que leurs problèmes provenaient, du moins partiellement, de leurs différences ; différences engendrées par leur incompréhension du point de vue de l'autre : eh oui ! l'empathie. La panacée du non-sens. C'est logique, n'est-ce pas ? Cela semble noble et altruiste, n'est-ce pas ?

Le problème, c'est que cette faculté est aussi utile qu'un cheval fourbu. Vous n'aurez jamais la même perception que votre partenaire. Vous ne comprendrez que rarement la façon dont votre partenaire perçoit le monde. Vous ne pourrez qu'occasionnellement comprendre la vision du monde de votre partenaire pour la seule et unique raison que vous êtes très différent de cette personne. Votre cheminement est unique. Vous êtes génétiquement et physiologiquement différent. Votre environnement vous a différemment conditionné, votre éducation vous est spécifique, vos priorités vous sont propres et vous valorisez certains aspects de la vie à votre façon.

Vous fixer l'objectif de percevoir la réalité au travers des yeux de votre partenaire peut sembler sensé par écrit. Cela peut vous permettre de meubler la conversation dans le bureau d'un thérapeute et peut s'avérer un bon exercice pour certains couples en détresse, mais cette technique ne sert qu'à accumuler les séances de « counseling ». La thérapie conventionnelle s'évertue assidûment à enseigner aux hommes à devenir plus sensibles et à avoir une approche moins logique des émotions ; elle s'évertue à apprendre aux femmes à avoir des réactions moins émotives et à être plus logiques. Je n'ai qu'une question à poser à ces thérapeutes : « Qui croyez-vous leurrer au juste ? »

Les hommes resteront des hommes et les femmes seront toujours des femmes. Aucun thérapeute ne peut changer ce fait. Et vous savez ? Ce n'est pas mauvais. Être différent n'est pas mal.

Si vous pensez présentement que je suis une vieille tourte réactionnaire qui n'a aucune sympathie pour l'évolution du rôle que jouent la femme et l'homme dans notre société, détrompez-vous. Je crois qu'il est merveilleux que la femme puisse poursuivre une carrière émérite, que l'homme puisse demeurer à la maison et changer des couches. Mais je remets en question les gens qui pensent que le caractère psychologique des hommes et des femmes peut être interchangeable. Tout comme quelqu'un qui croit qu'une force supérieure a établi, au commencement des temps, un plan directeur pour l'humanité, je crois fermement que nous sommes conçus différemment ; et cette conception différente n'est pas due au hasard. Dans le plan originel, il existait une répartition des tâches dans laquelle l'homme était tenu d'effectuer certains travaux qui n'étaient pas propices à la sensibilité et à l'émotivité. Dans cette répartition du labeur, la femme avait des responsabilités dans lesquelles la sensibilité et le discernement étaient plus essentiels que la force brute.

Les hommes ne sont pas aussi émotifs et sensibles que les femmes parce qu'ils ne sont pas supposés l'être. Tenter d'imposer ces traits de caractère à une personnalité masculine est imprudent. D'ailleurs, si vous êtes une femme et vous acharnez à vous mettre dans la peau d'un homme, vos efforts seront vains. Ce n'est pas naturel que je veuille voir la vie au travers des yeux de mon épouse, pas plus que ce ne l'est pour elle de vouloir avoir ma vision de la réalité. Qui plus est, cela n'améliorerait pas notre relation de couple. Nous sommes différents, un point c'est tout, et nous devons vivre avec cette différence parce que cet état de chose ne changera pas.

Malheureusement, peu de gens le comprennent et, parmi eux, on retrouve beaucoup de thérapeutes qui conseillent les couples. Ces gens n'ont peut-être pas parcouru assez de chemin dans la vie et n'ont aucune idée de ce qu'est une relation de couple dans la vraie vie. Ne croyez surtout pas que ces thérapeutes n'ont pas la compréhension psychologique de la différence entre les genres. Ils ont tous appris l'ampleur de cette différence au cours de leur formation. Mais ils ont tendance à oublier ces différences fondamentales lorsqu'ils commencent à aider des couples avec une approche « nouveau millénaire ». Ce qui est problématique, c'est que plus nous tentons de modeler les genres en un monde unisexe, plus nous perdons le contrôle et plus nous réglons les mauvais problèmes.

Ce genre de mauvais raisonnement est dangereux : fournir des conseils fondés sur ce mythe à des couples naïfs peut véritablement paralyser toutes les actions judicieuses et constructives qu'ils pourraient entreprendre. Il est dangereux parce qu'il n'y a pas une chance sur un million que les conjoints puissent l'appliquer. Il ne peut pas fonctionner en raison de ce qui s'appelle la tendance instinctive.

La tendance instinctive est la tendance que possède tout organisme, lorsqu'il est sous pression, à avoir recours et à exposer ses tendances *naturelles.* Cela est vrai même pour les animaux. Je serai toujours stupéfait, lorsque je regarde CNN, d'entendre la consternation d'un reporter et d'une victime mélancolique qui a été attaquée par un animal sauvage, « apprivoisé » et élevé comme un animal domestique. L'annonceur dit généralement quelque chose comme suit : « Un événement tragique s'est déroulé à Saint-je-ne-sais-où aujourd'hui... Les autorités n'ont fourni aucune explication quant aux causes de l'attaque de cet animal sauvage qui s'est retourné contre son maître ! »

Chaque fois que j'entends ce genre de commentaire, je ne peux que penser : « Mais, peut-on vraiment être à ce point taré ? Ils modifient artificiellement les comportements d'un animal sauvage qui a, depuis des siècles, survécu en étant prédateur et sont consternés lorsque cet animal à recours à ses instincts génétiquement innés en dévorant son « maître » pour dîner ! » Cet animal n'est pas « barbare » ; il ne fait qu'être lui-même. Il se comporte naturellement. Nous, les humains, sommes peut-être plus intelligents (ou non), mais nous nous comportons de la même manière.

Il vous sera possible de tenir un rôle qui n'est pas le vôtre un certains temps, mais, en définitive, vous ne pouvez pas être ce que vous n'êtes pas ; c'est une vérité psychologique, et c'est bien ainsi.

Mais, de grâce, comprenez ceci : je ne vous dis pas que deux personnes de sexes opposés ne devraient pas tenter d'être compatibles. Quoique nos caractéristiques primaires soient différentes, nous pouvons, par ailleurs, posséder certains traits et avoir certaines tendances qui soient quelque peu dans la même direction que le sexe opposé. Mais, s'il vous plaît, débarrassez-vous de l'idée que votre relation sera en pire état si vous et votre partenaire ne semblez pas posséder des caractéristiques masculines et féminines. L'homme dans votre couple n'est peut-être tout simplement pas intimement lié à son « côté féminin » et la femme n'a peut-être aucunement l'intention ou la propension à se faire des muscles pour « défendre la caverne ».

Nous aborderons, plus loin dans ce livre, la manière par laquelle nous pouvons rejoindre notre partenaire exactement là où il en est dans son cœur et dans son esprit. Nous parlerons également d'accepter nos différences plutôt que d'en faire des sources de conflits. J'espère vous démontrer plus tard qu'une relation est vraiment plus appréciable lorsque votre partenaire enrichit votre vie au lieu de simplement la refléter. Je crois que, avant la fin de ce périple, vous serez reconnaissant envers ces différences qui sont peut-être pour l'instant sources de frustrations.

Mythe n° 2 : Une relation de couple exceptionnelle demande un grand romantisme

Vous vous demandez certainement : « Ceci est un mythe ? Comment cela se peut-il ? Est-ce que je ne viens pas de lire dans le premier chapitre que je devrais obtenir ce que je mérite ; c'est-à-dire un grand amour et un grand romantisme ? Comment désirer du romantisme peut-il constituer un mythe ? »

Je parle ici d'espérer un romantisme hollywoodien, un romantisme irréaliste. Croyez-moi, votre vie avec votre partenaire doit être empreinte de romantisme. Il doit y avoir beaucoup de moments où vous et votre partenaire devez faire des efforts pour être romantiques : organiser des sorties galantes comme aux premiers temps de votre idylle, manger en tête-à-tête, passer des week-ends sans vos enfants, etc.

Mais ne vous leurrez pas. Aussi discordant que cela puisse paraître, être en amour n'est pas tomber en amour. J'ai si souvent entendu des gens en couple dire : « Voyez-vous Dr. McGraw, je crois que je ne me sens plus amoureux. » Ils me disent que la flamme s'est éteinte dans leur couple. Après les avoir questionnés un moment, je comprends ce qu'ils veulent véritablement dire : « Je ne me sens plus de la même façon que lorsque je suis tombé en amour. » Ce qui manque vraiment à ces personnes, c'est l'enivrant sentiment de béguin ressenti au début de leur relation amoureuse.

Voilà ce que je veux dire lorsque j'avance que les gens ne savent pas comment mesurer le succès d'une relation de couple. La plupart des gens ont une fausse conception de l'amour. Ce n'est pas parce que des sentiments se transforment qu'ils en sont moins gratifiants. Est-il possible qu'un grand nombre d'émotions et qu'une multitude de façons de les expérimenter existent et soient, malgré leurs différences, toutes gratifiantes ? Ce qui était, auparavant, enivrant et excitant, donc très positif, peut très bien devenir profond et sécurisant, ce qui est également très positif.

Avoir le béguin est, je l'admets, une expérience qui crée la dépendance. Il n'y a rien comme la sensation de courtiser, comme le sentiment d'avoir enfin trouvé quelqu'un qui comble tout ce qui manquait dans votre vie. Tomber en amour ne fait pas qu'apporter un intense sentiment de désir, cela vous fait croire que vous pouvez dépasser vos limites. Vous croyez que vos jours de solitude sont terminés pour de bon. Vous êtes convaincu d'avoir trouvé la personne avec qui vous pouvez parler toute la nuit de tout ce qui vous viendra à l'esprit.

Au fil des années, j'ai discuté avec de jeunes couples qui s'étaient rencontrés et étaient tombés, par-dessus la tête, amoureux. Ils voulaient se marier et ils croyaient que « l'amour » leur permettrait de surmonter tous les obstacles futurs dans leur relation. Je me rappelle avoir discuté avec une femme à propos de l'homme avec qui elle s'était récemment fiancée. Elle fut assez honnête pour soulever certains points problématiques qui la tracassaient dans leur relation ; dont non les moindres étaient l'incapacité de son partenaire à se trouver un emploi et un grave abus d'alcool. Je lui ai donc demandé : « Alors, pourquoi êtes-vous certaine de vouloir vous marier avec lui ? »

« Je ne peux pas m'en empêcher, Dr. McGraw, je suis follement amoureuse de lui. » me répondit-elle.

Elle ne savait évidemment pas ce qu'était l'amour. Elle était euphorique, hypnotisée par les sensations propres à la « première phase » de la relation amoureuse et inconsciente que les problèmes de son partenaire la priveraient de la profondeur et de la sécurité de la « deuxième phase » du processus amoureux. Le mythe auquel tant de gens croient est que les émotions et les extases ressenties lorsqu'on tombe amoureux représentent l'amour. Ce n'est que le premier stade de l'amour et il s'avère humainement impossible de rester dans l'état engendré par ce stade. Cette folle passion initiale se transformera inévitablement, et ce, au sein de tous les couples, en un engagement profond et durable ; un état tout aussi enthousiasmant, tout aussi gratifiant, mais pas toujours aussi enivrant. C'est inutile de dire que vous n'êtes plus aussi amoureux qu'au début de votre relation. Il est inutile de briser votre couple et de repartir en quête d'un autre partenaire ; de sauter d'un « high » émotionnel à un autre. La solution, comme vous allez le comprendre avant la fin de votre lecture, c'est d'apprendre comment passer aux autres stades de l'amour. Lorsque cela sera fait, vous vivrez des expériences plus profondes et plus riches avec votre partenaire que vous ne l'auriez jamais imaginé. Les émotions changent, mais cela ne signifie pas qu'elles sont moins intenses ou moins significatives que l'excitation des premiers jours.

Si vous avez été induit en erreur par ce mythe et que vous comparez l'état actuel de votre relation avec l'enivrement des premiers jours ou avec une version hollywoodienne de l'amour, vous pourriez injustement qualifier de médiocre ce qui est, au contraire, une relation de qualité. Dans la vraie vie, il n'y a pas de chanson de Whitney Houston en musique de fond ; vous n'allez pas à des dîners en costard et en robe de soirée à tous les soirs. Contrairement aux personnages des romans savon d'après-midi, vous devez aller travailler, vous pouvez prendre du poids, vous pouvez être fatigué, vous devez faire le plein d'essence et vous devez nettoyer le fond de votre poubelle pendant que votre partenaire nourrit le chien.

Vous vivez dans le vrai monde. Vous pouvez très bien être romantique en étant préoccupé lorsque votre partenaire n'est pas rentré et qu'il se fait tard. Le romantisme peut aussi bien se manifester en partageant le journal le matin, en partageant un *sundae* dans un bar laitier et en faisant l'amour plusieurs fois par semaine. Une relation exceptionnelle ? Un grand romantisme ? Ce n'est qu'une question de mesure. Cela dépend de comment vous définissez les mots « exceptionnelle » et « grand » dans le monde réel.

Mythe n°3 : **Dans une relation de couple exceptionnelle, il y a des solutions à tous les problèmes**

Retournons maintenant dans notre bureau hypothétique de thérapeute. Vous et votre partenaire avez prévu une séance pour discuter de vos querelles sur certains sujets litigieux. Le Dr. Expert vous dit que vous devez apprendre « la résolution de problèmes » et en acquérir les habiletés indispensables. Il dit que vous devez développer ces « habiletés » afin que vous et votre partenaire puissiez avoir un « terrain d'entente ».

Le message qui vous sera donné dans ce bureau sera clair : si vous et votre partenaire n'êtes pas en mesure de régler vos différends, vous n'aurez pas une bonne relation de couple parce qu'elle sera criblée de conflits et de confrontations. C'est faux ! C'est un raisonnement naïf et fantasque. Il y a tellement de personnes qui croient au mythe suggérant que les couples ne peuvent pas être heureux sans éliminer tous leurs sérieux différends. Au cours des vingt-cinq années où j'ai travaillé dans le domaine du comportement humain, je n'ai pas vu (ou si peu) d'authentiques différends être éliminés. Je sais que cela peut paraître étrange, mais je vous dis la vérité. Des différends simples et communs s'éliminent quotidiennement, mais la plupart de ceux concernant des sujets clés, ceux qui engendrent de véritables conflits dans le couple, ne sont jamais réglés.

Jetez un regard sur le passé de votre relation et je suis sûr que vous me donnerez raison, même si mon opinion diffère de celle des « experts ». Il existe des sujets sur lesquels vous et votre partenaire n'êtes pas d'accord, n'avez jamais été d'accord et ne le serez jamais. Peut-être que ce désaccord concerne la sexualité, la façon dont vous disciplinez et éduquez vos enfants, la façon d'attribuer l'argent, la façon d'exprimer l'affection. Peu importe le sujet, je vous garantis que vous ne vous entendrez jamais sur certains sujets de base. Vous pouvez ne pas être en accord parce que l'un d'entre vous serait obligé de sacrifier ses convictions ou de se détacher du noyau de sa conscience.

Prenons maintenant un vieil exemple familier : une femme pense souvent qu'un homme ne devrait pas parler trop durement ou élever la voix avec les enfants. L'homme, par ailleurs, pense que la femme est trop protectrice avec eux. Elle dit qu'il les punit. Il dit qu'elle les gâte.

N'est-il pas fascinant que le même conflit réapparaisse de génération en génération entre un mari et sa femme et que ce conflit perdure même une fois les enfants devenus adultes ? Le débat continue, mais il s'est déplacé vers leurs petits-enfants.

Pourquoi ces genres de thèmes sont-ils récurrents dans les disputes entre l'homme et la femme ? Parce qu'ils sont constamment sources de désaccords ; vous perdriez votre temps à trouver des solutions à ces mésententes ou à tenter de convaincre votre partenaire, d'une quelconque manière, que votre position est plus valable que la sienne. Mon père et ma mère se sont disputés pendant quarante-trois ans à savoir si ma mère devait être plus sociale et aider mon père dans ses multiples efforts pour divertir ses clients et ses collègues. Il pensait qu'elle aimerait prendre cette place dans son projet si elle y mettait un peu du sien. Elle a dit qu'elle avait essayé et qu'elle détestait jouer ce rôle.

Ils ne se sont jamais entendus sur le sujet. Vous pourriez leur avoir appris toutes les habiletés servant à résoudre des conflits, mais ils n'auraient toujours pas trouvé un terrain d'entente.

Certains couples, parce qu'ils ne s'entendent pas sur un sujet fondamental, interprètent ce désaccord comme un rejet purement personnel et en restent frustrés à jamais. Ils croient au mythe qui suggère qu'on se doit d'être expert dans la résolution de problèmes afin d'avoir un mariage heureux, alors ils traînent un fardeau émotionnel de leurs frustrations et s'imaginent que leur relation n'est pas viable ; ce qui est tout à fait faux.

D'autres couples (des couples plus sains à mon avis) acceptent qu'il y ait désaccord. Ils ne laissent pas la dispute devenir trop personnelle et n'en viennent pas aux insultes ou aux attaques. Des partenaires réalistes accomplissent ce que les psychologues appellent « la clôture émotionnelle ». Ils ne réussissent pas à clore le sujet, mais ils réussissent à ce que l'émotion soit contenue et acceptée par les deux parties. Ils se donnent la permission d'être en désaccord sans pour autant déclarer qu'une des parties a tort ou a raison. Ils se calment éventuellement et reprennent le cours normal de leur vie. Ils décident de préserver les liens du point de vue sentimental plutôt que de les détruire par leurs points de vue idéologiques.

Nous parlerons plus tard de cette habileté à placer la relation au-dessus des conflits ; je me contenterai seulement de dire que de vous efforcer à rétablir la connexion vous apportera des résultats beaucoup plus gratifiants que de tenter vainement de vivre en couple en évitant tout conflit.

Sauvez votre couple

Mythe n° 4 : **Une relation de couple exceptionnelle se construit sur des intérêts communs qui lient ensemble pour toujours les deux partenaires**

Voici un mythe qui introduit les gens sur une voie les menant à des situations incroyablement ridicules qui les laissent souvent perplexes, malheureux ou qui les rendent même hostiles. Et croyez-moi je sais ce dont je parle lorsque je dis « hostile ». Car, j'ai moi-même cru à ce mythe à un certain moment de ma vie ; j'ai cru que mon couple se porterait mieux si Robin et moi faisions certaines activités ensemble, si nous développions des intérêts communs.

Toutes nos petites expériences communes ne me satisfaisaient pas. Je croyais que nous avions besoin d'une grande expérience commune. Alors j'ai eu une idée : le tennis ! Je pratique ce sport probablement trois cents jours par année. Mon épouse, qui n'est pas une joueuse aussi avide, est néanmoins une joueuse accomplie qui aime le sport et qui apprécie la camaraderie. Sincèrement, je ne joue pas pour la camaraderie. Je joue pour la compétition et tous ceux avec qui je joue font de même. Mon épouse, par ailleurs, est autrement gratifiée par ce sport. Elle adore l'exercice, le temps qu'elle passe avec ses amis et le défi d'apprendre à frapper la balle de mieux en mieux à chaque séance.

Il y a environ dix ans, nous fondant sur ce mythe même, nous nous sommes inscrits en équipe dans une ligue double-mixte. Intérêt commun, n'est-ce pas ? Partager du bon temps, n'est-ce pas ? C'est bénéfique pour la relation, n'est-ce pas ? Comme je l'ai déjà dit, il y a de ça dix ans et je ne suis pas certain que l'incident soit clos. Mon épouse m'a mis dans une telle colère que j'aurais pu la tuer. Je l'ai tellement mise en colère que je crois qu'elle a essayé de me tuer. À la fin du premier set du premier match, nous ne nous parlions déjà plus. Elle ne pouvait pas croire que je sois si mesquin. Apparemment, je frappais la balle trop près de la dame de l'équipe adverse. Je n'étais pas amical lorsque nous changions de côté du filet (ils voulaient probablement prendre le thé). Il paraîtrait que je lui jetais des regards exaspérés et que je soupirais lorsqu'elle manquait un coup.

Elle, d'autre part, voulait discuter entre les points. Pas seulement avec moi, mais avec les gens de l'autre côte du filet. Si elle jugeait que la balle n'avait pas été bien frappée pour qu'elle la frappe à son tour convenablement, elle ne courait pas ; je crois qu'elle ne voulait pas se dépeigner.

Vous avez, sans aucun doute, tenté vous aussi de réaliser des projets majeurs avec votre partenaire en pensant que cela vous rapprocherait l'un de l'autre. Je n'oublierai jamais une de mes amies qui a essayé de pêcher à la mouche un matin avec son mari. Après une heure à l'écouter se plaindre qu'elle ne se tenait pas au bon endroit ou qu'elle tirait sa ligne dans le mauvais coin de la rivière, elle a laissé tomber sa canne à pêche et a dit : « Il est six heures du matin, il fait froid, tu es rude et je rentre à la maison. Au cas où tu ne le saurais pas, il est possible d'acheter du poisson au supermarché au beau milieu de l'après-midi. »

Il se peut que vous et votre partenaire ayez un grand intérêt commun qui vous rend heureux. C'est merveilleux. Mais ce qui rend dangereux ce mythe, c'est de croire que si vous n'avez pas d'intérêt commun, vous devez absolument en trouver un afin que votre relation de couple soit profondément satisfaisante. Ce n'est pas vrai, pas vrai du tout. J'ai rencontré des milliers de vieux couples qui sont heureux dans leur mariage depuis des années. Ils aiment passer du temps ensemble, ils s'entendent à merveille, mais ils respectent aussi leurs caractéristiques particulières et ne sentent pas le besoin de faire une panoplie d'activités ensemble.

Ce n'est pas ce que vous faites, mais bien comment vous le faites. Vous forcer à avoir des activités en commun vous apporte du stress, vous met de la pression et génère des conflits, alors ne le faites pas. Ne le faites tout simplement pas. Il est faux de croire que votre relation ne tourne pas rond si vous n'avez pas d'intérêts ni d'activités en commun. Je vous le promets, vous avez des éléments significatifs en commun auxquels vous n'avez peut-être pas pensé. Vous vivez ensemble, vous dormez ensemble, vous mangez ensemble et si vous êtes mariés et avez des enfants, vous éduquez ces enfants ensemble. Peut-être priez-vous ensemble, peut-être passez-vous vos vacances ensemble et peut-être même vous rendez-vous au travail ensemble. Si prendre un cours de poterie ensemble crée de la discorde au sein de votre couple, ne le faites tout simplement pas. Ce qui est important, c'est que vous ne croyez pas être inadéquat ; ne croyez pas que votre amour est insuffisant parce que vous ne partagez pas d'activités en commun.

Mythe n° 5 : Une relation de couple exceptionnelle doit être paisible

Une fois de plus, c'est faux ! Tant de gens sont terrifiés par l'inconstance parce qu'ils croient que la dispute est un signe de faiblesse ou le signe que la relation de couple s'effondre. La vérité, c'est que les disputes dans un couple ne sont ni bonnes ni mauvaises. Si ces disputes sont faites en respectant quelques simples règles de base, elles peuvent être bénéfiques dans le couple et favoriser sa longévité de plusieurs façons. Pour certains couples, elles apportent une certaine paix et une confiance parce que les partenaires savent qu'ils peuvent libérer leurs pensées et leurs sentiments sans être rejetés, abandonnés ou humiliés.

Je ne dis pas que vous devez créer des disputes, mais les études en ce domaine ne supportent pas l'hypothèse que ces disputes font échouer les relations de couple. D'ailleurs, il existe autant de relations qui échouent par la suppression des conflits et par le reniement qui y est associé qu'il y a d'échecs dus à des confrontations verbales explosives.

Étant enfant, nous apprenons très tôt l'importance d'être considéré par une autre personne. On nous a inculqué les manières et la retenue. Mon Dieu, vous dites-vous sûrement, Dr. Phil va me dire que la politesse est un mythe. Bien sûr que non. J'ai beaucoup de respect pour des partenaires qui sont polis et bien intentionnés l'un envers l'autre. Mais pensez-y un instant. Après tout ce qu'on vient de dire sur les énormes différences physiologiques et psychologiques entre les genres, est-il naturel que deux partenaires soient toujours à propos, qu'ils soient toujours d'accord, qu'ils ne montrent jamais la moindre impatience et qu'ils soient toujours aux anges ? Est-il vraiment naturel d'éviter à tout prix les confrontations avec celui que vous aimez le plus au monde ? Se pourrait-il que d'exprimer occasionnellement son ras le bol à l'être aimé soit, en fait, une preuve de respect et d'amour ?

Ne vous souciez pas de la fréquence de vos disputes : ce n'est pas un facteur déterminant dans la stabilité et la qualité de votre couple. Souciez-vous de la façon dont vous vous disputez et comment vous gérez cette dispute par la suite ; voilà ce qui détermine la stabilité et la qualité de votre couple.

Si, par exemple, vous êtes le type de personne qui abandonne rapidement le sujet de la dispute pour attaquer la dignité de l'autre, vous êtes une force destructrice dans le couple. Si vous êtes le type de personne qui crée des disputes parce qu'elles sont, par leur effet, plus stimulantes que la vie quotidienne avec votre partenaire, vous êtes également destructeur. Et si votre rage et vos impulsions ne sont pas maîtrisées et que vous adoptez une approche sans pitié et malveillante, vous détruirez assurément votre relation.

De la même façon, si vous n'effectuez jamais la clôture émotionnelle après vos disputes et que vous faites des « réserves » d'émotions négatives pour les utiliser par la suite comme armes, vous êtes très destructeur. Vous devez atteindre une clôture émotionnelle après chaque dispute ; sinon vous réagirez probablement de manière « accumulée » lors de la prochaine confrontation et vous créerez une grande perturbation dans votre couple.

Ne confondez pas les réactions accumulées avec les réactions excessives. Ce sont toutes deux des interactions destructrices et elles sont souvent confondues. La réaction excessive est une réaction disproportionnée à un événement isolé. On pourrait l'expliquer ainsi : c'est de vouloir tuer un moustique avec une mitraillette. C'est en dehors de toute proportion (surtout du point de vue du moustique).

La réaction accumulée, étant tout aussi explosive, est complètement à l'opposé de la réaction excessive. Elle survient lorsque vous n'avez pas réussi à atteindre la clôture émotionnelle lors de confrontations précédentes, apparentées ou non, parce que vous ne vous êtes pas permis de participer sainement à ces confrontations avec votre partenaire. Si vous vous êtes mordu la langue plutôt que de répondre adéquatement dans les dix dernières confrontations avec votre partenaire, vous avez accumulé en vous l'énergie émotionnelle négative. Vous êtes maintenant comme une cocotte-minute dont la valve de pression est fermée. Cette énergie (que ce soit la haine, le ressentiment, l'amertume ou d'autres sentiments douloureux), doit être évacuée d'une manière ou d'une autre. Soudain, sans qu'on le veuille, cette réaction accumulée survient : elle remonte à la surface et l'énergie des dix dernières confrontations jaillit, écrasant votre partenaire et vous faisant passer pour quelqu'un devenu dément pour une banalité, un événement insignifiant.

Nous discuterons en détail des manières par lesquelles vous pouvez vous disputer sans être destructif et sans en venir aux attaques personnelles (ou sans croire que ces attaques sont personnelles) dans les chapitres à venir. Vous devez également apprendre à remettre adéquatement votre relation sur la bonne voie après une confrontation et apprendre comment laisser retomber la poussière et comment donner du leste à votre partenaire plutôt que de l'intimider jusqu'à la soumission. De plus, vous devrez apprendre à sortir de ces disputes l'ego et les sentiments indemnes, même si vous étiez en tort ou si vous faites l'objet d'intimidation dogmatique de la part de votre partenaire.

Laissez-moi vous répéter ce que veut dire la « clôture émotionnelle ». Cela ne veut pas dire que vous avez réglé le problème. Cela signifie que vous remettez d'aplomb votre cœur et votre esprit afin que votre partenaire puisse faire de même. Cette clôture est impossible si vous êtes tombé dans le panneau du prochain mythe. Regardez.

Mythe n° 6 : Une relation de couple exceptionnelle vous laisse exprimer tous vos sentiments

Parce que nous vivons à une époque où nous sommes constamment appelés à reprendre contact avec un ceci ou un cela intérieur pour ensuite nous libérer dans une grande explosion d'émotions, il semble très logique d'appliquer ce précepte dans une relation de couple. Nous devrions tout sortir de nos tripes, partager toutes nos pensées et tous nos sentiments, tout dévoiler et cela au nom de la franchise.

Le problème c'est que, en regard des résultats, la décharge totalement non censurée de vos émotions ne fonctionne tout simplement pas. Nous avons tous un ensemble impressionnant de pensées et de sentiments à l'égard de notre partenaire. Vous avez révélé certaines de ces pensées et certains de ces sentiments à votre partenaire parce que cela semblait « une bonne idée à ce moment précis ». Mais après mûre réflexion, ces impressions n'auraient pas dues être transmises pour nombre de raisons dont la moindre est que vous ne le pensiez pas. Pensez au nombre de fois où vous vous êtes échappé en faisant un commentaire à propos des faiblesses de votre partenaire. Soyons honnête : ce « relâchement » vous a apporté un plaisir et vous avez eu par la suite le sentiment d'avoir eu le dessus sur votre partenaire. Mais qu'en est-il ressorti de bon ? Rien. Vous vous êtes laissé, pendant un instant, dominer par l'ivresse de la rage et vous avez fort probablement endommagé votre relation. Parfois, ce dommage peut-être permanent.

J'ai vu plus d'une relation de couple être détruite parce que l'un ou l'autre des partenaires ne pouvait simplement pas pardonner ce qui avait été révélé au cours d'un processus de décharge émotive. Même si vous vendiez votre âme au diable afin de retirer vos paroles, cela ne fonctionnerait pas. D'ailleurs, je suis prêt à parier que vous avez connaissance de certaines paroles, fondées ou non, dites il y a des mois ou même des années et qui ont blessé profondément votre partenaire ; et vous savez qu'il ou elle s'en souvient.

Vous avez peut-être entendu cette histoire sur le renouveau baptiste dans laquelle un pasteur zélé encourageait les gens à mettre leur âme à nu en se déchargeant de leur culpabilité devant la congrégation. Un vieux fermier s'était levé, poussé par cette invitation à la confession, et s'était exclamé : « Révérend, j'ai bu du whisky. » ce à quoi le révérend répondit : « Raconte tout, mon frère, raconte tout. » Le vieil homme se sentit à l'aise et dit : « Révérend, j'ai courtisé des femmes et j'ai fréquenté des maisons de mauvaise réputation. » Le révérend lui répondit avec excitation : « Raconte tout, mon frère, raconte tout. » Les membres de la congrégation s'étaient mis à applaudir frénétiquement pour encourager ce brave homme qui, muni d'un courage qu'il n'avait jamais cru pouvoir détenir, avait alors crié : « Je suis allé à la grange et j'ai forniqué avec les animaux. »

Le silence avait immédiatement régné au sein de la congrégation. Après un long moment, le révérend regarda l'homme du haut de la chaire et s'adressa à lui : « Mon frère, je ne crois pas que j'aurais dit cela. »

La morale de cette histoire est on ne peut plus claire : avant de dire quelque chose de potentiellement désastreux, prenez un temps de réflexion et tournez sept fois la langue dans votre bouche. C'est extrêmement crucial pour la viabilité de votre couple. Je ne vous dis pas de cacher la vérité et de ne pas être honnête. Mais pour être honnête, il vous faut véritablement savoir comment vous vous sentez, ce que vous allez dire doit l'être de la façon la plus appropriée. Il est impossible de bien évaluer une situation ou d'agir de manière mûrement réfléchie dans le feu de l'action. Si vos paroles risquent d'être décisives et de créer un état irrémédiable, que se soit pour vous ou pour votre partenaire, vous devrez réfléchir longuement avant de les prononcer.

Je veux également vous informer qu'une décharge émotive n'a pas à être obligatoirement verbale. En général, les actes sont beaucoup plus évocateurs et ils communiquent davantage d'informations que n'importe quelle parole. Fermer la porte au nez, bouder, quitter à un moment crucial ou jeter votre verre au visage de votre partenaire peuvent communiquer de puissants messages négatifs et destructeurs.

Qui plus est, la prudence est doublement de mise lorsque vous déchargez vos émotions sur votre partenaire. Vous sentez que celui-ci vous a traité incorrectement et vous voulez qu'il le sache, j'en conviens. Mais la façon dont vous réagissez dans ces situations peut vous coûter cher en crédibilité et peut complètement vous éloigner de votre objectif principal ; c'est-à-dire de montrer à votre partenaire ce qu'il a fait pour vous blesser. J'ai eu à travailler, au fil des années, avec des centaines de couples dans lesquels un des partenaires commettait de graves transgressions, mais leur conscience de ces transgressions était complètement éliminée par la réaction excessive de leur partenaire. Lorsque ces couples venaient dans mon bureau ou à mes séminaires, le centre d'attention était invariablement la réaction excessive de leur partenaire plutôt que l'acte qui l'avait engendrée. La situation devenait soudainement pire pour la victime initiale

---

parce qu'elle avait réagi si excessivement que l'acte du partenaire en était oublié, lui laissant le champ libre pour répéter la même action sans conséquence.

Il n'y a pas meilleur exemple que celui de George et Karen. Ce couple, visiblement très amoureux, assistait à un de mes séminaires sur les relations amoureuses. Ils avaient été référés à ce séminaire par l'avocate de Karen. Une excellente avocate de réputation nationale, spécialiste dans les causes de divorce, mais qui préfère voir les couples se rabibocher plutôt que de les démanteler. Ils vivaient et travaillaient à Manhattan et tous deux avaient une carrière active et gratifiante, résultat de leur dur labeur et de leur support mutuel. Ils étaient malgré tout en instance de divorce parce que Karen, même si elle ne pouvait pas le prouver, était convaincue que George était infidèle et ce, sur une base de plus en plus régulière.

En effet, juste avant d'assister à mon séminaire et après un mois de séparation volontaire, Karen, par un créatif travail d'investigation, était persuadée que George était parti pour la fin de semaine avec une « sale petite traînée ». En furie et convaincue de son bon droit, elle arriva à convaincre le portier de la laisser passer et elle put avoir accès au *penthouse* où résidait George. Une fois à l'intérieur, elle dénicha un couteau de boucher dans la cuisine et troua méticuleusement chaque chandail, chaque complet et chaque chemise accrochés dans la penderie. Elle utilisa ensuite le couteau pour découper l'entre-jambes de tous les pantalons que George possédait. Je n'insulterai pas votre intelligence en expliquant le symbolisme de chacun de ces actes. Ce serait un euphémisme de dire que Karen était fâchée. Elle était totalement sortie de ses gonds.

Mais, Karen n'avait pas tout à fait fini : elle utilisa de la peinture verte en aérosol pour défigurer des peintures et des sculptures d'une valeur d'un quart de millions de dollars. Elle lança tout son équipement stéréophonique dans le bain, le couvrit de savon à lessive et de javellisant et remplit le bain d'eau. Elle épingla ensuite une note claire sur la porte de George : « Bon matin George. J'espère qu'elle valait la peine, maudit pourri d'enfant de chienne. Brûle et consume-toi en enfer pour ce que tu m'as fait. Je te hais ! Ta femme qui t'aime, Karen. »

George peut fort probablement avoir eu un rendez-vous amoureux au cours de cette fin de semaine, mais personne ne s'est vraiment intéressé à tirer la chose au clair. Tout le monde voulait parler de Karen. Elle a fini par être très embarrassée et honteuse de ses actions. Elle savait qu'elle avait perdu de la crédibilité, même aux yeux des plus simples observateurs. Pendant ce temps, George a saisi sa chance de jouer la pauvre victime des agissements d'une cinglée. Il était très heureux de laisser les gens du séminaire lui tapoter le dos et lui dire comment ils trouvaient horrible le traitement dont il avait été victime.

J'espère que vous vous rendez compte qu'en plus du message très négatif informant son partenaire de quoi elle était capable (un message qu'elle ne pourra jamais retirer), Karen lui a permis de se sortir de cette situation comme une figure sympathique. Malgré sa lourde responsabilité dans les événements, il était blanchi ! Grâce à la décharge émotive de Karen, George a pu éviter sa responsabilité. Ne soyez pas stupide et ne vous laissez pas entraîner dans des actions irrémédiables au nom d'une libre expression peu judicieuse.

Mythe n° 7 : Une relation de couple exceptionnelle n'a aucun lien avec le sexe

N'y croyez pas un seul instant. Les relations sexuelles nous fournissent un temps de repos pour combattre le stress et la pression de la vie moderne et apportent une proximité de qualité extrêmement importante entre deux conjoints. Elles constituent un exercice de vulnérabilité par lequel vous permettez le rapprochement de votre partenaire. En effet, elles peuvent être un sacré bon exercice, point à la ligne ! Dans la plupart des cas, elles sont un acte mutuel où l'on donne, où l'on reçoit et où l'on partage un acte symbolique de confiance. Pour la majorité des couples, c'est probablement un élément parmi la petite liste d'aspects qui différencie leur relation amoureuse de celle des autres.

Ne croyez pas que tout est une question de sexe. Si vous avez une bonne vie sexuelle au sein de votre couple, le sexe se retrouve à dix pour cent sur votre « échelle d'importance » ; c'est-à-dire qu'il représente dix pour cent de ce qui est important dans votre couple. Mais si vous n'avez pas une bonne vie sexuelle dans votre relation, le sexe se retrouve à peu près à quatre-vingt-dix pour cent sur votre « échelle d'importance ». Une bonne vie sexuelle peut vous faire sentir accepté et plus impliqué avec votre partenaire. Mais si votre vie de couple est dépourvue de sexe, ce sujet devient le centre d'attention de toute votre relation.

L'importance symbolique du sexe peut être énorme : il peut représenter le plus grand facteur de déception dans une relation de couple. Des rapports sexuels problématiques peuvent engendrer une profonde anxiété (une femme, par exemple, qui croit qu'elle ne plaît pas ou qui ne se sent pas désirée par son mari), un sentiment d'insuffisance (un homme, par exemple, qui ne se sent pas capable d'être performant au bon moment face aux espérances de sa conjointe) et, en définitive, peuvent mener au rejet et au ressentiment. Lorsque les problèmes sexuels sont rendus à ce stade, une multitude de comportements destructeurs peuvent apparaître. L'un de vous pourrait croire que l'autre tente de le punir en le privant de rapports sexuels ; l'autre décide de se défendre, ce qui cause bien entendu des comportements encore plus destructeurs. Les sentiments de rejet ressentis par l'un ou l'autre des partenaires peuvent devenir écrasants et suffoquants. Parce que la sexualité représente l'intimité et parce qu'elle est si personnelle, l'impact qu'ont ces sentiments de rejet dans cet aspect de la vie est décuplé. Si l'on compare l'impact d'un rejet d'idées ou de concepts avec un rejet dans le domaine affectif, il est minime dans le premier cas parce qu'un tel rejet est beaucoup moins chargé d'émotions.

J'approfondirai plus tard (et j'irai vraiment loin) comment surmonter les problèmes sexuels et comment réintégrer d'une saine manière les activités sexuelles. Mais pour le moment, je ne fais que vous demander de sortir de votre tête ce mythe ridicule. Je me fiche de votre âge ; je ne prends pas en considération votre état de santé ou votre degré d'inquiétude causé par l'idée de vous faire prendre. La croyance qui veut que le sexe n'est pas important dans une relation de couple est dangereuse et effrite l'intimité. Les couples qui éliminent cet aspect important de leur intimité commettent une grave erreur de jugement. Éliminez cette sexualité et vous dégraderez votre relation jusqu'à ce qu'elle soit dénuée de son caractère unique.

Les pulsions et les besoins sexuels sont naturels, appropriés et il est important de les satisfaire. Lorsque je dis cela, je ne parle pas seulement des rapports sexuels en tant que tels. Je parle du sexe comme une expérience d'intimité physique combinée à une connexion mentale et émotionnelle. Dans ce contexte, je définis la sexualité par toutes les formes de toucher, de caresse, d'étreinte et tout autre moyen de procurer un confort physique en privé (et jusqu'à un certain degré, en public). Je trouve difficile de croire qu'il est nécessaire de retrouver l'état sexuel passionné vécu au tout début de votre relation (revoyez le mythe n°1), mais il doit exister un lien sexuel entre vous, une sorte de chimie qui vous fait reconnaître que vous êtes plus que des amis partageant leur vie. Vous êtes des amoureux.

Mythe n° 8 : Une relation de couple exceptionnelle ne peut survivre aux défauts de l'un des deux partenaires

La majorité des thérapeutes vous diront à tort qu'une relation de couple saine est impossible si les traits de personnalité de l'un ou des deux partenaires sont caractérisés par la « folie » ou toute autre déformation psychique sérieuse. Ils *vendent*, comme vous le savez, des thérapies. J'ai entendu un nombre alarmant de thérapeutes et d'auteurs prôner qu'il était impossible de fonctionner avec la « folie » et de la gérer.

J'ai eu connaissance de plusieurs mariages qui ont connu une fin abrupte parce que, comme l'explique souvent l'un des partenaires après la rupture : « La personne que j'ai mariée s'est avérée vraiment, mais vraiment folle. » « Cette personne était cinglée. » « Je ne sais pas ce qui s'est produit. Après notre mariage, celle-ci s'est mise à se comporter bizarrement. »

En y pensant bien, je ne suis d'ailleurs pas certain que nous possédions la capacité de gérer et de concevoir ce qu'est le « normal ». Nous avons tous des caractéristiques différentes et je ne crois pas que vous choisiriez les mêmes caractéristiques qu'autrui pour constituer un monde parfait. Des caractéristiques différentes des vôtres ne devraient pas vous apeurer ou dominer votre perception. Cela s'applique également à votre relation de couple. Pourvu que ces « anormalités » ne soient pas excessives ou destructrices au sein de votre couple, vous pouvez certainement vivre avec celles-ci.

Mon père et moi avons travaillé avec une famille ayant trois adolescentes. En toute honnêteté, la mère de ces enfants était schizophrène. Elle entendait souvent des voix, particulièrement à la fin de l'après-midi peu de temps avant le retour de l'école de ses enfants. Pourtant, lorsqu'elle ne parlait pas à quelqu'un d'imaginaire, elle était attentionnée, généreuse et talentueuse dans bien des domaines.

Je dois avouer que ce n'est pas le genre de traits de personnalité que je rechercherais consciemment chez une partenaire. Mais, contrairement à la plupart des psychotiques, cette femme était très fonctionnelle et s'occupait très bien de sa famille et de ses enfants. Elle était complètement dévouée à sa famille. Ses hallucinations n'étaient que bénignes parce qu'elles ne causaient aucun tort au milieu familial. Par ailleurs, ce comportement méritait qu'on lui apporte des changements et Carol Ann elle-même souhaitait améliorer sa situation. Don, son mari, la supportait entièrement et, lorsqu'on le lui demandait, il se présentait aux séances de thérapie. Son support permit à Carol Ann de faire certains progrès.

Je dis « certains progrès » parce qu'elle m'a précisé, lors d'une séance ultérieure, n'avoir entendu aucune voix depuis quatorze jours, la plus longue période de silence jamais enregistrée. Elle m'a par ailleurs fait part de certains détails qui m'ont inquiété : elle m'a affirmé qu'elle n'entendait plus de voix, qu'elle comprenait pleinement que ces voix étaient des hallucinations et non quelqu'un tentant de la posséder ou de la contrôler, mais elle a avoué avoir sectionné, pour plus de sécurité, chaque fil du système d'intercom de leur maison. Carol Ann les avait sectionnés s'appuyant sur la théorie que si ces voix reprenaient, elles ne pourraient pas provenir de ce système.

On ne peut pas parler ici de guérison et je réitère que ces traits de personnalité ne sont pas souhaitables, mais ils ont trouvé une manière de gérer ces caractéristiques dans leur couple et dans leur famille. Carol Ann et Don sont maintenant mariés depuis plus de trente-sept ans et ils se portent à merveille sans intercom à la maison.

J'en conviens, Carol Ann est loin d'être « normale ». D'un autre côté, une multitude de gens possèdent des nuances dans leur personnalité que certaines autres personnes jugent « anormales ». Supposons que votre femme développe, après la naissance de votre premier enfant, une paranoïa quant à la sécurité de ce nourrisson et qu'elle se lève dix fois par nuit pour vérifier s'il se porte bien. Ou supposez que votre mari soit obsédé par des théories sur la conspiration et qu'il bâtisse un abri anti-aérien dans votre cour arrière. Ou encore que votre partenaire semble, dans certains lieux publics, déplorablement timide ou qu'il fonde en larmes pour aucune raison apparente. Cela ne veut pas dire que vous ne pouvez pas avoir des affinités avec cette personne, que vous ne pouvez pas vous entendre à merveille avec celle-ci.

Nous croyons parfois que, parce qu'un comportement n'est pas dans la norme ou ne s'intègre pas au courant dominant, il est néfaste pour le couple ; ce n'est pas nécessairement vrai. Nous avons tous des traits de personnalité singuliers et ils peuvent paraître bizarres à autrui. Si les « anormalités » de votre partenaire ne vous semblent pas excessives et qu'elles ne le détruisent pas, la situation n'est pas irrémédiable. Vous pouvez même vous accommoder de ces traits et jouir d'un couple gratifiant qui vous comblera. Il est possible de vivre avec la « folie ».

Mythe n° 9 : Il existe une bonne et une mauvaise manière de rendre votre relation de couple exceptionnelle

Cela ne pourrait pas être plus éloigné de la vérité. La bonne façon d'être en couple n'a jamais été gravée dans la pierre. Il n'existe pas qu'une seule façon d'apporter son soutien ou d'être affectueux. Il n'y a pas de bonne façon d'élever vos enfants, d'être intègre dans vos convictions, de vous disputer ou d'approcher les défis que comporte une relation de couple complexe.

L'important, c'est que vous trouviez des manières d'être ensemble qui fonctionnent pour vous. Peu importe que ces manières rejoignent les critères énoncés dans un livre ou qu'elles soient conformes aux volontés de vos parents, vous ne devez pas tenir compte de ces aspects pour définir votre couple. Le test décisif consiste à évaluer si les résultats que vous et votre partenaire créez sont ceux que vous désirez obtenir. Le fait de suivre ou non des principes préétablis par le monde extérieur n'a aucun poids dans la balance. Ce qui vaut son pesant d'or, c'est de suivre des principes qui fonctionnent pour vous et avec lesquels vous et votre partenaire êtes à l'aise. Nous écrivons les règles de notre propre couple.

Vous connaissez sûrement des couples qui ne se conforment pas à des modèles théoriques du couple contemporain et forment, malgré tout, des couples sains et heureux. Mes grands-parents maternels en sont un parfait exemple. Ils défiaient toutes les lois actuelles de la relation de couple et n'ont adopté aucun modèle relationnel que je connaisse. Ces personnes simples, sans éducation, mais travailleuses ont passé leur vie entière dans une petite ville à l'ouest du Texas qui ne comptait que cinq cents habitants. Mon grand-père était en charge d'un entrepôt d'expédition de marchandises local tandis que ma grand-mère repassait des vêtements sept jours par semaine. Ils étaient extrêmement pauvres : la « poussière de l'ouest du Texas », le sel de la terre.

J'ai eu de merveilleuses occasions de les observer parce que, étant adolescent, je passais mes étés avec eux, aidant mon grand-père à charger et à décharger de la marchandise à l'entrepôt. Ils ne s'échangeaient probablement pas plus de vingt-cinq mots par semaine. Ils faisaient chambre à part et survivre était leur seul intérêt commun. Mais, malgré les apparences, ils entretenaient une relation de couple. Peu importe où nous étions, peu importe ce que nous faisions, ils semblaient toujours s'arranger pour être physiquement près l'un de l'autre. Malgré la vaste table dans la salle à manger de leur vieille maison, ils avaient l'habitude de partager un repas en toute intimité, mangeant côte à côte assis, au coin de la table, jouissant d'une proximité qui leur était propre.

Il l'appelait « vieille fille » et elle le surnommait « vieux bougre ». Même s'ils ne se parlaient guère, ils parlaient fréquemment de leur partenaire à qui le voulait bien. Il mesurait deux mètres et demi et elle n'en faisait pas plus d'un et demi. En les voyant marcher ensemble, on pouvait se demander s'il avait conscience de la présence de ma grand-mère. Il racontait à tout le monde qu'elle était « folle comme un balai » parce qu'en regardant la lutte, à tous les samedis, elle se mettait si en colère contre les lutteurs et l'arbitre que « le ménage était fait pour la semaine ». Elle racontait qu'il était si vieux qu'on devait lui rappeler de respirer.

Ceci n'est pas une page d'histoire : ils étaient mariés depuis soixante-huit ans lorsque mon grand-père a rendu l'âme. La dernière fois que je les ai vus, ils semblaient s'ignorer complètement sauf qu'ils marchaient main dans la main. Les poètes et ceux qui écrivent des chansons ont peut-être raison : de grandes choses se disent lorsqu'on ne dit rien.

Tenter de forcer un couple à se conformer à une ligne de pensée arbitraire de ce qui est bon ou non est incroyablement superficiel et vain. Il y a autant de manières d'être en couple et de réussir qu'il existe de couples. Il existe une panoplie de manières de communiquer, de démontrer de l'affection, de se disputer et de résoudre des problèmes.

Ne soyez pas obsédé en tentant de vous conformer à une série de comportements concoctée par des gens qui ne vous connaissent pas et n'ont jamais rencontré votre partenaire ou qui ne vous fréquentent qu'une heure par semaine. Concentrez-vous sur ce qui fonctionne. Le conformisme est futile.

ALERTE ROUGE : En plus d'éviter de juger trop sévèrement vos pensées, vos sentiments et vos comportements, évitez d'avoir cette attitude avec votre partenaire. Il n'existe pas, par exemple, une bonne manière dont votre partenaire devrait tenir compte pour vous aimer. Ce n'est pas parce que la manière dont vous aime votre partenaire ne vous semble pas juste que vous avez raison et que lui a tort. Qui plus est, l'amour qu'a votre partenaire pour vous n'augmenterait pas en qualité s'il pensait, ressentait et se comportait comme vous avez décidé arbitrairement qu'il est juste de le faire.

Supposons simplement que votre partenaire exprime l'amour qu'il vous porte dans une langue qui vous est étrangère et incompréhensible. Conclusion ? Vous pourriez croire que votre partenaire ne vous aime pas et qu'il ne se soucie pas de vous. Ce qui peut être frustrant dans une situation de ce type pour votre partenaire, c'est que ce langage est le seul qu'il connaît. Est-ce parce qu'il n'emploie pas le même mode d'expression que vous ou celui d'un quelconque thérapeute, que ses sentiments à votre égard sont de moindre qualité et ont moins de valeur ?

J'ai toujours adoré les chats et je me souviens d'avoir offert une carte de vœux à ma femme, Robin, au tout début de notre relation de couple. On pouvait y voir un dessin représentant deux chats, de dos, assis sur une clôture. L'un d'eux avait l'apparence masculine d'un chat de gouttière et l'autre d'une jolie chatte aux poils soyeux. Leurs queues s'entrelaçaient subtilement tandis qu'ils regardaient la lune. En ouvrant la carte, on pouvait lire ces quelques mots : « Si je possédais deux rats morts, je t'en donnerais un. » Robin resta probablement perplexe en lisant cette phrase. Mais moi, j'avais néanmoins envoyé un message clair. Malgré l'humour qui accompagnait ce geste, cette carte exprimait mes véritables sentiments.

La plupart d'entre nous auraient bien sûr avantage à redoubler d'ardeur afin de mieux exprimer les sentiments qu'on porte envers la personne aimée, mais nous devons mettre autant d'ardeur à comprendre le « langage étranger » qu'utilise cette personne. En apprenant le langage de l'autre au lieu de lui imposer le nôtre, nous réaliserons que cette personne nous apporte beaucoup plus que nous le croyons. Il serait pitoyable que nous ne jouissions pas d'un amour de qualité simplement parce que nous ne reconnaissons pas la valeur d'un « merveilleux rat mort ».

Gary Dobbs est mon meilleur ami (si je ne tiens pas compte de ma femme). Il m'a apporté beaucoup dans ma vie. Il est mon mentor spirituel et m'a permis d'avoir une relation mature avec Dieu. Lors d'une de nos discussions, je me lamentais, j'étais blessé car mes convictions avaient été bafouées. J'avais entendu des personnes dignes de foi soutenir que Dieu s'était entretenu avec elles sur des questions cruciales. Ces personnes n'étaient pas des télé-évangélistes « illuminés » risibles utilisant tellement de gel pour les cheveux et arborant tellement de bijoux qu'ils auraient fait honte aux sœurs Gabor. C'étaient des personnes respectables et crédibles qui semblaient jouir de cette communication divine. J'aidais Gary à garnir sa maison de lumières de Noël un soir (parce qu'il était trop froussard pour grimper dans l'échelle) lorsque soudainement je l'ai regardé et je lui ai demandé : « Suis-je de la chair à canon ? Pour quelles raisons Dieu ne communique pas avec moi ? » Gary n'a pas perdu un instant même s'il peinait à démêler les guirlandes lumineuses. Il m'a dit : « Je crois que la véritable question à poser est : Pourquoi ne l'écoutes-tu pas ? »

Bon sang, je déteste lorsqu'il a raison. Il avait malheureusement raison. Ce n'est pas Dieu qui ne voulait pas communiquer avec moi, c'est moi qui ne voulais pas l'entendre parce que j'avais prédéterminé la nature de cette communication. En ayant vu et revu *Les dix commandements,* je m'étais fait à l'idée que si Dieu avait des choses à me dire, il prendrait sûrement sa voix retentissante et il séparerait au moins quelques cours d'eau pour me livrer son message. J'avais arbitrairement décidé qu'il existait une bonne manière pour que Dieu communique avec moi et, par le fait même, je n'avais pas reconnu ou accepté d'autre mode de communication.

Cet événement m'a permis d'avoir une meilleure compréhension de mes relations en général ; compréhension qui permet de ne pas saboter nos relations en adhérant à des notions préconçues qui dictent le comportement des autres à notre égard.

Si vous adoptez une approche rigide avec votre partenaire et que vous n'arrivez pas à comprendre son « langage » ou tout autre moyen d'expression non traditionnel qu'il utilise, vous vous privez de la joie de vivre paisiblement dans une relation de couple de qualité pour la seule raison que votre partenaire ne fonctionne pas selon les critères que vous avez arbitrairement imposés. Combattez cette rigidité dans votre façon d'interagir avec l'être aimé ; combattez votre tendance à juger la façon d'interagir de votre partenaire. Faites ce qui fonctionne.

Mythe n° 10 : Votre relation de couple ne peut devenir exceptionnelle que lorsque vous connaissez vraiment votre partenaire

La plupart d'entre vous ont encore cette notion enfantine que vous n'êtes pas vraiment responsable de votre propre bonheur. Vous croyez toujours à ce conte de fées : tomber en amour signifie trouver quelqu'un qui vous apportera le bonheur éternel.

Et quand la douce bruine de ce rêve se dissipe, vous pointez du doigt, vous blâmez et vous croyez que tous les désagréments vécus dans cette relation sont dus à votre partenaire. Vous croyez que votre partenaire est la source de votre malheur. Vous vous dites que votre vie serait tellement plus simple s'il changeait. En raisonnant de la sorte, vous en venez à la conclusion que vous ne pouvez rien faire avant que votre partenaire se remette sur le droit chemin.

En conseillant des gens vivant des relations de couple houleuses, je leur demandais, s'ils avaient le choix, sur qui désireraient-ils avoir le plus d'influence. Ils me répondaient invariablement : « Mon partenaire. » Votre réponse serait probablement similaire. Vous présumez que votre couple se porterait vraiment mieux si vous pouviez modifier le raisonnement, le comportement et les sentiments de votre partenaire.

C'est un mythe. Vous êtes la personne à influencer. Vous êtes la plus importante personne dans ce couple et vous devez vous concentrer sur votre personne pour être en mesure d'effectuer des changements dans votre relation. Vous devez redécouvrir votre dignité, votre estime personnelle et le pouvoir qui sommeille en vous. Vous ne pouvez pas rétablir les liens avec votre partenaire si vous ne pouvez pas le faire avec vous-même.

Comprenez que je ne vous blâme pas pour tous les problèmes existant dans votre couple. Mais, reconnaissez que vous avez une responsabilité au moins commune, en tant que couple, pour l'état actuel de votre relation.

Si votre relation n'est pas totalement ce que vous voudriez qu'elle soit, alors vos réflexions, vos attitudes et vos émotions doivent être remises en question. Vous n'êtes pas parfait, vous commettez des erreurs de jugement et certains de vos comportements stimulent de manière destructive votre partenaire.

Comme je l'ai déjà mentionné, vous avez opté pour un mode de vie qui vous a mené à cette relation de couple perturbée. Vous avez choisi les sentiments, les idées et les comportements qui engendrent des souffrances dans votre couple. Vous avez choisi vos sentiments, vos idées et vos comportements comme vous avez certainement choisi les vêtements que vous portez, la voiture que vous conduisez et la compagnie pour laquelle vous travaillez.

Vous avez choisi ces sentiments, ces idées et ces comportements parce que d'une certaine manière ils fonctionnent pour vous. D'une certaine manière, ces caractéristiques ou ces modèles d'interaction vous ont fourni des gratifications qui ont encouragé la réapparition de ces comportements. Si vous êtes en mesure d'identifier ces gratifications ou ces récompenses, vous aurez découvert ce qui fait continuellement réapparaître vos comportements destructeurs. Une fois ces gratifications identifiées, vous pourrez les éliminer et ne plus en être dépendant. Lorsque ces comportements ne fonctionneront plus pour vous, lorsque vous ne serez plus récompensé pour ces agissements, ils s'élimineront d'eux-mêmes.

J'ai eu à travailler avec un couple nouvellement marié qui représente un exemple parfait de ce concept de gratification. Connie était apparemment excessivement jalouse de Bill et vivait dans la crainte constante qu'il romprait ses vœux de mariage. Elle croyait fermement qu'il allait soit la quitter, soit avoir une relation extra-conjugale durant l'un de ses multiples voyages d'affaires. Connie l'appelait incessamment à tous les jours pour vérifier où il se trouvait, avec qui il était et ce qu'il faisait. Elle pouvait l'appeler jusqu'à dix-sept fois par jour. La discussion téléphonique était toujours la même : « Es-tu avec une autre femme ? As-tu flirté avec quelqu'un ? Tu ne m'aimes pas, n'est-ce pas ? Tu crois que je suis laide, inintéressante et ennuyeuse, n'est-ce pas ? »

Bill lui réaffirmait immanquablement et patiemment son amour et sa dévotion. Il niait être en présence d'autres femmes, même s'il n'avait pas d'autre choix que de les fréquenter de manière professionnelle. Il la rassurait constamment en lui jurant qu'il était fidèle, dévoué, qu'il l'appréciait et qu'il la désirait. Ce scénario persista jusqu'à ce qu'ils en soient si affectés et dépendants que leur mariage en était devenu précaire. Elle était obnubilée par l'infidélité potentielle de son mari et il était devenu l'esclave du téléphone, de son télé-avertisseur et de la perpétuelle obligation de réconforter sa femme. Ma question fut la suivante : « Si vous détestez cette manière de vivre, pourquoi n'arrêtez-vous pas ce cirque ? Vous n'êtes pas idiots ; vous avez la capacité de faire des choix. Choisissez et arrêtez de vous plaindre de votre situation. »

Ils m'ont répondu qu'ils souhaiteraient que cela soit aussi simple, mais que malgré tous leurs efforts et leurs engagements, ils retombaient inévitablement dans la même routine. Tous deux étaient confus et frustrés d'agir ainsi, de se comporter consciemment d'une manière contraire à leur désir.

La solution à leur problème est probablement aussi claire pour vous qu'elle le fut pour moi à l'époque. Connie et Bill étaient gratifiés d'une manière malsaine quelconque pour ce modèle d'interaction destructif. Plus ils m'expliquaient le fonctionnement de leur couple, plus il devenait évident que Connie était une personne souffrant d'insécurité. (Non ! Sans blague ?) Mais ce qu'il l'étonna vraiment avait été de comprendre qu'elle se nourrissait de ce réconfort perpétuel ; le réconfort que lui procurait à chaque fois son mari en « passant le test ». Ses harcèlements quotidiens pour obtenir ce réconfort émotionnel allaient la mener à un affrontement inévitable : « Pourquoi tu ne mets pas fin à tout cela maintenant, parce que c'est ce qui va arriver de toute façon ? » À chaque fois, Bill réaffirmait ses sentiments pour elle, niait qu'il avait ce genre d'idées et ne la quittait pas. Il venait encore de passer le test et, par le fait même, il l'avait rassurée une fois de plus. Elle recevait une gratification provenant d'un comportement malsain à chaque jour. Elle était devenue si dépendante de cette gratification qu'elle était contrôlée par celle-ci.

Pour Bill, c'était comme tenter de remplir un puits sans fond. Puisque le problème ne découlait pas de lui mais bien du sentiment d'insécurité qu'elle éprouvait. Puisqu'ils étaient incapables de diagnostiquer la situation et de résoudre à la base leur problème, leur couple était littéralement en chute libre. Bill qui, inconsciemment ou non, jouait le rôle de la victime

Sauvez votre couple

dans toute cette affaire et flattait sans aucun doute son ego en se sentant « recherché, estimé et important ». L'obsession de sa femme gonflait son ego. Mais, comme toute chose créant une dépendance, Connie et Bill sont devenus les esclaves de la gratification de leurs comportements.

Elle n'avait d'autre choix que de prendre une décision drastique : allait-elle entretenir ce monstre aux yeux verts, maladif, narcissique et autodestructeur qui la dominait à chaque heure d'éveil ou allait-elle devenir mature, risquer d'aimer et de faire confiance ? J'avais la certitude que si elle ne choisissait pas la deuxième solution, Bill la quitterait avant longtemps. Bill devait décider s'il continuerait à se laisser contrôler par son ego ou user de sagesse en créant une relation de couple plus saine.

Il vous sera certainement plus bénéfique d'apporter des changements à vos attitudes plutôt que d'espérer ces changements de la part de votre partenaire. Quelles sont les récompenses que vous obtenez en agissant de manière malsaine ? Qu'est-ce qui vous pousse à vous blesser et à brimer votre partenaire ? Vous avez peut-être, à l'heure actuelle, conscience de ces gratifications ou peut-être sont-elles encore enfouies et vous n'en connaissez pas encore la nature. Peu importe, ne vous leurrez pas : elles existent. Vous ne faites pas exception à la règle parce que cette loi est universelle.

Le choix est entre vos mains : soit vous demeurez égocentrique en continuant de blâmer votre partenaire, soit vous choisissez d'être déterminé à réaliser de véritables changements dans votre couple. Vous pouvez nourrir une colère inutile envers votre partenaire ou vous pouvez choisir de mettre le travail en branle et stimuler votre relation afin qu'elle redevienne satisfaisante. Vous pouvez laisser votre partenaire être « dictateur » de votre comportement ou vous pouvez choisir d'être maître de vos propres pensées et de vos propres attitudes. Le choix entre ces deux possibilités ne peut être fait que dans un but précis et réfléchi.

Vous pouvez être assuré que d'ici la fin de la lecture de cet ouvrage, vous inspirerez votre partenaire à se comporter et à réfléchir différemment. Mais vous ne devez jamais croire que vous avez la capacité de contrôler votre partenaire. Ne croyez pas qu'il est de son ressort de rendre votre existence meilleure. Vous êtes en charge de votre vie.

chapitre quatre

J'ÉLIMINE MON « CÔTÉ OBSCUR »

L'empoisonnement de votre couple n'est pas attribuable au seul fait de croire en des mythes. Il existe une technique encore plus insidieuse que vous utilisez pour détruire ce que vous chérissez le plus au monde. Je nomme cette approche destructrice votre « côté obscur ».

Nous possédons tous un côté émotif irrationnel et destructeur dans notre personnalité. Nous sommes tous, à un certain degré, immatures, égoïstes, contrôlants et en quête de pouvoir. Ce n'est pas agréable à entendre, j'en conviens, mais c'est la vérité et vous le savez. Tout comme vous pouvez laisser votre couple sombrer en croyant à des mythes futiles et déroutants, vous pouvez tout autant le détruire en permettant à votre côté obscur – c'est-à-dire, en étant malintentionné – de saboter vos tentatives de créer une relation intime et paisible.

Si vous êtes honnête et réaliste avec vous-même, vous comprenez certainement ce dont je parle. C'est malheureusement pendant les interactions dans le couple (les interactions où la charge émotive est la plus importante et les situations où vos intérêts sont véritablement en péril) que votre côté obscur se manifeste. En effet, par vos propres attitudes négatives vous créez inconsciemment ce que vous désiriez éliminer au départ. Même les personnes les plus intelligentes et les plus raisonnables peuvent avoir recours aux pires comportements malveillants lorsqu'ils interagissent avec des gens qu'ils affirment aimer profondément. Ces situations peuvent être le théâtre de scènes stupéfiantes : hostilité et cruauté, défensive enfantine, raisonnements pathétiquement immatures, accusations venant de toute part, blâmes et humiliations, exagérations et reniements. Lorsque vous laissez votre côté obscur prendre le dessus, vous êtes aussi loin du noyau de votre conscience que Mars l'est de la Terre. Vous avez franchi la limite du respect et de la dignité : vous êtes devenu une victime.

Généralement, les gens ne sont pas capables d'affronter cette réalité déplaisante. Vous vous êtes muni d'une multitude de justifications fondées sur le reniement, vous avez analysé et expliqué votre terrible comportement. Vous préférez évoquer les bons côtés de votre relation, les occasions où vous êtes mature, généreux, compréhensif et diplomate. Mais votre côté obscur est toujours présent, il est tapi en vous et il se manifeste lorsque la pilule est difficile à avaler – lorsque vous êtes frustré, menacé et blessé. Permettre à cet aspect répugnant de votre personnalité de vous contrôler mène à la perte de l'être aimé – ce n'est pas une possibilité, c'est inévitable. Sans égard pour ce qu'il y a de bon dans votre couple, votre côté obscur, s'il n'est pas contrôlé, empoisonnera plus rapidement que du venin votre relation amoureuse. Vous n'aurez aucune chance de la sauver, son destin sera irrémédiablement scellé.

Ne prenez pas mon propos à la légère. Vous vous dites peut-être : « Je sais que je ne suis pas toujours facile à vivre et que je possède un côté obscur. Mais mon cas n'est pas si grave car je ne suis pas un de ces fous à lier. » Soyez sûr d'une chose : votre côté obscur peut avoir les mêmes répercussions dramatiques que celui de ceux que vous avez jugés cinglés.

Vous allez apprendre les différentes manières par lesquelles ce côté obscur se manifeste. Tandis que certains comportements destructeurs peuvent faire sombrer votre couple en quelques instants tel un trou béant dans la coque d'un navire, la destruction par ces mêmes comportements peut s'échelonner sur un long laps de temps telle une minuscule fissure dans un barrage effritant peu à peu sa structure. Vos voisins et vos amis ne remarquent probablement pas la petite fuite causée par la fissure parce qu'elle n'est pas aussi évidente que la manifestation pure et dure de votre côté obscur ; elle n'en demeure pas moins destructrice, elle saigne lentement mais sûrement votre relation. Au fil du temps, vous serez de plus en plus contrôlé par vos attitudes négatives. En effet, ce que vous désirez éliminer consciemment se manifestera de plus en plus et vous n'aurez fort probablement aucune idée de ce qui vous arrive.

Ne croyez pas que cet aspect de votre personnalité disparaîtra en le reniant. Cette aspect est trop destructeur : vous devez le reconnaître. Ce n'est pas non plus en accumulant les séances de thérapie pour identifier la provenance de vos comportements nuisibles où un thérapeute vous fera peut-être analyser ce que votre père ou votre mère vous a fait. Ce n'est là que masturbation intellectuelle, passablement intéressante, mais sans plus.

Je ne peux rien changer à ce qui est survenu dans votre enfance et qui influence vos comportements actuels – vous ne pouvez rien y changer non plus. Il est important que vous compreniez que vous n'êtes plus un enfant. Vous êtes un adulte à présent et vous avez la capacité de choisir vos pensées, vos sentiments et vos comportements. Vous avez un lourd passé, j'en suis désolé. Je le suis vraiment. Je ne minimise pas la souffrance que vous éprouvez. J'ai entendu des histoires qui m'ont littéralement rendu malade, qui m'ont lié les tripes. Si vous avez vécu une de ces histoires, j'en suis absolument navré. Mais ce qui est plus horrible que d'avoir vécu ces monstruosités dans une phase de votre vie, c'est de garder émotionnellement et mentalement vivants ces événements dans les phases ultérieures de celle-ci. Si vous avez subi ces atrocités, vous ne pouvez pas vous en servir comme justification à la manifestation de votre côté obscur. En vous servant de ces événements comme excuse, vous entretenez votre souffrance en transposant dans le temps ces horreurs.

Vous devez vous insurger contre ce côté obscur qui contrôle vos comportements. Vous devez pouvoir reconnaître ses manifestations pour être en mesure de vous libérer de cet état d'esprit avant qu'il ne cause plus de dommages. L'analyse ne sera d'aucun secours ; vous devez être prêt à le contenir avant qu'il ne vous consume. C'est, selon moi, la thérapie la plus efficace. D'ailleurs, je ne veux pas que vous fuyiez cet aspect de votre personnalité. Je veux que vous compreniez totalement sa nature pour savoir comment l'identifier et l'arrêter. Je veux que vous puissiez dire : « Bingo ! Je l'ai aperçu ! Je ne tomberai pas dans l'embuscade. Je ne laisserai pas cet aspect de ma personnalité contrôler ma vie et mon couple. Je ne le laisserai pas engloutir mon bonheur. Il n'interviendra pas. Il ne se placera pas entre moi et mon partenaire. »

Vous ne trouverez probablement pas très amusant la prochaine section de ce chapitre parce qu'elle a pour but l'étude des manières typiques par lesquelles votre côté obscur se manifeste. Mais rappelez-vous que vous ne pouvez pas changer ce que vous ne reconnaissez pas. Ayez le courage d'être réaliste sur cet aspect de votre personnalité et vous pourrez, à nouveau, tenir les rênes de votre vie.

Manifestation n° 1 : Vous tenez des comptes

Pour qu'une relation de couple soit saine, vous et votre partenaire devez être associés. Être associés implique une coopération et un support réciproque. Lorsqu'on forme une association, les uns dépendent des autres. La compétition interne n'a pas sa place dans une association. Les inconditionnels de la compétition se disent peut-être : « Pardon ? Je suis possédé par mon côté obscur lorsque je suis compétitif ? Non mais, c'est du délire ! »

Lorsqu'il s'agit de compétition au sein d'un couple, c'est effectivement une manifestation de cet aspect négatif. De grâce, comprenez-moi bien, il n'y a rien de mieux que la taquinerie entre un homme et une femme. J'adore regarder des couples jouer au volley-ball verbal, en faisant des bouffonneries, en se racontant des histoires comiques, en se moquant de l'excentricité de l'autre. Ces comportements forment l'étincelle qui enflamme leur relation et ce côté bagarreur rend plaisante cette relation. Il ne s'agit pas là de compétition, mais d'amour accompagné du sens de l'humour et de la répartie.

Toutefois la réelle compétition entre deux partenaires peut rapidement transformer leur relation en combat pour une gloire personnelle et faire un véritable gâchis d'une relation potentiellement merveilleuse. La compétitivité au sein d'un couple oblige une compilation des « scores » – et si vous fondez cette relation sur la base « un prêté pour un rendu » pour ce qui est des faveurs et des tâches, si vous tenez les comptes de manière à ne faire que ce que l'autre fera pour vous, vous êtes en sérieux danger de transformer ce qui devrait être une relation prônant la coopération et un soutien commun en une lutte de pouvoir.

Créer une véritable intimité et être sincèrement bienveillant n'a rien d'un jeu. On ne peut parler que d'égoïsme lorsque vous ou votre partenaire tentez de faire valoir certains privilèges ou certains droits acquis. Vous devriez plutôt concentrer vos efforts sur ce que vous pouvez apporter à la relation. Vous êtes soit donneur ou preneur dans une relation de couple. Les preneurs tiennent compte de leurs apports pour justifier ce qu'ils prennent. Lorsqu'on ajoute à cette attitude la compétitivité, votre relation devient une lutte ayant comme seule règle : « Tu m'es redevable ».

Pensez-y. Être en compétition signifie, par définition, que vous avez un rival, un adversaire, un ennemi en quelque sorte. Comment croyez-vous pouvoir être vainqueur si cela implique la défaite de la personne que vous chérissez ? Comment espérez-vous jouir d'une relation harmonieuse si vous ou votre partenaire (ou vous deux) luttez pour obtenir le pouvoir et le contrôle ? On bâtit un couple solide par des sacrifices et un dévouement assidu, et non par le pouvoir et le contrôle.

La beauté d'offrir est annihilée lorsqu'un mari achète une superbe robe à son épouse, pas comme preuve de sa générosité, mais pour qu'elle soit redevable et, par le fait même, à sa merci. Ou lorsque cette épouse s'occupe de leur enfant pendant qu'il va pêcher avec ses copains, non pas pour lui offrir un moment de détente, mais pour qu'il sache qu'il « lui en doit un ». Je n'affirmerais certainement pas que ce couple est fondé sur l'entraide. Ils ne cherchent qu'à avoir le dessus l'un sur l'autre afin d'exercer un contrôle sur leur partenaire. Ils n'ont jamais réalisé que par une générosité et une amabilité sincères, leur partenaire leur offrirait bien plus qu'ils peuvent obtenir par l'obligation de celui-ci.

Cette attitude mène en règle générale à une paranoïa dans laquelle les partenaires hésitent à recevoir un présent ou se méfient de la générosité de l'autre parce que le prix ultime à payer pour ce « cadeau » sera peut-être trop élevé.

Dans une relation empreinte de compétitivité, personne ne peut reconnaître ou accepter les défauts et les erreurs commises parce que cela signifierait donner une longueur d'avance à l'autre, peu importe la sincérité de cette reconnaissance ou de cette acceptation. Tout ce que ces couples connaissent, c'est être sur la défensive et se rebiffer même contre les critiques les plus constructives – et ce, aux dépens de leur relation de couple.

En résumé, la compétition entre partenaires est comme un vent de discorde qui peut semer la zizanie dans les relations les plus prometteuses. En vous évertuant à contrôler votre relation, vous affaiblirez votre partenaire, vous gonflerez votre ego et vous aurez continuellement tendance à augmenter l'importance de vos actes et à minimiser l'importance des actes de votre partenaire. Votre attitude se résume ainsi : « Vive moi ! » Si vos enfants s'épanouissent, c'est parce que *vous* les avez bien éduqués. Si vous possédez une superbe résidence secondaire, c'est parce que *vous* l'avez payée. Vous voyez ce que vous voulez bien voir. Nous en avons parlé dans le chapitre précédent, vous êtes incapable d'accepter d'être en désaccord et vous n'êtes pas en mesure de respecter les positions de votre partenaire. Parce que vous « tenez les comptes », vous avez intérêt à ce que votre partenaire ait tort.

Comme cette attitude domine votre relation de couple, vous ne pouvez pas comprendre la nature fondamentale de l'amour. La coopération et une association saine sont impossibles dans ce contexte compétitif. Vous n'aurez d'autre choix que de gérer votre couple comme s'il était coté à la bourse : négociant des titres en espérant en obtenir d'autres plus avantageux pour vous.

Vous trouverez ci-dessous une série d'énoncés qui vous permettront de savoir, de manière éloquente, si la compétitivité a remplacé la coopération dans votre couple.

- Vous tenez le compte des agissements de votre partenaire tels ses temps libres, ses sorties amicales, le temps qu'il passe avec vos enfants et les tâches accomplies.

- Vous vous assurez que votre partenaire n'ait jamais le dessus ou qu'il ne s'en tire pas avec une plus grosse part que vous.

- Vous marquez des points sur le dos de votre partenaire.

- Vous faites des concessions par négociation plutôt que de les offrir comme un présent.

- Vous n'épaulez que rarement (ou jamais) votre partenaire sans vous assurer qu'il sache ce qu'impliquait pour vous ce geste.

- Lors des disputes et des confrontations avec votre partenaire, vous recherchez toujours l'appui de votre famille ou de vos amis pour obtenir gain de cause.

- Vous insistez pour avoir le dernier mot ou poser le dernier acte de défi.

Manifestation n° 2 : Vous cherchez le fautif

La critique et l'expression d'un mécontentement sont légitimes si elles ont pour but l'amélioration de votre relation. Il n'y a rien de mal à se plaindre des actions et des attitudes de votre partenaire, mais ces plaintes doivent viser le bon fonctionnement du couple.

Cependant, il arrive souvent que ces critiques prennent une tournure axée sur l'identification du coupable, du responsable de la situation vécue – situation où vous mettez plus d'emphase sur les défauts et les lacunes de votre partenaire plutôt que sur ce qui est appréciable chez lui. Vous avez la vilaine tendance de dire à votre partenaire, d'une manière ou d'une autre, ce qu'il devrait faire. Lorsque vous « passez un message » de cette sorte, non seulement vous lui faites part que vous n'êtes pas d'accord avec son comportement, mais vous lui signifiez également que certains principes ont été bafoués. Cette attitude est déroutante. Votre opinion est la vôtre et n'a pas à être contestée, mais vous avez ni pouvoir décisionnel exclusif, ni droit de veto sur votre couple : vous n'êtes pas seul à avoir une opinion.

En prenant le temps d'y penser, en adoptant cette attitude, vous prenez un vilain plaisir à analyser les défauts de l'autre. Cet esprit critique devient rapidement une manie difficile à proscrire. D'ailleurs, peu importe les agissements de votre partenaire et peu importe les efforts qu'il fait, ce ne sera jamais assez ou ce ne sera pas à la hauteur de vos attentes. Si votre partenaire devait accomplir dix tâches et qu'il en effectuait huit à la perfection, vous mettriez systématiquement toute l'emphase sur les deux tâches non accomplies, sans égard pour la qualité d'exécution des autres. Vous ne la complimenteriez pas sur la beauté de sa robe, vous lui reprocheriez néanmoins les éraflures sur ses souliers. C'est tenter de remplir un puits sans fond que de vivre avec vous. Vous êtes une personne qui tient ce genre de discours : « Chéri, nous avons passé une journée exceptionnelle ensemble, mais elle a été ruinée quand tu as… » Vous ne savez pas à quel point vos constantes critiques rendent malade votre partenaire. Certains d'entre vous harcèlent impitoyablement leur partenaire. À ces gens, je n'ai que deux choses à dire : vous souffrez de rétention anale et vous avez sûrement appris la propreté sous la menace d'un fusil.

Même si vous croyez que vous n'êtes pas visé par mes propos, prenez une pause et jetez un regard brutalement honnête sur vous-même. L'attitude dont il est question ici peut rapidement être adoptée sans que vous vous en rendiez compte. Rappelez-vous le dernier commentaire positif et la dernière critique que vous avez exprimés à votre partenaire. Laquelle de ces assertions avez-vous formulée avec le plus de passion et d'intensité ? Prenez quelques instants pour bien réfléchir et élaborez deux listes. L'une sera dédiée à ce que vous appréciez d'emblée chez cette personne. Inscrivez dans l'autre les cinq petits traits de votre partenaire qui vous importunent le plus ? Que pouvez-vous conclure de cet exercice ? Comme la majorité des gens en couple qui ont effectué ce test, vous êtes parvenu à remplir plus rapidement la deuxième liste.

Ne croyez pas que je personnifie Norman Vincent Peale en prônant que la solution aux problèmes de la vie réside dans la pensée positive. Mais, pour beaucoup de gens, la critique, le blâme et le mépris sont devenus leurs ressources premières. Sans doute parce que vous êtes mécontent de la vie que vous menez, vous tentez désespérément de « rabaisser » votre partenaire à votre niveau. En réalité, au lieu de renforcer votre estime personnelle, vous dépréciez votre conjoint pour qu'il se conforme à votre bas niveau ; niveau auquel vous avez apposé le titre « fonctionnel ». Vous devez comprendre que la personne que vous méprisez est la personne que vous affirmez chérir et aimer le plus en ce monde.

Voici une série d'énoncés révélateurs qui détermineront si votre relation est dominée par une attitude critique excessive et par vos attentes irréalistes malsaines :

- Vous n'excusez pas souvent, pour ne pas dire jamais, les erreurs de votre partenaire, même les plus banales.

- Il vous arrive de dire à votre partenaire : « Comment as-tu pu être aussi bête ? » : « Tu aurais dû m'aider, tu n'as pas vu que j'étais débordé ? » : « Étais-je obligé de te dire ce que j'attendais de toi ? »

- Vous dites régulièrement « toujours » et « jamais » lorsque vous critiquez votre partenaire. Exemple : « Tu fais toujours cela. » : « Tu ne m'aides jamais lors des corvées. » : « Tu m'ignores toujours. » L'utilisation de ces termes incite la querelle et constitue un jugement sévère. Ceux qui emploient ces termes devraient comprendre qu'ils ne jouent pas en leur faveur puisque ces termes rendent leur argumentation inefficace.

- Vous vous plaignez constamment parce que vous n'obtenez pas ce que vous méritez ou vous râlez que la vie est injuste – une attitude qui brime inévitablement votre partenaire parce qu'elle propose qu'il est la cause de votre désarroi.

- Vous répondez à la critique par des critiques. Votre partenaire, par exemple, se plaint que vous n'avez pas sorti les ordures. Plutôt que d'accepter et de prendre en considération ce message, votre attitude compétitive et excessivement critique se met de la partie et vous attaquez sur-le-champ : « Je ne peux pas croire que tu as le culot de me dire cela quand tu ne fais jamais ce que tu es supposé faire. Je suis cent fois plus fiable que tu ne peux l'être. Tu ne penses même pas à verrouiller le loquet de la porte de notre demeure la nuit. »

- Vous voulez toujours, de manière abusive, que votre partenaire avoue qu'il a tort plutôt que de prendre le temps de s'enquérir de sa version des faits. »

Si vous laissez votre côté obscur prendre le dessus en pensant que d'imposer la perfection à votre partenaire le force à s'améliorer, vous vous leurrez. Vous ne lui apportez que confusion, anxiété et votre partenaire est certainement plus sur la défensive lorsque vous croyez le critiquer légitimement. Cette approche amène une conséquence bien plus dangereuse : elle pousse votre partenaire à se détacher de vous. En attaquant et en étant borné, vous vous embarquez dans une montagne russe émotive plutôt que de vous concentrer à créer un environnement sain et paisible pour votre couple. Vos critiques excessives ne sont certes pas des louanges ; vos critiques creusent un fossé entre vous et la personne aimée. Vous créez votre propre expérience. Arrêtez de harceler votre conjoint et vous verrez qu'il se rapprochera de vous plutôt que de s'éloigner. De plus, vous réaliserez que beaucoup de travail doit être fait sur votre propre personne et qu'importe l'ardeur que vous mettez à rabrouer quelqu'un par vos critiques excessives, cette attitude ne vous apportera rien.

Manifestation n° 3 : On doit faire les choses à votre façon ou elles ne doivent pas être faites

Cette manifestation de votre côté obscur surpasse d'un cran les effets néfastes de la compétitivité et du dénigrement. Ici, vous êtes convaincu que vous êtes dans votre bon droit. Vous devenez inflexible, rigide et obsédé par le contrôle. Seulement vos idées sont valables et tout doit être fait à votre manière. Aucune autre méthode de fonctionnement n'est acceptable : vous êtes suffisant.

Votre attitude extrêmement contrôlante vous pousse à ne pas tolérer les initiatives extérieures et vous attendez des autres qu'ils agissent comme de vulgaires pantins, qu'ils se plient à tous vos caprices. Vous refusez de reconnaître les contributions apportées par votre partenaire. Votre bonheur dépend de votre contrôle : vous devez absolument décider de ce qui doit être fait, quand cela doit être fait et les raisons qui motivent cette action. Vous croyez que toutes vos actions sont justifiées, que vous êtes le dépositaire de tout ce qui est juste et bon. Vous êtes incapable d'admettre vos torts parce que vous êtes convaincu de détenir la vérité. Le message que vous envoyez à votre partenaire est on ne peut plus clair : « Je suis le meilleur. »

Votre objectif est non seulement de dominer et de contrôler votre partenaire par l'intimidation et la condescendance, il consiste également à vous approprier toute moralité. Vous tentez d'instaurer un système par lequel tous les échanges ont la fonction de vous édifier, de vous élever, en quelque sorte, sur un piédestal de sainteté. Bien sûr, vous vous dites probablement que votre cas est loin d'être aussi sérieux, mais la triste vérité, c'est que beaucoup d'entre vous jouent cette mascarade. Vous vivez dans un confiance exagérée et vous gonflez artificiellement votre ego. Résultat : vous amenez votre partenaire à croire que vous êtes le meilleur et vous le croyez également.

Rendez-vous à l'évidence : on ne peut servir deux maîtres à la fois. Vous ne pouvez pas et croire que vous êtes dans votre bon droit en contrôlant autoritairement votre partenaire et croire que vous agissez pour le bien de votre relation. Il est évident que vous allez, éventuellement, choisir de sacrifier votre relation plutôt que d'admettre que vous avez un problème. Cette attitude ne peut pas être plus à l'opposé des buts que vous recherchez. Elle place votre ego devant le bien-être de votre relation. Vous laisserez votre couple partir en fumée plutôt que de reconnaître vos propres défauts.

Vous trouverez ci-dessous d'autres énoncés qui vous permettront de réaliser si votre côté obscur est le maître que vous servez.

- Vous ne tolérez pas que votre partenaire prenne des initiatives et vous n'acceptez pas ses idées.

- Vous coupez régulièrement la parole de votre partenaire ; vous lui laissez rarement exprimer tout ce qu'il a à dire.

- Vous « changez les règles du jeu » lorsque vous réalisez que votre partenaire marque un bon point. Vous lui dites, par exemple : « Tu n'as pas à me dire cela sur ce ton. » ; « Tu n'as aucune raison de me faire cette gueule. » ; « Ça t'amuse d'essayer de me faire du mal ? » Soudainement, vous n'êtes plus la cible, la conversation est renversée et c'est à votre partenaire de se justifier.

- Vous n'arrêtez pas une confrontation avant que votre partenaire admette que vous avez raison.

- Si votre partenaire finit par admettre que vous aviez raison, vous jouez les martyrs ou vous boudez de sorte qu'il comprenne que vous ne vous sentez pas apprécié.

- Vous adoptez une attitude pieuse avec vos amis et votre famille lorsque vous leur racontez comment vous encaissez continuellement, comment la vie avec votre partenaire est difficile.

- Vous avez la manie d'inclure des phrases qui culpabilisent votre partenaire dans vos discussions. Par exemple : « Si tu m'aimais… » ; « Si tu me considérais… » ou encore « Je te l'avais dit ; tu aurais dû m'écouter. »

J'admets que dans le feu de l'action, le désir d'avoir raison peut sembler alléchant. Vous devez donc examiner votre comportement d'un œil extrêmement critique afin de vous assurer que vous ne sabotez pas votre couple de cette manière. En revêtant la cape d'une moralité que vous avez arbitrairement établie, vous devenez aveugle et vous ignorez vos propres défauts. En attaquant d'emblée votre partenaire lorsqu'il enfreint les règles de votre relation – règles que vous avez imposées de façon arbitraire – vous n'avez pas à remettre en question votre propre comportement.

Manifestation n° 4 : Vous devenez un chien d'attaque

Cette attitude peut être aussi facile à adopter qu'il est difficile de l'enrayer. Combien de fois avez-vous entamé une discussion et a-t-elle abouti en attaques personnelles visant votre partenaire ? Vous croyez toujours pouvoir vous contenir durant ces discussions, mais vous vous écartez inévitablement du sujet et, en définitive, vous n'avez plus aucune considération pour la dignité de votre partenaire. Passé ce stade, vous ne pouvez plus vous arrêter : la discussion devient une confrontation. Vos attaques n'ont plus rien à voir avec le sujet débattu et vous utilisez toutes les munitions mises à votre disposition afin d'ébranler la confiance de votre partenaire et de démolir son estime personnelle. Lorsque cet aspect de votre côté obscur se manifeste, vous devenez malveillant et vicieux. En une fraction de seconde, ce qui n'était qu'une discussion banale se transforme en un véritable champ de bataille.

Cette méchanceté peut prendre des proportions démesurées, elle peut mener à des crimes passionnels où les gens battent et vont même jusqu'à tuer l'être cher. Cette méchanceté au quotidien se manifeste plus souvent en une forme verbale, mais elle a tout de même l'effet de miner la viabilité de votre couple et la dignité de votre partenaire. Cette attitude donne un message clair à votre conjoint : « Je te veux du mal. »

Cette malveillance est parfois flagrante. Nous agissons d'une manière qui choquerait tous ceux qui en seraient témoins. Mais cette manifestation de notre côté obscur peut parfois être aussi vicieuse mais beaucoup moins aberrante : lorsqu'un des partenaires sait sur quelle corde tirer, lorsqu'il sait ce qui blesse, il peut démonter son partenaire en quelques mots, sans même élever la voix. Laissez-moi vous donner un exemple. Imaginez qu'une mère dévouée et responsable est très anxieuse parce qu'elle attend, dans une salle d'urgence, des nouvelles de l'état de son bambin qui s'est brûlé sur un élément de la cuisinière. Elle parlait à un ami au téléphone ; c'est arrivé en un éclair. Ce n'était pas prévisible et elle n'aurait probablement pas pu éviter cette situation. Son mari arrive et vient s'asseoir à ses côtés. En mettant sa tête entre ses deux mains il lui dit : « Comment peux-tu être si égoïste ? Vas-tu finir par arrêter de ne penser qu'à ta petite personne et d'ignorer notre enfant en parlant constamment à tes stupides amis ? » Le message est clair. Les dommages sont faits et personne n'a élevé la voix. Lorsqu'un des partenaires perçoit ce genre de méchanceté dans les propos de celui qui est supposé être son meilleur allié dans la vie, cela peut être littéralement déchirant. Ils ne sont pas simplement en désaccord, il s'agit ici d'une condamnation et d'une expression de dégoût.

Lorsque ce côté obscur prend le contrôle de votre personne, la communication est abandonnée et la destruction commence. Ces manifestations peuvent se produire et s'estomper en un éclair ou perdurer pendant des heures, mais elles ont toujours le même effet dévastateur. Si on vous a servi ce côté obscur, que cela provienne d'un parent, d'un conjoint ou d'un ami, vous devez savoir à quel point il est difficile, par la suite, de refaire confiance à cette personne. Cela nécessite du temps. Seuls de grands efforts soutenus permettent de rétablir le sentiment de confiance, même si il a été dégradé par une seule manifestation de ce comportement pervers.

Voici une autre série d'énoncés révélateurs qui détermineront si votre relation est empoisonnée par ces comportements vicieux :

- Vous utilisez souvent, dans vos interactions, un ton de voix hargneux et vous adoptez une approche trop souvent offensive.

- Vos interactions sont marquées par un langage corporel comme pointer du doigt ou utiliser délibérément un regard de tueur à la Clint Eastwood.

- Vos commentaires sont chargés de condescendance. Par exemple : « Eh bien, moi qui croyais que tu devais être un bon parti. »

- Vos commentaires abondent d'insultes qui vont de « salope » et « salaud » jusqu'à « gros » et « laid ».

- Votre discours est empreint d'énoncés portant un jugement personnel sur votre partenaire tel que : « Tu me dégoûtes. » ; « Tu me rends malade. » ; « Tu es stupide et méprisable. »

- Vous attaquez délibérément les aspects et les côtés vulnérables de votre partenaire.

- Vous connaissez les besoins et les désirs de votre partenaire mais vous n'y accédez pas afin de le priver d'une vie paisible.

- Vous cherchez à contrôler votre partenaire par l'intimidation, qu'elle soit physique ou mentale et émotionnelle.

Je dois admettre que ces comportements apportent souvent une gratification à court terme parce que votre partenaire s'avoue vaincu pour échapper à la souffrance que créerait « l'assassinat » de sa personnalité. Cependant, à plus long terme, la cible de ces comportements abusifs – c'est-à-dire la personne que vous prétendez aimer – devient si amère et pleine de ressentiments qu'elle se retirera inévitablement de la relation. Si elle ne le fait pas physiquement, elle le fera d'une certaine manière émotionnelle.

Il est très difficile d'éliminer ces comportements. Voilà pourquoi nous nous appliquerons, plus tard dans cet ouvrage, à découvrir comment donner un répit à votre relation, comment arrêter ces confrontations horribles et comment reprendre le contrôle sur vous-même. Mais pour l'instant, gardez ceci en mémoire : votre mentalité guerrière qui prône la victoire par la destruction de la confiance personnelle et de l'estime de l'autre créera une balafre impossible à maquiller, ce qui rendra utopique la résolution d'autres problèmes éventuels.

Manifestation n° 5 : Vous êtes passivement belliqueux.

Après avoir pris connaissance des agressions ouvertes utilisées par les gens qui sont affligés par le côté obscur des comportements vicieux, l'agression passive peut sembler beaucoup moins nuisible. C'est complètement faux. L'agression est passive certes, mais elle n'en demeure pas moins une agression. Ce côté obscur se manifeste également par des attaques pernicieuses à l'endroit d'un partenaire sans méfiance. C'est une tactique de manipulation sournoise et fourbe. Ceux qui contrôlent par cette agressivité passive sont passés maîtres dans l'art de ce que j'appelle « le sabotage par le reniement ». Ces conjoints toxiques travailleront longtemps et sans fatigue pour empêcher l'intrusion d'éléments perturbateurs extérieurs, mais ils opèrent d'une manière si détournée qu'il leur est aisé d'écarter, lorsqu'on les confronte, toute responsabilité pour la tournure des événements. Ils ont toujours une excuse pour tout, toujours une justification, mais il est indéniable qu'ils font de l'obstruction. Piéger les gens contrôlés par ce côté obscur relève presque du domaine de l'impossible. Vous avez peut-être conscience de la présence de cette manifestation, vous la sentez probablement, mais vous ne possédez aucune preuve tangible.

Si vous avez recours à ce genre d'agression dans votre couple, vous n'êtes pas seulement un maître dans l'art de ne pas avouer votre responsabilité, vous êtes de plus un maître tacticien visant le rabaissement de votre partenaire et l'entrave de ses rêves. Contrairement au perfectionnisme excessif qui s'exprime par une recherche méticuleuse des défauts de l'autre pour des fins de confrontation, et contrairement à la méchanceté pure qui se sert de la rage pour assassiner la personnalité de l'autre, si vous êtes affligé de ce côté obscur, vous tentez de contrecarrer les projets de votre partenaire en agissant d'une manière pour ensuite renier ces mêmes actes ou en faisant l'opposé de ce que vous avouez faire.

Cette manifestation vous pousse également à oublier de remplir vos engagements envers l'autre ou de mettre sur une fausse piste votre partenaire en ne lui disant pas ce que vous tentez d'accomplir. En

---

apparence, vous ne rejetez pas les apports matériels ou les idées de l'autre, mais concrètement, vous ne les respectez pas ; vous vous en plaignez lâchement de manière subtile. Il est clair que vous ne voulez pas régler certains situations problématiques : vous préférez jouer la victime. Ce rôle vous est bien plus cher que l'harmonie et la paix probablement désirées par votre partenaire.

Détrompez-vous, si ce côté obscur agressivement passif vous contrôle, vous exercez un contrôle oppressant aussi destructeur que celui qu'utilisent les gens les plus agressifs. La seule différence : vous êtes sournois, perfide et fallacieux.

Supposons que vous êtes un agresseur passif et que votre partenaire vous propose de partir en vacances. Au lieu de lui dire que la destination ne vous plaît pas, vous lui dites : « Cela me semble magnifique. » C'est alors que vous édifiez des barrières : vous n'êtes pas en mesure de choisir une période propice pour le voyage ; vous ne semblez pas arriver à dénicher un billet d'avion à un prix raisonnable ; vous informez votre partenaire que l'hôtel coûtera cinq fois plus cher que vous ne l'escomptiez. « Mais je désire toujours faire ce voyage mon amour. » vous dites. « Si ça te plaît, ça me plaît. »

Par cette technique, c'est-à-dire d'accepter ouvertement quelque chose pour le saboter indirectement par la suite, vous tentez de soumettre votre partenaire à vos volontés – sans risquer d'exposer vos désirs ouvertement. Si vous êtes un agressif passif, votre gloire survient lorsque votre partenaire dit enfin : « Oh, oublions tout cela. » ou encore « Pourquoi ne décides-tu pas ce que nous devons faire ? » Vous en sortez vainqueur et sans égratignure.

Voici une autre série de comportements symptomatiques d'utilisation de l'agressivité passive qui dégradent la relation de couple :

- Lorsque votre partenaire suggère quelque chose, vous acceptez cette suggestion, mais quelques minutes plus tard, vous exposez ce qui fera que cette entreprise connaîtra un échec plutôt qu'une réussite.

- Vous feignez la confusion lorsque votre partenaire vous expose les raisons rationnelles qui justifient des changements dans votre couple.

- Vous feignez d'être inapte à faire certaines activités qui ne vous plaisent pas : peindre une pièce de la maison, par exemple, ou mettre au lit votre enfant.

- Vous traînassez et vous vous inventez des maladies ou vous vous trouvez d'autres occupations pour interférer dans les plans élaborés par votre partenaire.

- Vous commencez fréquemment vos phrases par : « Oui, mais… »

En d'autres mots, vous blessez agressivement mais passivement votre relation de couple. Une telle attitude est terriblement frustrante pour l'autre, surtout lorsque celui-ci veut améliorer l'état général de votre relation. Vous n'êtes, selon vous, que rarement responsable de ce qui se passe dans votre couple, vous n'apportez jamais de solutions constructives aux problèmes de celui-ci et vous vous accrochez, en apparence, à la solution parfaite ; solution qui n'existe évidemment pas. De cette façon, vous amenez fatalement votre couple vers l'échec et votre partenaire vers une frustration assurée puisque les critères que vous feignez de respecter sont outrageusement irréalistes.

Manifestation n° 6 : Vous utilisez un écran de fumée

Tout comme les agresseurs passifs, les personnes contrôlées par ce côté obscur malhonnête sont trop lâches pour affronter la souffrance causée par les problèmes de leur relation de couple. Mais contrairement à l'agression passive, cette manifestation vous pousse à induire en erreur votre partenaire sur ce que vous ressentez ou sur ce qui est important pour vous.

En créant ce mur de fumée, vous contaminez votre couple car vous mettez à l'ordre du jour des discussions sur des sujets superficiels ne comportant aucun danger pour la stabilité de votre relation. Vos critiques ne visent pas les faits qui vous choquent réellement. Par exemple, un des partenaires peut critiquer l'autre pour sa trop grande extraversion quand il est, en vérité, socialement rejeté et jaloux de la réussite de l'autre. Vous pouvez discuter avec passion et véhémence de sujets qui n'ont aucune importance à vos yeux. L'un d'entre vous peut affirmer être vivement en désaccord avec l'autre sur la signification d'un film seulement pour extérioriser l'irritation causée par des gestes commis aucunement reliés au film en question. Vous pouvez, d'autre part, sembler très enthousiasmé par une activité proposée, mais ce n'est qu'une ruse afin de ne pas en faire une autre. Un des conjoints, par exemple, pourrait être inexplicablement intéressé à prendre une marche dans le quartier quand, en vérité, il tente de tuer le temps pour ne pas avoir à s'asseoir seul avec l'autre ou encore, pour ne pas avoir de rapports sexuels avec lui.

Il résulte de cette attitude une confusion émotionnelle complète de l'autre. Vous n'exprimez jamais le fond de votre pensée et vous maquillez vos véritables sentiments. En contrôlant la perception de votre partenaire, vous l'affaiblissez. Il s'évertue à régler un problème qui n'est, en fait, qu'un leurre – un leurre inventé de toutes pièces pour dissimuler votre lâcheté, pour ne pas vous occuper de ce qui importe véritablement.

Dans un de mes séminaires, un couple a bien voulu nous expliquer comment ils avaient vécu derrière cet écran de fumée. Jim et Lisa n'avaient jamais été tout à fait francs l'un envers l'autre, ils n'avaient jamais exprimé le fond de leur pensée. Voici une de leurs conversations typiques :

Jim : « Tu as passé une bonne journée, chérie ? » (Signification : « Je me demande si elle a encore fait des folies aujourd'hui. »)

Lisa : « J'ai passé une très bonne journée, mon amour. » (Signification : « Quand vas-tu arrêter de me surveiller ? »)

Jim : « Mon Dieu, ce que tu es ravissante ma chérie. » (Signification : « Combien m'a coûté ce tailleur ? »)

Lisa : « Tu es si gentil. » (Signification : « Il doit me désirer. »)

Jim : « A-t-on reçu du courrier aujourd'hui ? » (Signification : « Je me demande où elle a caché les factures. »)

Lisa : « Oui, il doit se trouver quelque part. » (Signification : « Oh ! oh ! j'espère qu'il me désire vraiment. »)

Cet exemple est amusant, mais j'ai eu connaissance d'un cas plus violent de cette manifestation malhonnête chez un jeune couple également venu assister à l'un de mes séminaires. Venant tout juste de se marier, Jason et Debbie avaient vécu, depuis leur première rencontre, dans un tourbillon de courtisanerie, de camaraderie et d'activités sexuelles. Debbie était tombée enceinte peu de temps après leur mariage. Elle avait malheureusement fait une fausse couche au début du deuxième trimestre de sa grossesse. Parce qu'elle avait éprouvé des difficultés tout au long du premier trimestre, les activités sexuelles dans le couple n'avaient plus eu lieu pendant plusieurs mois ; et ce, même après le rétablissement complet de Debbie. Il était très clair, même pour les simples observateurs, que Jason souffrait de ce manque qu'il interprétait comme un rejet de la part de Debbie.

Mais plutôt que de confronter Debbie sur la véritable cause de ses frustrations – sujet qu'il jugeait trop dangereux pour son ego – il se mit à la harceler, à être constamment sur son dos à tout propos. Il déchargeait ses frustrations et son ressentiment par des critiques sur son travail peu rémunérateur et son manque d'ambition professionnelle. Il critiquait ses travaux domestiques, sa cuisine et sa famille, mais il n'avait jamais abordé le vrai problème : la sexualité. Si Jason avait exprimé son sentiment de carence affective et de rejet, ils auraient sûrement pu trouver un terrain d'entente. Mais Jason ne voulait pas prendre le risque. Il craignait que Debbie lui réponde qu'elle ne le désirait plus.

Bien sûr, Debbie ne se doutait pas des vrais motifs du comportement de son mari. Cependant, elle avait remarqué que dès qu'elle réglait un problème, Jason le remplaçait par un autre. Une distance s'était créée assez rapidement entre eux et elle n'avait fait qu'augmenter depuis.

Vivre derrière un écran de fumée mine les deux partenaires. L'attitude de Jason était hautement destructrice pour Debbie car, quoi qu'elle fît, elle

Sauvez votre couple

était inévitablement la proie de critiques. Jason, de son côté, souffrait parce qu'il ne pouvait jamais régler le véritable problème ; ce problème avait été submergé par une multitude de problèmes factices.

Voici des énoncés qui vous indiqueront si ce côté obscur se manifeste dans votre relation de couple :

- Vos interactions se concentrent continuellement sur des sujets superficiels et triviaux.

- Lorsque vos interactions effleurent le vrai sujet, vous y mettez fin par la colère, par des changements drastiques de sujet ou une rétractation complète.

- Vous avez tendance à parler passionnément des problèmes des autres qui reflètent les vôtres. Mais, lorsqu'on vous confronte à cette réalité, vous niez catégoriquement la pertinence des propos qu'on vous adresse. (Par exemple, Jason a peut-être parlé des problèmes sexuels dans la relation de couple d'un de ses amis pour ensuite nier que cela suggérait une réalité vécue dans la sienne.)

- Vous vous mettez sur la défensive lorsque votre partenaire vous demande si quelque chose vous tracasse.

- Vous êtes passé maître dans l'art de la défensive. Vous savez toujours comment éloigner l'attention lorsqu'on vous pose des questions trop personnelles. Vous êtes tellement calé dans ce domaine que si l'on vous demandait : « Pourquoi étais-tu en retard hier ? », vous auriez au moins cinq réponses à donner : « Je n'étais pas en retard, il pleuvait, etc. »

Dissimuler vos problèmes derrière un écran de fumée peut être fatal pour votre relation de couple. Vous croyez probablement ne faire qu'un tort minime en ajournant le débat réel. Vous vous dites que cela ne peut pas être si désastreux de dire que la maison est en désordre au lieu de parler de vos frustrations sexuelles ; de ne pas parler ouvertement de votre anxiété, de ne pas exprimer vos craintes et de dire à votre partenaire qu'il travaille trop au lieu de lui avouer qu'il semble trop proche d'une personne du sexe opposé.

Vous avez tort de croire cela. Le résultat le plus dévastateur de l'utilisation d'un écran de fumée est le suivant : la fumée se dissipe soudainement et le problème qu'elle cachait apparaît dans toute sa laideur ; et son visage est encore plus répugnant parce qu'il a été atrophié par des mois ou des années dans l'obscurité. Vous souvenez-vous des « réactions accumulées » dont j'ai parlé dans le précédent chapitre ? Lorsqu'une frustration est vécue, qu'elle soit refoulée ou supprimée, l'énergie émotionnelle associée à cette frustration reste bien présente. Elle est emmagasinée. Et comme un ballon trop gonflé, cette frustration risque d'exploser. Si vous avez érigé un écran de fumée, vous pouvez être certain qu'il se dissipera un jour, probablement en réponse à un événement banal et alors, vous exploserez. L'ampleur de votre réaction laissera votre partenaire perplexe, fâché, certainement craintif et prudent lors de désaccords ultérieurs. Le niveau de confiance dans votre couple tombera à zéro. L'écran de fumée devait vous protéger, mais il n'était qu'illusion, un bouclier chimérique. En fait, au lieu de vous protéger, il aggravait votre problème. Si vous vous cachez derrière un tel écran de fumée, vous allez nécessairement avoir rendez-vous avec la souffrance un jour. Plus vous tardez à dissiper la fumée, plus votre souffrance sera violente.

Manifestation n° 7 : Vous ne voulez pas pardonner

Je ne crois pas devoir m'étendre longuement sur le sujet, qu'en pensez-vous ? Je suis persuadé qu'en ce moment même, vous êtes en mesure de vous rappeler un incident avec votre partenaire, si blessant et si dévastateur que son seul souvenir vous fait monter les larmes aux yeux. Vous maudissez cette personne qui vous a profondément blessé. Vous voudriez que votre rage soit une malédiction affligeant de souffrances votre partenaire.

En choisissant d'entretenir votre rage envers cette personne, vous vous emmurez, vous devenez prisonnier de cette émotion et l'énergie négative

---

qu'elle crée commence à dominer votre vie. Votre ressentiment peut devenir si envahissant qu'il s'insinuera dans votre cœur et éclipsera tout autre sentiment. De plus, ces émotions négatives entretenues ne sont pas spécifiques à votre partenaire. L'amertume et la colère sont des émotions si fortes qu'elles vous transforment complètement : elles vous redéfinissent. Si l'amertume a, par exemple, glacé votre cœur, c'est de ce cœur appauvri que toutes vos émotions proviennent. C'est par ce cœur atrophié que vous exprimerez vos sentiments à vos enfants, à vos parents, à tous vos semblables et donc, à votre partenaire. En effet, il vous est devenu presque impossible d'aimer et d'être aimé. C'est comme si, chaque matin, vous vous habilliez de ces souffrances avant de vous mettre au travail.

Par une multitude de façons, c'est votre incapacité à pardonner, que ce soit votre partenaire ou vous-même pour des actes destructeurs commis par le passé, qui crée autant de discordes dans votre couple. J'en conviens, ceci est un sujet très épineux. Il est certain que l'amour est le dernier sentiment que vous voudriez exprimer à quelqu'un qui vous a trahi. Vous ne voulez pas passer pour un faible qui redemande d'être « passé au tordeur ». Vous voulez plutôt que votre partenaire assume les conséquences de sa trahison.

Bien sûr, s'il y a eu trahison, il devrait y avoir des conséquences – certaines libertés restreintes et une certaine punition. Cependant, si vous vous complaisez dans votre ressentiment, si vous refusez de pardonner et de reprendre le cours normal de votre cheminement, alors vous gâcherez votre vie. Oubliez votre partenaire un instant et concentrez-vous sur votre propre personne. Je vous ai dit au début de ce livre que la clé du succès dans votre vie consiste à recouvrer votre force intérieure, à choisir vos sentiments et à créer votre propre expérience. Si vous faites le choix d'entretenir votre ressentiment, vous obtiendrez inévitablement une vie de misère.

Voici d'autres façons par lesquelles ce côté obscur s'insinue dans votre vie :

- Votre rage envers votre partenaire vous consume au point où une petite étincelle suffit à vous enflammer. Une minuscule mésentente ou une infime difficulté est suffisante pour créer l'explosion.

- Votre amertume vous confère une vision pessimiste de la vie en général.

- Vous êtes tellement déséquilibré physiquement que vous éprouvez fréquemment des troubles du sommeil, avec des cauchemars, des troubles de concentration et de la fatigue chronique. Vous développez des maux de tête sérieux, des problèmes respiratoires et même des problèmes cardiaques. Tous ces maux sont causés par le stress qui perturbe votre chimie corporelle.

- Vous ne pouvez pas lire un livre ou regarder une émission de télévision sans qu'un élément dans ceux-ci vous remémore votre ressentiment.

- Vous avez élaboré une liste mentale de toutes les imperfections de votre partenaire, vous vous souvenez de toutes ses erreurs, de tous ses échecs et ils reviennent sans cesse dans vos discussions.

- Vous interprétez plusieurs déclarations et actions de votre partenaire de façon négative sur la base d'infimes évidences ou sans aucune base.

- Vous ne croyez pas qu'il est temps de pardonner à votre partenaire parce que, selon vous, il ne s'est pas assez repenti.

- Vous ne croyez pas qu'il est temps de pardonner à votre partenaire parce qu'il n'a pas fait assez de choses pour vous en guise d'excuses.

- Vous tentez de contrôler votre partenaire par la honte plutôt que de l'inspirer à changer d'attitude.

Vous avez le pouvoir de pardonner. Vous avez le pouvoir de dire à votre partenaire : « Tu ne peux pas me blesser pour me contrôler par la suite. C'est à moi de décider. Je ne me lierai pas à toi par la colère, la haine et le ressentiment. Je ne me laisserai pas contrôler par la peur. Je ne me laisserai pas entraîner dans le monde obscur de ces émotions. En te pardonnant, je me libère. » Voilà un des plus importants concepts que vous pouvez apprendre grâce à ce livre. En ayant assez de considération pour vous-même, vous pouvez briser les liens tissés par la colère. Vous pouvez vous évader de la prison du désespoir et de la hargne.

Votre salut repose sur le pardon. Vous devez vous élever moralement et pardonner à la personne qui vous a blessé. Ce pardon n'est pas *pour* cette personne, ce pardon est pour *vous*. Comprenez ceci : si vous permettez aux personnes qui vous ont blessé de vous détenir prisonnier, elles auront gagné. Mais si vous devenez maître de vos émotions, je vous promets que vous obtiendrez ce que vous désirez. Malgré toutes les remarques et les actions blessantes dont vous avez fait l'objet, le pardon est toujours possible. Il n'est pas trop tard sauf si vous baissez les bras. Choisissez de rester en piste et vous réaliserez qu'il est possible de créer votre propre expérience.

Manifestation n° 8 : Vous êtes un puits sans fond

Il est maintenant temps d'étudier une toute autre forme de côté obscur : l'insécurité. Ce côté obscur vous rend insatiable. En fait, vous êtes tellement assoiffé que vous compromettez constamment vos chances de réussite.

Rien n'est jamais suffisant pour vous. On ne peut vous satisfaire. On ne vous aime jamais assez. On ne vous porte jamais assez d'attention. Vous n'êtes jamais assez apprécié. Votre apparence ne vous satisfait jamais et vous n'êtes jamais content de vos performances. Vous êtes constamment tendu, vous ne jouissez pas de la vie et vous ne reconnaissez pas les choses à leur juste valeur.

Vous vous sentez, d'une étrange façon, indigne du bonheur et incapable de réaliser vos rêves. Vous vous dites que vous n'avez pas ce qu'il faut pour être heureux, pour obtenir des résultats probants et pour progresser dans la vie. Vous vous justifiez en invoquant un manque de temps. Vous vous dites que vous n'êtes pas assez brillant. De plus, vous doutez tellement de vos capacités que vous interprétez mal les commentaires de votre partenaire à votre propos ; ces interprétations erronées vous mènent inévitablement à de fausses conclusions sur vous-même. Vous avez ce genre de réflexions : « Mon partenaire s'est fâché contre moi, peut-être n'ai-je pas été raisonnable. » ; « Peut-être vaudrait-il mieux que je me taise. » ; « En considérant ce que mon partenaire dit de moi, je ne dois pas avoir assez de personnalité ; je devrais simplement suivre la vague. »

En plus de vous détruire, vous minez votre partenaire. Parce que vous êtes un puits sans fond, votre partenaire est frustré parce qu'il est incapable de « vous remplir ». Il ne saura jamais ce que signifie vivre une relation fonctionnelle et paisible. Même lorsque la relation vous comble, vous vous dites : « Cela ne peut pas durer. » ; « C'est trop beau. » ; « Ce doit être une accalmie avant la tempête. » Vous vous êtes borné à l'idée que vous ne méritez pas le bonheur et qu'il ne fallait surtout pas avoir l'air heureux car cette attitude vous apporterait, à coup sûr, la poisse. Voici une déclaration fataliste qui s'applique parfaitement à une relation de couple : « On crée ce que l'on craint. »

Il est stupéfiant de constater à quel point les gens souffrant d'insécurité croient qu'ils sont indulgents, qu'ils ont une attitude de compromis dans leur couple, qu'ils sont charitables avec leur partenaire et qu'ils font de leur mieux pour s'adapter, pour ne pas faire de houle. C'est faux ! Il n'y a pas plus grande méprise. Par votre appétit insatiable de réconfort et d'affection, vous n'offrez aucun répit à votre partenaire. Vous pouvez également être rongé par une jalousie maladive de votre partenaire ; vous croyez que ce n'est qu'une question de temps avant que vos défauts et vos échecs ne soient découverts et qu'il vous abandonne. Vous entretenez donc une menace extérieure imaginaire vous donnant l'occasion d'exprimer votre jalousie en exigeant de votre partenaire qu'il renonce, pour vous, à avoir des relations avec autrui. Vous avez besoin de vous faire dire, encore et toujours, que votre partenaire est engagé émotionnellement envers vous. Parfois, vous tentez inconsciemment de l'éloigner juste pour obtenir une autre dose de réconfort. Manipulateur et exigeant, vous entraînez votre partenaire dans une danse perpétuelle où il doit vous apaiser et vous rassurer à nouveau sans relâche.

Sauvez votre couple

Nous désirons tous être soutenus par nos partenaires. C'est une attitude saine. Il existe cependant un degré où ce désir devient nuisible et toxique : lorsque ce désir devient un besoin maladif, lorsque vous êtes en manque, lorsque vous avez besoin d'un « fix » de réconfort. Vous avez un sérieux problème d'estime personnelle si vous recherchez sans cesse des compliments sur votre apparence, votre mérite et votre valeur. Le cas classique de cette manifestation d'insécurité est celui d'une femme qui pose constamment des questions sur sa cuisine ou ses vêtements. « Oh ! c'est trop cuit, n'est-ce pas ? » s'enquerra-t-elle auprès de son mari à propos de son rôti braisé. Elle sait, bien entendu, qu'il est cuit à merveille. Mais, elle a besoin de l'entendre de la bouche de son mari. Lorsqu'elle dit : « J'ai l'air grosse dans cette robe, n'est-ce pas ? », elle veut réellement dire : « Dis-moi que je n'ai pas l'air grosse. »

Les hommes ont des comportements similaires, mais ils prennent une forme différente : « Crois-tu que ma chevelure s'éclaircit ? » ; « Est-ce que tu as aimé ça ? » Les questions sont différentes, mais le message demeure le même : dis-moi que je suis correct parce que je n'en suis pas convaincu. Ce côté obscur fait en sorte que quatre-vingts pour cent des questions posées sont en réalité des déclarations maquillées. Qui plus est, ces questions sont des demandes dissimulées. Si vous êtes dominé par cette manifestation d'insécurité, vous ne voulez pas prendre votre part de responsabilité dans le couple sous prétexte que vous n'êtes pas compétent. Comment pouvez-vous espérer être un partenaire mature, pleinement fonctionnel et contribuer à la relation si vous n'êtes pas assez brillant ni assez bon pour prendre cette responsabilité ?

Voici quelques signes qui vous révéleront si vous êtes dominé par l'insécurité, cet autre côté obscur :

- Vous vous éclipsez de vos relations amoureuses et amicales parce que vous jugez que vous n'êtes pas de la trempe de ces personnes.

- Vous craignez d'être rejeté en exprimant vos opinions. Vous préférez vous taire plutôt que de risquer la désapprobation d'autrui et lorsque vous prenez la parole, vous vous demandez toujours si vous faites bonne impression.

- Vous vous surprenez souvent à dire « Merci » ou « Je suis désolé » sans raison valable.

- Vous refusez de faire de nouvelles activités avec votre partenaire, autant l'équitation que le « counseling », parce que vous ne voulez pas paraître stupide.

- Lorsqu'on vous complimente, vous minimisez immédiatement l'importance de ce qui a mené à ces compliments.

- Lorsque vous achetez des présents aux autres, vous vous inquiétez de savoir s'ils sont « adéquats » ou « assez bons ».

- Vous formulez vos convictions sous forme de questions. Vous demandez l'opinion de votre partenaire sur certains sujets qui sont importants à vos yeux plutôt que de dévoiler vos positions sur ceux-ci et de vous affirmer.

- Plutôt que d'exprimer votre colère, vous pleurnichez et vous jouez la victime.

- Vous êtes si sensible et susceptible à la critique que votre partenaire ne peut pas vous taquiner ou blaguer avec vous ; il lui est même impossible de vous dire la vérité lorsque vous le méritez et quand vous en auriez besoin.

- Peu importe la question en regard d'une planification quelconque, votre réponse est toujours la même : « Je ne sais pas, ça ne me dérange pas. Fais à ta tête. »

Sauvez votre couple

Si votre partenaire se lasse de remplir votre puits sans fond et qu'il vous en fait part, évidemment, vous vous apitoyez sur votre sort en tentant de rendre votre partenaire coupable ; vous lui dites que tout ce que vous vouliez, c'est d'écouter ce qu'il avait à dire parce que vous respectez son opinion. Votre jeu de culpabilité n'aide en rien votre relation. Vous feignez la contrition. Vous espérez que vos mines chagrinées vous redonneront rapidement la place que vous occupiez dans votre couple. Vous faites votre mea culpa. Une fois de plus, vous affirmez que vous êtes désolé et vous offrez une autre performance digne des spectacles les plus grandioses. Plus votre partenaire lit la souffrance et la culpabilité sur votre visage, plus vous êtes en mesure de le manipuler, de lui refaire prendre le pli ; votre pli. Éventuellement, il revient vers vous et dit : « Oh ! allez mon amour. Ça va, c'est fini, n'en parlons plus. » Et bingo ! Vous obtenez votre gratification.

Si vous êtes pris dans les filets de ce côté obscur, soyez honnête avec vous-même et ne nourrissez plus ce monstre en recherchant continuellement la gratification d'un autre « fix » de réconfort. Faites le premier pas sans tarder : libérez-vous de votre ligne de pensée inhibitrice, éliminez votre sentiment d'incompétence et n'écoutez plus vos voix intérieures qui vous accusent d'être trop exigeant et indigne d'obtenir davantage. Ce n'est qu'alors que commencera à s'effectuer des changements et des transformations dans votre vie. D'ailleurs, au cours de votre lecture, je suis persuadé que vous trouverez d'autres manières de combler votre besoin de réconfort et de sécurité.

Manifestation nº 9 : Vous êtes trop confortable

Cette manifestation est l'antithèse du criticisme, de la compétitivité, du bon droit et de l'agression, mais elle est tout aussi destructrice. Ici, vous devenez si passif que vous êtes englué dans une mare visqueuse que j'appelle : une zone de confort. Vos seuls buts sont d'être prudent et de maintenir un statu quo. L'habitude dans votre relation de couple devient comme un vieil ami : il est vieux certes, mais ce n'est pas un bon ami. Cette routine est aussi confortable qu'une paire de survêtements bouffants que vous portez uniquement quand vous êtes seul. Vous ne vous mettez pas au défi, vous n'êtes pas à la recherche d'excellence. Vous devenez inerte. Et si vous ne prenez pas garde, les journées se transformeront en semaines, les semaines en mois, les mois en années, et bien avant que vous vous en rendiez compte, tout sera fini.

Nous avons tous connu une personne qui voulait obtenir un diplôme collégial mais qui a décidé de prendre une pause dans son cheminement scolaire pour travailler une année. Cette année s'étira en deux, puis en trois et éventuellement, cette personne ne retourna jamais à l'école pour obtenir son diplôme. Il en sera de même pour votre relation si vous ne faites pas attention. Vous vous habituez à votre situation. Vous vous accoutumez à votre style de vie. Vous vous accommodez d'interactions avec votre partenaire que vous jugez ni satisfaisantes ni stimulantes, mais, selon vous, elles sont néanmoins acceptables. Vous avez décidé que « acceptable » était bon pour le moment. Vous n'avez pas ce que vous vouliez, ce n'est pas ce dont vous rêviez, mais c'est devenu familier et ce n'est pas forçant.

Être dans une zone de confort n'est pas une situation désirable dans une relation de couple. Vous savez que vous ne faites qu'effleurer le bien-être que pourrait vous apporter votre relation. Vous savez que vous ne communiquez qu'à moitié avec votre partenaire ou que votre vie sexuelle est banale. Vous savez que vos journées sont ennuyeuses et que vos esprits sont agités mais ramollis. Mais vous croyez que d'aspirer à davantage est une entreprise complexe et ardue. Au lieu de penser : « Il faut jouer pour gagner », vous vous dites : « Si je ne joue pas, je ne perds rien ». Vous pouvez tenter de paraître épanoui par une panoplie de biens matériels qui suggèrent le succès, peut-être même par la popularité et le pouvoir, mais intérieurement, vous savez que vous vous brimez et que vous trichez avec votre partenaire.

Je sais que plusieurs d'entre vous sont affligés par ce côté obscur. On a fait des études sur des milliers et des milliers d'Américains, tous possédant une maison, un travail, 2,2 enfants et, bien entendu, un chien ; des Américains typiques provenant de « Partout, USA ». Lorsqu'on leur a demandé s'ils étaient vraiment satisfaits de leur vie, ils n'ont pas simplement répondu non – ils ont répondu : « Mon Dieu, non. » Lorsqu'on leur a demandé pourquoi ils ne changeaient pas, leurs réponses furent presque toutes les mêmes. En fait, nous pouvons résumer ces réponses dans les mots d'un des participants à l'étude : « Je fais ce que je fais aujourd'hui parce que c'est ce que je faisais hier. »

Ce n'est pas que vous ayez complètement perdu espoir et pris une position fœtale (nous verrons dans quelques instants cette manifestation du côté obscur). Le problème dans votre situation, c'est que rien n'est sûr et que vous tremblez devant le mot « risque ». Vous gardez toujours à l'esprit que ces changements sont risqués. Qu'adviendrait-il si vous exprimiez votre désir d'obtenir davantage et que vous ne soyez pas capable de l'obtenir ? Vous reconnaîtriez que votre vie ne vous satisfait pas, que vous désirez davantage. Ce n'est pas aussi simple que de suivre la vague, qu'en pensez-vous ? Si vous êtes un habitant de longue date de ces zones de confort, vous anticipez probablement que même si vous vous créez une meilleure existence, vous devrez vivre avec la pression de maintenir cette qualité de vie.

Croyez-moi, je conçois que pour plusieurs d'entre vous, le simple fait de reconnaître que votre relation ne vous satisfait pas pleinement est menaçant. Affirmer que ce que vous avez n'est pas suffisant comporte des risques bien réels. Il est définitivement plus prudent de ne jamais s'admettre qu'il existe mieux.

Oui, votre zone de confort peut sembler sécurisante, mais elle implique une foule de compromis. Si vous êtes dans une zone de confort, vous ne remplissez pas vos responsabilités face à votre couple. Vous n'y contribuez pas, vous ne le stimulez pas, vous ne lui donnez pas de souffle, vous ne remplissez tout simplement pas votre part du contrat. Selon toutes probabilités, votre partenaire tente de vous entraîner contre votre gré vers une meilleure situation. Mais, vous vous complaisez dans votre confort d'endormi. Vous êtes dépendant de la prévisibilité morne de votre vie. Vous suivez à la lettre votre routine : vous rendre au travail, en revenir, manger rapidement votre souper et aller vous effondrer devant la télévision ou un livre. Peu importe votre routine, vous avez une relation plus intime avec elle qu'avec votre partenaire. Vous la respectez certainement davantage. En restant dans une zone de confort, vous avez assurément perdu contact avec le noyau de votre conscience. Vous ne fondez plus votre vie sur vos valeurs et sur votre sagesse.

Voici d'autres sentiments et comportements typiques caractérisant le côté obscur de l'inertie :

- Vous ne parlez jamais du futur de votre relation, de vos désirs les plus profonds, de vos rêves et de ce qui vous passionne.

- Vous n'êtes pas reposé même après une bonne nuit de sommeil et vous peinez à garder les yeux ouverts après le souper.

- Vous vous assoyez devant la télévision pendant de longues périodes.

- Vous vous dites que vous ne pouvez pas changer parce que vous n'avez pas assez de volonté.

- Votre première réaction à presque toutes les suggestions de votre partenaire est d'être négatif, de dire « non ». Vous n'éprouvez pas le désir d'aller dans des endroits que vous ne connaissez pas ou de faire des activités qui ne font pas partie de votre routine.

- Vous trouvez que parler d'émotions est futile et un peu bête. Vous montrez des signes d'exaspération lorsque vous entendez dire : « Pourquoi n'exprimes-tu pas ce que tu ressens ? »

- Vous répondez « Je ne sais pas » à trop de questions. « Je ne sais pas pourquoi cela m'est arrivé. » ; « J'aimerais savoir pourquoi j'ai fait cela. » Ce que vous dites en réalité, c'est que vous avez décidé de ne plus essayer de comprendre ce qui vous arrive.

Je ne suis certainement pas la première personne à vous dire que la vie n'est pas un livreur de pizzas. Elle ne fait pas de livraison. Vous devez aller chercher ce que vous désirez ; et si vous ne le faites pas maintenant, si vous laissez votre vie s'enliser dans une zone de confort, il deviendra de plus en plus facile de stagner dans ce confort stérile. Dans un autre ordre d'idées, si vous persistez dans les mêmes croyances, vous continuerez à avoir les mêmes résultats ; vous continuerez à produire du néant. Vous vous assurerez, en vous réfugiant dans une zone de confort, de ne jamais connaître le succès. Ce qui différencie les gagnants des perdants, c'est que les gagnants accomplissent ce que les perdants ne veulent pas accomplir. Les gagnants sont prêts à prendre des risques raisonnables ; les gagnants se permettent de réaliser leurs rêves.

Pour vaincre le côté obscur de l'inertie, vous devez éliminer tout reniement, arrêter de justifier votre passivité et relever les défis que comporte le changement. Cette victoire sur l'inertie nécessite du courage et de la détermination, mais, il n'est pas aussi difficile que vous le croyez d'abandonner une fois pour toutes une vie gouvernée par la complaisance et l'inaction.

Manifestation n° 10 : Vous avez abandonné

Cette manifestation du désespoir est ce que les psychologues appellent « l'impuissance acquise ». C'est un état d'esprit où vous croyez être inextricablement prisonnier d'une situation quelconque. Vous croyez que votre situation est permanente, donc vous ne faites rien pour la changer. Ce côté obscur vous domine lorsque plusieurs autres manifestations du côté obscur influencent votre vie et, suffoquant sous cet immense poids, vous ne pouvez pas imaginer une manière de vous en sortir. Vous vous sentez abandonné, émotionnellement isolé ; vous êtes négatif, cynique et très loin du noyau de votre conscience. Vous avez bâillonné la partie de votre cerveau qui vous dit qu'il y a encore de l'espoir, aussi mince soit-il. En fait, vous avez décidé que vous n'aviez tout simplement plus de noyau de conscience.

L'impuissance acquise est un état psychologique, apparenté au phénomène de la dépression, découvert par un brillant chercheur nommé Martin E. P. Seligman dans les années soixante-dix. Tandis que la dépression découle en majeure partie d'un trouble émotionnel, l'impuissance acquise est un état autant émotionnel que psychologique. Si vous êtes affligé de cet état, vous vous êtes persuadé que votre situation est désespérée ; cet état a annihilé votre volonté et votre désir de progresser.

L'impuissance acquise à été mise en évidence par une série de tests sur des animaux par le docteur Seligman et son équipe de chercheurs. Ne sautez pas les prochains paragraphes parce que vous croyez que des expériences sur les animaux n'ont rien à voir avec vous. Ces expériences mettent clairement en évidence les façons dont les humains réagissent dans leur relation de couple.

Dans le cadre de ces expériences, un chien avait été placé dans une pièce de seize mètres carrés dont une moitié du plancher était peinte en blanc et l'autre rayée rouge et blanc. Lors de la première étape de l'expérience, on administrait au chien des chocs électriques douloureux mais non fatals lorsqu'il marchait sur la partie rayée de la pièce. Évidemment, il apprit très vite que la partie blanche de la pièce signifiait la sécurité et que la rayée était dangereuse. Le chien évitait de s'aventurer dans cette zone même si on l'appâtait avec de la nourriture. On inversa ensuite, dans la deuxième étape de l'expérience, les conditions dans la pièce. Le chien recevait des chocs dans la partie blanche de la pièce et la partie rayée était devenue la zone de sûreté. Une fois de plus, le chien démontra la capacité de désapprendre les notions qu'il avait assimilées et d'apprendre à rester dans la partie rayée de la pièce.

Dans la troisième partie de l'expérience, on élimina toute zone de sûreté. Peu importe où le chien se trouvait dans la pièce, il recevait inévitablement des chocs électriques. Durant un bon moment, le chien fit de nombreuses tentatives effrénées pour remédier à sa fâcheuse situation, mais bien vite il comprit qu'il était impuissant, que peu importe ses actions, il recevrait nécessairement les chocs électriques. Il abandonna, roula sur le dos et encaissa les chocs sans tenter de fuir ce châtiment.

Puis on procéda à la quatrième étape de l'expérience. La partie blanche était à nouveau la zone de sûreté et la partie rayée, celle dangereuse. Le chien était à nouveau libre de choisir la sécurité ou le châtiment. Malheureusement, il ne démontra aucune volonté ou capacité de réapprendre qu'il existait une zone de sûreté. Même en le traînant

Sauvez votre couple

physiquement dans la partie blanche de la pièce, le chien ne pouvait ou ne voulait pas assimiler de nouvelles informations et prendre conscience qu'il existait à nouveau un moyen de se dérober aux chocs.

Il avait abandonné. Il était dans un état d'impuissance acquise, donc persuadé qu'il ne pouvait pas s'extirper de sa situation douloureuse. Le chien n'assimilait plus de nouvelles informations même si elles lui étaient proposées de manière évidente. Il s'était résigné à son sort. Sa volonté d'apprendre avait été annihilée.

Ce chien ne souffrait pas d'une dépression passagère, il n'assimilait tout simplement plus aucune nouvelle information. Il n'avait plus conscience qu'il existait une alternative comportementale pour améliorer son existence.

C'est précisément ce même état qui afflige beaucoup d'entre vous dans vos relations de couple. Vous avez abandonné. Lorsque vous êtes « inerte » ou « anxieux » dans votre relation, vous savez à tout le moins que l'amélioration de votre couple est possible. Mais dans cet état d'esprit, vous avez complètement oublié la notion d'amélioration : toute tentative est devenue vaine. Vous n'apprenez plus et vous n'assimilez plus aucune nouvelle information. D'ailleurs, par votre abandon total, vous ne percevez même plus les occasions manifestes d'améliorer et de ragaillardir votre couple. Vous refusez de percevoir tout changement psychologique de votre partenaire et vous refusez de constater tout changement de condition ou de circonstance dans votre propre vie. Vous êtes comme un oiseau en cage qui est incapable de comprendre que la porte de celle-ci n'est plus fermée.

Voici une série d'indicateurs qui vous révéleront si vous êtes dans un état d'impuissance acquise :

- Vous avez consciemment accepté que votre vie était une vague souffrance.

- Vous êtes régulièrement affligé d'un sentiment de malaise et d'un manque d'énergie.

- Vous vous êtes résigné à « suivre la vague » dans une relation sans houle.

- Vous pensez ou vous dites souvent : « C'est inutile. Je ne changerai jamais. »

- Vous ne protestez même plus lorsque vous êtes attaqué ou abusé par votre partenaire.

- Vous croyez qu'il est inutile de changer parce que cela ne fera qu'enrager votre partenaire.

- Vous vous sentez seul.

- Vous vous tournez vers autrui ou vers d'autres activités à la recherche d'un sentiment de contentement.

- Vous exprimez votre déception dans votre couple de manière insidieuse. Par exemple, vous feignez souvent un « malaise » et vous devez passer des jours alité ; vous allez même jusqu'à abuser de médicaments, d'alcool ou encore vous réfugier à tout propos dans des thérapies.

Ce problème peut prendre des ampleurs épidémiques. Nous observons régulièrement cet état dans des relations abusives où un des partenaires est persuadé qu'il n'existe qu'une seule alternative à sa disposition : encaisser les abus commis par l'autre. En lisant ces lignes vous vous dites peut-être : « Je ne fais pas partie de ces gens-là. » Mais si vous pataugez dans cette mare pessimiste – « J'ai déjà trop donné et je suis trop fatigué pour changer. » ; « Mon partenaire ne changera jamais. » ; « Rien ne peut changer notre relation. » – alors vous permettez à votre déception de transformer votre pessimisme en désespoir. Votre état émotionnel est l'équivalent de prendre une position fœtale définitive car vous acceptez de souffrir dans votre relation parce que vous êtes persuadé d'être incapable de changer votre situation : vous êtes désespéré.

Écoutez-moi bien : vous vous tuez à petit feu. Les gens changent. Vous pouvez changer et votre partenaire le peut aussi. Contrairement aux animaux qui ne peuvent pas comprendre qu'aujourd'hui est un autre jour et qu'ils sont maîtres de leur destinée, *vous le pouvez*. Vous pouvez reconsidérer votre situation. Par ce livre, vous obtiendrez les outils nécessaires pour renouer avec le noyau de votre conscience, vous entamerez un processus constructif fondé sur des démarches qui fonctionnent dans le monde réel. Vous vous reconstruirez et vous retrouverez un état d'esprit qui vous fera croire en vous-même et en votre partenaire.

J'ai vraiment vu beaucoup de relations de couple échapper à une mort certaine simplement parce qu'un partenaire (ou les deux) avait pris la décision initiale de changer d'attitude et de reprendre espoir. Comme je l'ai dit dans l'introduction de cet ouvrage, il suffit de *vouloir* avoir un couple qui fonctionne. Autrement, le côté obscur de l'inertie et de l'impuissance acquise dévastera éventuellement votre vie.

Je comprends que la lecture de ce chapitre a dû être très pénible. Nous nous sommes concentré presque uniquement sur les manifestations de votre côté obscur et sur les façons par lesquelles vous pouvez détruire votre couple. Cependant, c'est en ne reconnaissant pas ce côté obscur qu'il devient extrêmement dangereux dans nos relations amoureuses. En reniant son existence, nous ne pouvons pas être alerté de sa présence et nous ne pouvons nous soustraire à son contrôle.

Vous êtes maintenant prêt à aller de l'avant. Il est temps pour vous de clamer : « Non, c'en est assez. Je ne le ferai plus. Je ne laisserai pas la compétitivité me séparer de mon partenaire. Je ne croirai plus que je suis toujours dans mon bon droit. Je ne laisserai plus libre cours à mes tendances malhonnêtes et je ne cacherai plus ce que je ressens ou ce que je pense. Je n'aurai plus d'attitudes vicieuses qui aliènent mon partenaire. Je ne perdrai pas mon estime personnelle et je ne serai plus une victime. »

Les meilleurs côtés de votre personnalité et de votre vie émotionnelle ont peut-être été atrophiés, mais ils peuvent être réhabilités. Ce processus est similaire à perdre du poids pour prendre du muscle. Vous avez le pouvoir de changer. Vous ne vous considérez peut-être pas toujours comme un leader au sein de votre couple, mais vous l'êtes maintenant. Par l'apprentissage fondamental que vous venez de suivre, vous pouvez maintenant donner une nouvelle direction à votre relation. Comment oseriez-vous ne pas saisir cette chance de changer ? Vous vous êtes rendu jusqu'ici, alors effectuons maintenant ce changement.

chapitre cinq

RENOUEZ AVEC VOTRE FOR INTÉRIEUR : LES ATTITUDES À ADOPTER DANS VOTRE COUPLE

oyez très attentif durant la lecture de cette partie du livre. Vous ne pouvez pas vous permettre de faire une lecture rapide de ce chapitre ; il est très important que vous restiez concentré sur son propos. Il est grand temps que vous ne soyez plus un contaminant dans votre couple pour devenir un élément qui contribue à l'épanouissement de celui-ci. Si vous n'adoptez pas une attitude constructive au sein de votre relation amoureuse, alors c'est que vous la contaminez et, tout comme votre partenaire dans ce processus de reconstruction, je veux réactiver les éléments positifs qui sont en vous. Vous devez vous ressaisir et corriger vos attitudes et votre manière de penser. L'élimination de vos mauvais raisonnements et des manifestations de votre côté obscur ne sera pas suffisante. Vous devez sonder votre esprit et votre cœur pour avoir accès à votre for intérieur car vous, et vous seul, pouvez déterminer la qualité de votre vie. Vous détenez la force et la profondeur d'esprit nécessaires pour amener votre vie et votre relation à un niveau supérieur. Mais l'élimination des éléments négatifs ne suffira pas. Faites place à la « cavalerie » : la personne définie dans votre for intérieur.

Ne croyez pas une seconde que je fais appel ici à une entité mystique qui vous délivrera de votre calvaire. Je ne suis vraiment pas du genre « avant-garde cosmique ». Je fais simplement référence à une série d'attitudes saines qui prennent racine dans votre for intérieur, à un engagement de votre part qui deviendra la toile de fond de votre relation de couple. Je vous parle de renouer avec le noyau de votre conscience, avec ce qui poussera votre relation et vous-même vers une intimité et une affection réciproque que vous n'auriez jamais pu imaginer. Mais cela ne sera possible que si vous croyez en vous-même.

Prenez ce que je dis au pied de la lettre : il n'existe aucune exception. Dans les relations de couple, tout comme dans tous les autres aspects de la vie, la disposition et l'attitude par lesquelles on agit sont au moins aussi importantes que nos actions réelles. Je pourrais vous élaborer une liste de comportements, style « livre de recettes », extrêmement créatifs, romantiques et astucieux, mais si vous approchez ces activités avec une mauvaise disposition ou attitude, ces activités ne vous seront d'aucun secours. Afin de commencer adéquatement le processus de reconstruction de votre relation, vous devez avoir une bonne prédisposition et adopter passionnément une bonne attitude. À l'opposé des mythes et des manifestations du côté obscur qui peuvent avoir le même effet sur votre relation qu'un ouragan sur une ville, l'adoption de nouveaux sentiments et d'une nouvelle ligne de pensée bénéficiera énormément à votre couple et à votre partenaire, donc à vous-même. Rien d'autre et rien de moins ne fonctionnera.

J'admets qu'à ce stade il serait bon que votre partenaire soit à vos côtés et lise ce livre avec vous. Je sais également que nous avons tendance à concentrer notre attention sur les agissements de nos partenaires. Ne vous inquiétez pas, nous en viendrons assez vite à votre partenaire, mais rappelez-vous ce que je vous ai dit au tout début de ce livre : je m'en prends d'abord à vous. Le présent chapitre traite de renouer avec vous-même, avec votre for intérieur. Dites-vous : « Je peux me retrouver ; c'est le point de départ de mon cheminement. Je peux faire ressortir le meilleur de moi-même, le meilleur de mon esprit et de mon cœur et j'ai le pouvoir et le désir de me servir de ces atouts. »

Les dix « attitudes à adopter dans votre couple », que vous êtes sur le point d'étudier, vont vous amener à un point tournant dans votre relation.

D'ailleurs, elles engendreront une véritable révolution dans votre couple car vous serez en mesure d'effectuer sur-le-champ des changements positifs dans celui-ci. Renouer consciemment avec le noyau de votre conscience fera en sorte que vous vivrez avec plus d'intégrité, d'honnêteté, de compassion et avec un enthousiasme certain. Ces attitudes ont pour objet de vous réorienter vers le succès. Vous vous aimerez plus que par le passé et je suis persuadé que tous les autres autour de vous, incluant l'être cher, feront de même.

Qui plus est, toutes ces attitudes sont à votre portée parce qu'elles font partie intégrante de votre for intérieur. Votre partenaire ne peut pas vous obliger à les adopter et il ne peut pas vous empêcher d'opter pour elles. Ce changement de position de votre part apportera une brise fraîche et nouvelle sur votre relation de couple. En sortant de l'impasse, en prenant l'initiative de choisir que vous ne serez plus une victime passive de votre relation houleuse, vous créerez une toute autre dynamique, du mystère, de la nouveauté et vous inspirerez votre partenaire. Votre ligne de pensée constructive et saine sera contagieuse pour tous ceux qui vous entourent et spécialement pour votre conjoint.

Lorsque vous changez, vous changez la balance entière de l'équation de votre couple. À tout le moins, vous jouirez d'une paix intérieure causée par le sentiment d'apporter de la fraîcheur dans votre couple. Adoptez et assimilez ces attitudes exceptionnellement bénéfiques. Ce sont des attitudes de gagnants et elles ont fait leurs preuves. Devenez un gagnant.

Attitude n° 1 à adopter dans votre couple : Avoir la charge de votre relation

Vous êtes entièrement responsable de votre relation de couple. Cette notion est peut-être complètement contraire à la conception que vous vous faites de votre relation, mais c'est la vérité. Vous vous demandez sans doute : « Comment puis-je être responsable de ma relation alors que mon partenaire est un parfait abruti ? Quelle idée saugrenue ! »

Je ne répéterai jamais assez ceci : avoir la charge de votre relation signifie que vous acceptez la responsabilité de créer les expériences que vous vivez dans celle-ci, que vous créez votre propre expérience. Vous êtes l'architecte de votre propre pensée. Vous choisissez les attitudes que vous adoptez dans votre couple. Vous choisissez les émotions et les sentiments qui contrôlent vos pensées. Vous choisissez comment vous agissez et comment vous réagissez avec votre partenaire. Vous avez la charge de votre relation. Vous en êtes à cent pour cent responsable.

En d'autres mots, cela signifie que jamais plus vous ne pourrez croire que vous êtes un martyre parce que votre partenaire est indigne de votre relation. Soyez honnête : vous avez sans doute la manie de vous plaindre continuellement et de jouer la victime. Mais j'insiste : ce temps est révolu. Dites adieu à cette manie, à cette attitude non constructive. Levez-vous et réclamez ce qui vous est dû.

Je sais que j'ai l'air de faire des pieds et des mains, de sauter littéralement sur place en abordant ce sujet. Mais je veux que vous saisissiez à quel point vous êtes en mesure d'influencer votre relation par votre attitude. Si vous arrêtez d'avoir une mentalité de malencontreuse victime dans votre approche relationnelle et que vous la remplacez par une mentalité positive et constructive de fonceur, vous verrez immédiatement des changements s'opérer dans votre relation amoureuse. Vous *pouvez* vous créer un dialogue interne sain, constructif et optimiste.

Avoir la charge de votre relation ne signifie pas que vous devez être fataliste en disant : « D'accord, j'ai entamé cette relation et elle s'est avérée un total fiasco. J'admets avoir commis des erreurs ; je les assume. » Vous n'acceptez pas la charge de votre relation en disant cela ; vous ne faites que vous plaindre.

Cette attitude implique que vous preniez immédiatement une position différente face à votre vie. Vous devez vous créer un nouveau mode de vie qui accroîtra le bien-être dans votre couple. À chaque jour de votre nouvelle vie, vous devriez pouvoir prendre plaisir à manœuvrer votre propre canot, à être maître de votre destinée. La question ici n'est pas de vous blâmer pour ce qu'a été votre passé, mais d'être votre propre gouvernail qui vous rendra à bon port dans le futur. Laissez-moi vous expliquer mon propos de la manière la plus confuse imaginable : cette attitude est la clé maîtresse de votre nouvelle vie. La seule solution est d'arrêter de vous considérer comme une victime : alors vous réaliserez que vous constituez une force puissante et influente au sein de votre relation. Votre couple moins que parfait ne sera plus une cause de désespoir. Il sera une occasion de vous servir de votre force intérieure. Les problèmes ne sont rien d'autre que des occasions de vous distinguer – et il est grand temps pour vous de le faire.

Laissez-moi vous donner un exemple de l'adoption de cette attitude dans votre vie. Lorsqu'un aspect de votre relation ne vous satisfait pas ou peu, votre première réaction ne devrait pas être de critiquer ou juger cet aspect ou votre partenaire – vous aurez amplement le temps pour le faire, si bien sûr cela est nécessaire. La première étape à suivre est d'évaluer ce que *vous* faites ou non pour créer cette insatisfaction.

En adoptant cette attitude dans votre couple, vous ne vous fâchez pas d'emblée lorsque votre partenaire est un retardataire chronique à des rendez-vous ou à des dîners. Vous évalueriez plutôt de manière franche et sincère ce que vous faites qui contribue à la récurrence de ce comportement chez votre partenaire. Quelle gratification lui procurez-vous ? Êtes vous indolent d'une certaine façon ? Laissez-vous votre partenaire croire qu'il peut profiter de vous ? Comment empêchez-vous le débat sur ce problème avec votre partenaire ? Que faites-vous pour permettre ce comportement à votre partenaire et que pouvez-vous faire pour l'amener à modifier celui-ci ? En jetant d'abord un regard sur vos propres comportements, plutôt que de lancer la première pierre à votre partenaire, vous concentrez vos efforts sur un élément que *vous* contrôlez.

Lorsque vous prenez la charge de votre relation, vous devez d'abord vous regarder dans le miroir. C'est par cette attitude que vous réaliserez finalement que, peu importe le comportement de votre partenaire, vous le provoquez, vous l'entretenez et vous le permettez d'une certaine façon. Votre partenaire ne fait pas qu'agir ; il réagit à vos comportements ou à votre inaction. Votre partenaire réagit à votre ton de voix ainsi qu'à votre discours. Je ne suggère pas que vous allez toujours apercevoir de belles choses en vous regardant dans le miroir. En devenant responsable, en acceptant votre responsabilité pour l'état de votre relation, il est certain que vous allez être exposé à des aspects de vous-même dont vous ne serez pas nécessairement fier. Vous devrez être honnête ; n'ignorez pas les comportements qui contaminent votre relation. Vous devrez vous résoudre à changer ces réalités, ces décisions et ces comportements qui ont miné votre relation par le passé. Devenir responsable peut-être très douloureux de prime abord, mais je vous promets que ce sera, par la suite, comme un baume purifiant pour vous et votre relation.

Maintenant, il est temps pour vous de passer aux actes, de reprendre la force intérieure que votre malhonnêteté vous a ravie. Lorsque vous aurez retrouvé cette force, la maturité qu'elle procure vous conférera un niveau de fonctionnement vous donnant une incroyable longueur d'avance sur ceux qui seront restés sourds à mon cri d'alarme ; ces personnes qui trébuchent sans cesse dans la vie en jouant les victimes. Laissez ces pauvres âmes à leur triste sort et se plaindre sur ce qui est hors de leur contrôle pendant que vous réclamez votre juste place en influençant ce qui est en votre pouvoir : vous-même. Voilà ce que signifie avoir la charge de votre relation. Lorsque vous prenez la responsabilité de votre relation, vous ne vous cachez pas de votre partenaire derrière la colère et la frustration. Vous décidez plutôt de procurer à votre partenaire des stimuli qui inspirent des réactions positives et constructives de sa part. En changeant les gratifications, vous changez les résultats. Vous n'envoyez plus le même message : vous dites haut et fort que vous n'êtes plus une victime et que vous êtes une personne compétente et déterminée à travailler d'arrache-pied pour améliorer l'état de votre relation intime.

En étant responsable, vous devenez un agent de changement. Et je suis convaincu que c'est exactement ce dont votre relation a besoin. Comme vous allez le constater dans les attitudes suivantes à adopter dans votre couple, tout ce que nous ferons à partir de maintenant aura pour but de maximiser votre pouvoir dans votre relation et de vous rendre de plus en plus honnête avec vous-même.

Ce n'est qu'en atteignant ces deux buts que vous pourrez commencer à effectuer des changements permanents et sains – non seulement dans votre couple, mais dans votre vie.

Attitude nº 2 à adopter dans votre couple : Accepter les risques de la vulnérabilité

Comme je l'ai mentionné dans le chapitre précédent, avoir peur d'opérer des changements qui comportent des risques n'est pas original et n'est pas non plus illogique. Tout changement idéologique ou comportemental risque d'engendrer une grande peur ou beaucoup d'anxiété, particulièrement lorsqu'il s'agit de renouer avec une personne qui nous a blessé dans le passé. La tendance d'évitement du risque est naturelle, mais elle ne vous sera d'aucune utilité dans votre couple. Vous devez prendre des risques et vous rappeler que vous n'êtes pas seul ; vous avez un partenaire et vous prendrez ces risques ensemble, étape par étape.

Malgré mon propos réconfortant, je suis persuadé que vous jouez présentement le jeu des « Et si… ». Et si je suis à nouveau trahi ? Et si je souffre encore ? Et si on profite du renouveau de mon optimisme pour me manipuler ?

C'est naturel de se poser ces questions. Vous qui avez été blessé ou qui avez été déçu par le passé, voulez naturellement prévenir la réapparition des sentiments douloureux provoqués par ces situations. Tout comme nous apprenons rapidement qu'il ne faut pas mettre ses doigts sur un four brûlant, nous tentons, de la même manière, de nous protéger de la souffrance émotionnelle. Tout comme vous retirez votre main du four brûlant, vous retirez votre cœur d'une relation pénible.

Mais si vous devez jouer à « Et si… », vous devez jouer le jeu jusqu'au bout ; c'est-à-dire, si vous vous demandez « Et si… », vous devez obligatoirement pousser jusqu'au bout ce questionnement. Et si votre partenaire réagit mal et vous fait de la peine ? La réponse réaliste à cette question n'est vraiment pas aussi désastreuse que ce que votre imagination fertile et pessimiste peut vous faire croire. Les monstres ne vivent pas à la clarté. Si vous « faites de la lumière » en répondant de manière réaliste à votre question, le monstre qu'est votre peur s'avère souvent une petite souris. En affrontant vos peurs, vous constaterez que vous êtes beaucoup plus courageux que vous ne croyez l'être et si les événements ne se déroulent pas aussi bien que prévu, vous n'en mourrez pas pour autant. Vous découvrirez également que la douleur créée par l'anticipation d'événements redoutés est presque toujours pire que la douleur réellement créée par ces événements – et ce, s'ils se déroulent vraiment.

D'ailleurs, la véritable réponse à la question est : « Si mon partenaire réagit négativement et s'il me blesse lorsque je m'ouvrirai à lui et que je recommencerai à me soucier de lui, je n'apprécierai pas cela, mais je survivrai. Je ramasserai mes billes et je continuerai mon chemin ou je les éparpillerai à nouveau pour recommencer la partie jusqu'à ce que je gagne. »

Cela ne fait aucun doute, se mettre dans une position qui implique une réouverture émotionnelle et du partage vous rend vulnérable. Se laisser espérer et rêver à nouveau nous rend vulnérable. Désirer aller à la rencontre de l'autre vous rend vulnérable. Mais vous savez comme moi que votre situation actuelle n'est pas sans douleur. En agissant, du moins, vous avez la chance d'obtenir ce que vous désirez au lieu de rester inerte à souffrir, sans chance d'obtenir quoi que ce soit. Ne pas prendre le risque, c'est vous perdre totalement ; et je ne vous le permettrai pas.

Je ne prône pas de risquer le tout pour le tout sans aucun égard pour les risques encourus. Je ne vous dis pas de vous exposer émotionnellement à un partenaire dangereux qui n'a pas mérité votre confiance. Je sais très bien que vous pouvez trouver cette ouverture émotionnelle extrêmement ardue. Je sais que vous avez peut-être vécu plusieurs peines d'amour, que vous avez été blessé ou déçu à de nombreuses reprises. Mais, je vous demande de croire que vous pouvez gérer tous les comportements de votre partenaire dans votre relation de couple. Vous devez vouloir ressentir des émotions à nouveau et croire que votre relation peut s'améliorer. Prenez un instant et considérez votre incroyable capacité de protection. Vivre seul derrière un mur émotionnel blindé ne va certainement pas sans une quelconque souffrance. Vous croyez peut-être que ce genre de souffrance est moins dangereuse car elle est familière et parce que vous avez le sentiment d'être en contrôle, mais elle n'en demeure pas moins une souffrance. Voici un portrait simple de votre réalité, vous n'avez que deux alternatives : vous pouvez rester derrière ce mur, sans la moindre possibilité d'amélioration ou de progression dans votre couple ou vous pouvez sortir de derrière ce mur, vous faire peut-être blesser, mais au moins vous aurez une chance d'obtenir ce que vous désirez dans votre couple.

De grâce, ne laissez pas la peur paralyser votre existence. Si vous vous sentez trop vulnérable, dites-vous simplement que ce processus de reconstruction de votre couple et ces attitudes à adopter dans celui-ci sont seulement une expérience que vous allez tenter durant les quelques semaines à venir. Je suis persuadé qu'avant la fin de votre « expérience », vous aurez tant de nouvelles idées et un discernement si accru que vous ne voudrez plus être contrôlé par vos anciennes peurs. Voyez les choses de cette façon : vos peurs ont été destructrices par le passé – probablement la plus grande force manipulatrice de votre existence. Elles vous ont empêché d'avancer. Si vous pouvez être amené si loin par la peur, imaginez tous les horizons qui s'ouvriront à vous sans elle.

Attitude n° 3 à adopter dans votre couple : Accepter votre partenaire

Le plus important besoin de tout un chacun, vous et votre partenaire inclus, est le besoin d'acceptation. La plus importante peur de tout un chacun, vous et votre partenaire inclus, est le rejet. Le besoin d'acceptation est si fondamental que je pourrais dire que la plupart, sinon tous les problèmes conflictuels dans une relation de couple, découlent à la source d'un besoin d'acceptation d'un des partenaires se sentant rejeté.

Ce message devrait donc être explicite. Votre principal but doit être de combler le besoin d'acceptation de votre partenaire. Si vous désirez vivre une relation paisible et satisfaisante, votre approche doit être l'ouverture d'esprit et l'acceptation de l'autre. Tout cela semble bien simple, n'est-ce pas ?

Mais ce qui pose un problème, c'est que, lorsque des difficultés surviennent dans votre couple, ce désir d'accepter l'autre est le premier à s'éclipser. Vous devenez instantanément fâché, vous vous mettez en colère, vous devenez frustré ; cela a pour résultat de faire sentir à votre partenaire que vous le rejetez. Et lorsque vous envoyez un tel message, celui du rejet, votre partenaire ne se sent plus du tout accepté dans la relation : il se rétractera ou exercera des représailles quelconques – la guerre est ouverte.

L'attitude d'acceptation est à la base du processus pour rétablir les liens avec l'être cher. Lorsque vous adoptez une attitude d'acceptation face à votre partenaire, vous lui déclarez que vous n'êtes pas nécessairement d'accord avec ce qu'il fait, mais que ce n'est pas la fin du monde ; vous ne sacrifierez pas votre couple pour ce désaccord et, plus important encore, la sécurité au sein de la relation sera préservée. Vous lui exprimez que, malgré vos différences de tempérament et de personnalité, malgré tout ce que vous voudriez qu'il soit ou ne soit pas dans certaines occasions, en définitive, vous l'acceptez pour ce qu'il est et vous serez toujours là pour lui.

J'espère que vous commencez à comprendre la puissante influence que vous pouvez avoir sur votre relation amoureuse. Il vous est possible de dire : « J'ai le pouvoir de ne pas faire ressentir à mon partenaire que je le rejette parce que nous ne sommes pas d'accord sur un sujet donné. Je peux agir de manière bienveillante de sorte que même si notre désaccord est vif, le message que je lui envoie n'est pas le rejet. Je peux réprimer mes anciennes attitudes, mes critiques excessives et mes jugements catégoriques, et choisir plutôt une attitude d'acceptation. »

De réels changements ne peuvent pas être effectués en continuant d'agir comme si vous n'aviez pas digéré certains comportements de votre partenaire, en entretenant vos frustrations, votre colère et vos déceptions, en étant excessivement perfectionniste. Vous devez avoir une approche bienveillante. Faites savoir à l'autre que vous êtes toujours un havre de paix, cet endroit sûr et chaleureux où il peut se réfugier. Si votre partenaire perçoit votre attitude bienveillante, il est extrêmement probable qu'il se rapprochera de vous. Lorsque deux partenaires se rapprochent l'un de l'autre plutôt que de se replier sur eux-mêmes pour ne pas souffrir, les chances de réconciliation sont nettement améliorées.

Je me demande souvent comment les relations problématiques se porteraient si les partenaires consacraient autant de temps et d'énergie émotionnelle à dénicher des aspects admirables chez l'autre plutôt que de consacrer cette énergie et ce temps à déterrer et à exposer ses lacunes. En ayant une approche d'acceptation, vous vous concentrez d'emblée sur ses qualités plutôt que sur ses défauts. Vous pouvez et vous allez choisir de

Sauvez votre couple

mettre l'emphase sur votre appréciation de l'autre au lieu de vous concentrer sur ce qu'il devrait changer.

Lutter contre l'ordre naturel n'engendrera que souffrance et douleur – et rien n'est plus naturel que de supporter et d'accepter votre partenaire. La souffrance causée par votre refus d'accepter votre partenaire est fort probablement plus pénible que la souffrance vécue lorsqu'il agit d'une manière qui vous déplaît.

Je vous demande simplement ici de vous détendre. Laissez à votre partenaire un espace pour respirer, ne crevez pas sa « bulle ». Il ne sera jamais parfait ; pas plus que vous d'ailleurs. Engagez-vous à approcher votre partenaire avec votre cœur, avec bienveillance. Je crois que vous serez stupéfait de ce que vous recevrez en retour.

Attitude n° 4 à adopter dans votre couple : Mettre l'emphase sur l'amitié

En plus d'accepter votre partenaire, une autre attitude fondamentale qui s'éclipse rapidement en situation de crise est celle d'être amical. En essence, vous oubliez d'agir amicalement avec votre partenaire.

Peut-être y a-t-il longtemps que vous avez cessé d'avoir cette attitude, mais vous et votre partenaire avez indéniablement été d'authentiques amis autrefois. Peu d'entre vous ont vécu un coup de foudre menant à une relation amoureuse spontanée. Vous étiez attirés l'un envers l'autre, vous vous trouviez charmants et vous trouviez que cette relation avait un potentiel amoureux – mais tout cela a commencé par l'amitié.

Vos activités étaient typiquement amicales. Rien de plus, rien de moins.

En tant qu'amis, vous vous supportiez et vous vous intéressiez aux goûts et aux activités de l'autre. Vous vous donniez le bénéfice du doute lors de vos conversations si des désaccords survenaient. Vous ne tentiez pas de découvrir le sens caché derrière ses propos. Vous vous esclaffiez ensemble. Vous vous taquiniez. Vous ne discutiez pas uniquement de vos problèmes. Vous n'approchiez pas l'autre avec une attitude qui signifiait : « Que peux-tu m'apporter aujourd'hui ? »

Puis, de cette amitié est née une relation de couple sérieuse ; une camaraderie authentique impliquant peu de bagage émotionnel s'est transformée en une relation intime beaucoup plus complexe. Dans la réalité complexe qu'une relation intime implique, l'importance et la portée des problèmes banals sont souvent disproportionnées. Plus votre sentiment amoureux est intense, plus vous avez le sentiment d'avoir investi dans la relation, plus vous souffrez lorsque surviennent des difficultés au sein de votre couple. Parfois, surtout pour ceux d'entre vous qui ont un travail éprouvant ou qui consacrent leur vie à leurs enfants, l'idée de prendre du temps pour être avec votre partenaire en tant qu'ami est la dernière chose qui vous viendrait en tête. Et, à mesure que le temps s'est écoulé, vous ne vous êtes plus fréquentés comme vous aviez l'habitude de le faire ; vous ne vous appelez plus au travail, vous ne trouvez plus cette petite étincelle chez l'autre qui vous enflammait tant lorsque votre vie semblait beaucoup moins compliquée. Selon toutes probabilités, tout ce qui vous a rapprochés en tant qu'amis n'est plus exploité dans votre relation présente.

D'ailleurs, cela ne fait aucun doute, les principes de l'amitié ont été abandonnés si des tensions et des situations conflictuelles se sont manifestées dans votre couple. Vous avez soudainement cru que vous deviez absolument combler des besoins plus profonds dans la relation ; vous vous êtes subitement retrouvé à une table de poker où la mise était devenue beaucoup trop élevée. Tout ce qui s'est déroulé entre vous et votre partenaire à partir de ce moment-là est devenu chargé de signification.

Si vous vivez une relation problématique aujourd'hui, vous comprenez nécessairement ce que je veux dire. Vous traitez sans doute de parfaits inconnus – des personnes dans lesquelles vous n'avez jamais rien investi du point de vue émotionnel – avec plus de respect et d'attention que vous traitez votre conjoint. Les plus simples démonstrations de respect et de gentillesse qui sont inhérentes à l'amitié ne sont probablement plus présentes dans votre relation de couple. Après plusieurs disputes et confrontations, vous avez tendance à oublier tout ce que vous admiriez et valorisiez chez votre partenaire pour ne prendre en compte que ses défauts.

Vous utilisez les traits que vous admiriez chez cette personne en tant qu'ami pour le dénigrer en tant que partenaire amoureux.

Je prends le risque d'affirmer que vos conversations et vos réflexions sont systématiquement dirigées et axées sur vos problèmes ; les manquements de l'un et de l'autre sont continuellement à l'ordre du jour. Même dans des relations solides et stables, trop de gens se concentrent sur les aspects négatifs afin, selon eux, d'améliorer l'état de celles-ci. Mais en insistant sur les points négatifs de votre relation, c'est-à-dire en négligeant l'amitié, il s'avère aisé d'oublier ce qui est bon et juste. J'insiste souvent sur ceci : en étant obnubilé par les problèmes dans une relation amoureuse, on ne peut qu'avoir une relation problématique. Si vous pouviez simplement retrouver l'énergie que vous investissiez lorsque vous n'étiez qu'amis, vous ne seriez plus affligé par le stress écrasant qu'engendrent la plupart de vos attitudes négatives.

Ainsi, pour avoir une bonne approche de votre relation, vous devez prendre du recul et évaluer la véritable gravité de vos problèmes et la peine qu'ils causent dans l'intimité de votre relation : concentrez vos forces à raviver l'amitié que vous chérissiez avec votre partenaire. Peu importe son degré de frustration en ce moment, vous êtes conscient que la personne que vous aimez a de la valeur, qu'elle peut se racheter et qu'elle est désireuse de se repentir. Vous devez prendre en considération ses qualités honorables, même si cela signifie revenir dans le temps et vous remémorer les premiers moments de votre relation – vous rappeler les traits de cette personne qui vous inspiraient respect et admiration. Ces traits étaient peut-être physiques ou psychologiques ; peu importe leur nature, ils vous ont attiré vers cette personne ou ils ont permis à cette personne de s'approcher de vous. Acceptez de reculer les aiguilles de l'horloge et de vous souvenir de ce qui a donné naissance à une amitié, amitié qui a donné naissance à votre relation intime actuelle. Si cela peut vous aider, regardez quelques vieilles photos ou vidéos et relisez les lettres d'amour que vous avez écrites ou qui vous ont été adressées. Remuez votre passé et retrouvez l'amitié qui a été la genèse de votre relation ; laissez votre attitude s'inspirer de cet état d'esprit ; condensez votre énergie ; ravivez cet état.

Si vous éprouvez de la difficulté à vous souvenir de ce sentiment amical ressenti jadis, vous n'avez qu'à observer vos comportements avec vos amis actuels. Considérez les conversations et les activités que vous partagez avec eux et tentez de vous remémorer les interactions similaires que vous aviez autrefois avec votre partenaire. Parliez-vous, vous et votre partenaire, de carrière ? De films ou d'émissions que vous aviez adorés ? Parliez-vous de personnes qui vous sont proches et de ce qui se passe dans leur vie ? Vous donniez-vous rendez-vous pour dîner ou alliez-vous prendre des marches matinales ou nocturnes ? Quels étaient les sentiments, les pensées, les conversations et les actions qui définissaient votre amitié ?

L'essence de l'amitié est plutôt simple. Les amis se traitent de manière positive et gratifiante. Ce qui leur procure une sensation agréable. Ils se disent : « Hé, c'était super. Il faut qu'on remette ça. » Conclusion : si les gens se sentent mieux avec eux-mêmes après vous avoir fréquenté, ils porteront une grande importance à votre compagnie. De plus, l'amitié implique la loyauté et des sacrifices mutuels. L'amitié signifie être là pour l'autre même lorsqu'il est bien plus facile de ne pas l'être. Un véritable ami, c'est la personne qui enfonce la porte pour vous aider lorsque tous les autres ne voulaient même pas approcher de l'immeuble parce que « ça sentait le roussi ». Un ami vous épaule dans l'adversité ; il ne vous critiquera jamais en public. L'amitié est une relation où le don est dominant. Un ami ne vous volera pas ; il ne prend pas, il donne et partage.

Vous rappelez-vous l'époque où vous n'aviez pas à défendre votre valeur personnelle, où vous étiez respecté ? Vous rappelez-vous un temps plus simple où les enjeux étaient bien moins importants ? Ne vous leurrez pas : une relation intime, solide et harmonieuse, nécessite le maintien d'une amitié authentique. Lorsqu'une relation amoureuse est bâtie sur une amitié réelle, non seulement elle est viable, mais elle est inévitable. En replaçant l'amitié dans votre relation, ses fondations seront inébranlables.

Attitude n° 5 à adopter dans votre couple : Rehausser l'estime de votre partenaire

Bon, vous avez accepté la charge de votre relation, vous avez décidé de prendre des risques, d'accepter votre partenaire tel qu'il est et d'être son ami. Sans problème, n'est-ce pas ? Vous en êtes capable. Vous pouvez faire ces efforts. « Alors Dr. Phil, est-ce tout ce que j'ai à faire ? »

Non, malheureusement. Ce n'est que le début. Il y a encore une autre attitude à adopter dans votre couple qui implique un changement significatif de votre manière d'interagir avec votre partenaire. C'est très bien d'être responsable, d'accepter et d'être amical, mais ces attitudes ne sont que les pierres fondatrices qui vous aideront à contribuer à votre relation au lieu de la contaminer. Comme mon professeur d'algèbre avait l'habitude de dire : « Ce sont des conditions nécessaires, mais elles ne sont pas suffisantes. »

Vous devez vous résoudre à interagir avec votre partenaire dans l'optique de protéger et de rehausser son estime personnelle. Il s'agit ici de donner vie à votre attitude d'acceptation par des actions qui attestent et certifient votre désir de voir croître votre conjoint. Vous devez promouvoir et favoriser l'estime personnelle de votre partenaire.

Le concept d'estime de soi est théoriquement compréhensible mais très difficile à rendre dans la pratique. Il s'avère particulièrement ardu de promouvoir l'estime de votre partenaire lorsque votre relation a été souillée par l'amertume, la colère, la frustration et le blâme. Comme vous l'avez compris par l'étude de la dernière attitude à adopter dans votre couple, il peut être aisé d'accepter votre partenaire et d'être son ami. Mais, pouvez-vous réellement vous discipliner à réprimer vos critiques, même si elles sont justifiées, pour plutôt faire en sorte de rehausser l'estime d'un partenaire qui vous a blessé ?

Ce dont je parle englobe et surpasse l'attitude d'acceptation dans un couple. Interagir de manière à protéger et à rehausser l'estime de votre partenaire par temps paisible est chose aisée. Face à un comportement irréprochable, cette attitude va de soi. Mais il est plus difficile de trouver le courage et l'inventivité d'adopter cette attitude lorsque l'orage se déchaîne, lorsque son comportement vous est devenu intolérable. Adopter cette attitude protectrice implique de trouver une manière de traiter votre partenaire dignement, en ne blessant pas son ego, sans pour autant vous miner ou brimer votre bien-être. Vous devez sauver la mise coûte que coûte.

Ce sera certainement un travail de longue haleine. Mais, soyez sûr que vos efforts seront justement récompensés. Cette attitude devra devenir votre ligne directrice ; vous devez absolument rester fidèle à cette approche. Efforcez-vous de valoriser l'estime de votre partenaire, de lui donner le meilleur de vous-même, de dompter vos comportements destructeurs et de remplir vos vies de joies et de satisfactions. Peu importe la perception que vous avez de votre partenaire en ce moment, obligez-vous à interagir avec lui de façon à ce qu'il se sente valorisé, à ce qu'il puisse assumer des responsabilités qui rehaussent son estime personnelle.

Plusieurs d'entre vous me diront : « Écoute-moi bien, McGraw, tu n'as aucune idée des actes lamentables que mon partenaire a commis. » Croyez-moi, je m'en doute. Mais à partir d'aujourd'hui, je ne veux plus qu'il y ait un moment où vos agissements dénigrent ou méprisent votre partenaire ; il doit pouvoir faire autrement que de se défendre ou avoir de mauvais comportements fondés sur la vengeance. Vous trouverez peut-être que je suis vieux jeu, mais votre partenaire doit se sentir « honoré ».

Ne vous méprenez pas, je n'insinue pas que vous devez ignorer ses défauts ou prendre la responsabilité de ses mauvaises actions. Je ne vous demanderai jamais d'excuser ses actes blessants, de vous résigner à accepter ses défauts. Vous n'êtes pas responsable des émotions qu'il ressent. C'est vrai, votre partenaire est responsable de ses émotions. En adoptant cette attitude, vous le responsabiliserez face à ses émotions. Vous l'aiderez grandement en mettant l'emphase sur ses vertus plutôt que sur ses défauts.

Dans une relation de couple satisfaisante, nous ne pouvons qu'être responsable de nos actes. Nous ne pouvons pas rester béat. Nous devons être confronté, nous méritons, de manière métaphorique, un bon coup de pied dans le derrière pour réaliser que nous nous comportons mal. Toutefois, lorsque vous protégez ou rehaussez l'estime personnelle de votre partenaire, il vivra différemment les conflits et réagira d'une autre façon à vos critiques. Au lieu de vous éviter ou de se venger, l'être cher sera beaucoup plus enclin à la réconciliation ; il se sentira calme et en confiance plutôt qu'irrité, plus coopérant et moins hargneux. Lors de conflits, la peur d'être intimidé est le pire sentiment à engendrer chez votre partenaire. Vous devez instaurer un climat de confiance dans votre couple. Votre partenaire ne doit pas se sentir intimidé ou croire qu'il risque d'être pulvérisé s'il s'affirme. Une fois que ce sentiment de sécurité régnera au sein de votre relation, la confiance entre vous sera inébranlable.

Même lorsque votre partenaire se comporte d'une manière irrévérencieuse – en hurlant, en abusant de l'alcool, en gaspillant de l'argent, en ne s'occupant pas des enfants ou en brisant ses engagements – vous pouvez lui faire comprendre, d'une manière sereine qui ne blesse pas son estime personnelle, que ses comportements vous déplaisent. Vous devriez, par exemple, user de ce genre de réplique : « Je ne peux et je ne vais pas tolérer ton comportement parce que je sais que tu vaux plus : ces actes sont indignes de toi. Je ne peux pas approuver cette attitude parce que je sais que tu peux faire mieux. Je ne te laisserai pas te dévaloriser. Tu peux réagir d'une manière plus saine et positive. J'exige que tu sois fidèle à ta valeur. »

Je vous demande de redoubler d'ardeur et d'accentuer vos critères d'excellence. Vous devez être fier de vos interactions avec votre partenaire. Peu importe la gravité de la situation, adoptez une approche qui suggère que vous ne traitez pas cette personne comme un moins que rien. En maximisant l'estime de votre partenaire, vous créerez un climat sain et accueillant dans votre relation, une toile de fond émotionnelle sereine qu'il ne voudra pas gâcher.

Attitude n° 6 à adopter dans votre couple : Utiliser l'énergie engendrée par vos frustrations à bon escient

Un homme sage et cynique a un jour dit que, tout ce dont nous pouvons être sûr dans la vie, c'est la mort et les impôts. Je crois qu'il a oublié plusieurs éléments à inscrire dans sa liste. Il aurait au moins dû y inscrire les frustrations de la vie. Que nous travaillions comme des forcenés ou que notre vie soit paisible, nous ressentirons inévitablement de profondes frustrations personnelles. Peut-être êtes-vous harcelé ou n'êtes-vous pas apprécié à votre juste valeur au travail, ce qui vous pousse à emmagasiner des émotions négatives dues à votre frustration. Peut-être vous êtes-vous arrêté chez votre mère en allant à l'église un dimanche matin et elle n'a fait que vous reprocher votre attitude et votre apparence. Peut-être vous êtes-vous pesé en sortant de la douche et la balance ne vous a pas apporté les nouvelles désirées.

Vous stockez probablement des tonnes de frustrations à chaque jour, à chaque semaine. Ces frustrations, infimes ou considérables, sont engendrées par une multitude de situations. Elles s'accumulent et s'amoncellent – et sur qui les déchargez-vous ? Votre partenaire. Le problème, c'est que l'être cher est une cible trop pratique pour le déchargement de vos frustrations, même s'il n'a rien à voir avec celles-ci.

Je n'affirme pas que vous lui faites consciemment subir l'évacuation de ce trop plein. Mais, même si votre attitude n'est pas intentionnelle, la souffrance et la douleur que vous faites subir par celle-ci n'en sont pas moins réelles. Vos attaques sont peut-être approvisionnées par un sentiment d'irritation généralisée ou, si vous êtes plus imaginatif, vous bâtissez de toutes pièces un motif rationnel pour vous libérer du poids écrasant de ces frustrations créées par votre travail, par votre mère ou par la lecture des données fournies par votre balance. Peu importe la source de vos frustrations, votre attitude est inévitablement écrasante pour votre partenaire. De plus, par ce comportement, vous enfreignez les directives de l'attitude n° 7 à adopter dans votre couple.

Adopter cette attitude nécessite une volonté de fer. Il est impératif d'identifier les sources de vos frustrations et de résister à la tentation impulsive de prendre votre partenaire comme bouc émissaire. Des recherches ont démontré que de rendre responsable une personne de circonstances sur lesquelles elle n'a aucun contrôle est la plus grande source de stress pour cet individu. Imaginez un instant qu'on vous tienne subitement responsable de la météo. Imaginez la frustration qu'engendrerait cette injuste situation alors que vous n'avez aucune influence sur les faits qu'on vous reproche. Qu'il fasse tempête ou que le climat soit clément, vous ne pouvez pas être tenu responsable de ces éléments. De même, est-il juste de transformer votre partenaire en bouc émissaire des frustrations dans votre vie ?

Je suis persuadé que vous n'avez pas besoin de renchérir, vous avez fort probablement assez de problèmes dans votre couple tel qu'il est. N'ajoutez pas à votre malheur en greffant ces frustrations externes à votre relation. Mais comme je l'ai souvent affirmé, vous ne pouvez pas changer ce que vous ne reconnaissez pas – et votre meilleur outil pour améliorer votre situation, c'est de reconnaître que vous transposez la plupart de votre colère et de votre frustration dans votre relation amoureuse. En canalisant logiquement l'énergie que vous dépensez en étant frustré, vous serez certain de ne pas régler des problèmes inexistants. Si un aspect de votre travail vous frustre, vous trouverez vraisemblablement la solution au problème dans votre milieu de travail. Si votre mère vous a frustré, il m'apparaît évident que vous réglerez la situation soit par vous-même ou par des interactions significatives avec votre mère ; non pas avec votre partenaire.

De plus, vous devez être particulièrement prudent lorsqu'un vague sentiment de frustration personnelle vous accable. En psychologie, on se sert souvent de ce vieux dicton : « Il y a quelque chose qui me tracasse à propos de moi chez cette personne. » Lorsque vous êtes en colère contre vous-même, il s'avère très tentant de critiquer votre partenaire à propos de ce qui vous tape sur les nerfs dans votre propre comportement. Par cette attitude, vous condamnez une innocente personne en l'attaquant pour vos propres faiblesses.

Mais, en reconnaissant que les critiques adressées à votre partenaire sont, en fait, dues à une frustration personnelle et condamnent vos propres défauts, telles l'incompétence, la morosité, l'irascibilité ou autre, vous transformerez dramatiquement la nature des interactions dans votre couple. Vous éliminerez la distorsion qui perturbe vos conversations. La résolution de vos problèmes sera facilitée parce que vous serez en mesure d'établir une association claire entre vos frustrations et leurs causes ; ce qui guidera positivement votre ligne de conduite. En adoptant cette approche, vous n'aliénerez plus votre source de soutien principale : votre partenaire. Pour ce faire, vous n'avez qu'à prendre du recul, vous regarder dans le miroir afin d'être certain que la situation qui vous fâche en ce moment ne prend pas sa source en vous-même. Aller à l'encontre de cette attitude n'est ni plus ni moins renier subtilement mais totalement vos responsabilités face à l'harmonie de votre couple.

Par cette nouvelle approche émotionnelle, qui implique d'abord une introspection sérieuse et une franchise émotionnelle, vous cesserez d'utiliser votre partenaire comme un dépotoir pour vos frustrations extérieures. Votre partenaire ne sera plus votre « ennemi de circonstance ». Vous ne pourrez plus nier la véritable cause de vos frustrations en ne reconnaissant pas les aspects négatifs de votre personnalité.

Je vous promets que ce changement d'attitude transformera du tout au tout les interactions avec votre partenaire et les problèmes dans votre couple ne seront plus que pacotilles. Il vous suffit de viser juste.

Attitude n° 7 à adopter dans votre couple : Être franc, ouvert et direct

Tout comme il se révèle dommageable pour votre couple de décharger, à mauvais escient, votre colère et vos frustrations sur votre partenaire, vous endommagerez tout autant celui-ci en ne donnant pas voix à vos sentiments les plus sincères. En n'exprimant pas ces sentiments, vous trahissez carrément la confiance de votre conjoint ; vous lui mentez impunément. En brouillant la communication dans le couple, en cachant votre jeu, vous causez bien plus de torts que vous ne pouvez l'imaginer.

Rien n'est plus frustrant qu'un discours incongru, qu'une relation où vous dites une chose et vous en faites une autre. J'ai vécu un incident il y a plusieurs années qui illustre très bien cette mauvaise approche dans un couple. Peu de temps après m'être marié, je revenais de l'école pour rejoindre ma femme, Robin, dans notre appartement. Elle était assise dans un coin, les jambes et les bras croisés, affichant un air renfrogné. Elle n'avait même pas daigné me jeter un regard ou m'adresser la parole. Étant jeune et

ne sachant que faire d'autre, j'étais passé à l'attaque en disant : « Hé !
Qu'est-ce qui ne va pas ? » Sa réponse fut aussi sèche et expéditive qu'une
gifle : « Rien du tout ! »

Je n'étais qu'étudiant en psychologie à l'époque, et, malgré mon état de
néophyte, je savais très bien que cette réponse n'était pas honnête. En fait,
mon interprétation de cette réponse de trois mots, « Rien du tout ! », était
plutôt : « Oui, j'ai un gros problème, mon grand, et ce problème, c'est
toi ! » Nous avions dû passer un interminable quarante-cinq minutes à faire
semblant que tout allait bien, que personne n'était brimé
émotionnellement. Les minutes s'étaient écoulées au compte-gouttes et je
n'avais pas arrêté de lui demander ce qui n'allait pas. Elle me répondait
toujours « Rien du tout ! ». Nous étions dans la même pièce, mais nous
aurions pu être à des centaines de kilomètres sans que cela ne change quoi
que ce soit à la situation. Ce qui me déstabilisait, c'est qu'elle et moi savions
pertinemment que sa réponse était malhonnête et nous rendait tous les
deux mal à l'aise.

Vous vous dites sûrement : « Phil, elle ne voulait simplement pas te
parler de ce qui la tracassait à ce moment. Tu aurais dû la laisser seule. »
Effectivement, cela aurait probablement été la meilleure attitude à adopter
étant donné les circonstances, mais je crois que je désirais avant tout une
réponse plus honnête de sa part : « Phil, je n'ai pas le goût de t'en parler
pour le moment, d'accord ? » J'aurais, bien entendu, respecté son souhait et
je lui aurais laissé l'espace qu'elle aurait réclamé. Cette attitude aurait été
franche et émotionnellement honnête. Nous aurions pu résoudre le
problème bien plus tôt et de manière sereine.

Nous avons tous droit à nos sentiments respectifs et nous devons les
vivre de manière responsable. Nous devons faire notre possible pour les
exprimer avec maturité et circonspection. Par sa nature, l'honnêteté dans
l'expression de vos sentiments doit être l'essence de la relation intime. Avoir
la charge de votre relation implique que vous ayez celle de vos sentiments.
En affirmant directement vos véritables sentiments à l'être cher, vous lui
confirmez votre sérieux et la grandeur de votre implication dans cette
relation.

C'est à nous, bien sûr, et à personne d'autre qu'incombe la décision d'aborder une discussion sur ce qui nous tracasse. Cependant, nous ne devons pas créer un déséquilibre dans notre couple par une attitude d'évitement. Il existe une grande différence entre prendre le temps de laisser retomber la poussière et adopter une attitude de fuite.

Si vous êtes fâché, vous ne pouvez pas demander à votre partenaire de gérer la situation si vous ne lui expliquez pas ce qui vous choque. En exprimant honnêtement vos sentiments, vous fondez votre relation sur l'intégrité plutôt que sur des mensonges qui apporteront inévitablement des déceptions.

Je dois avouer qu'il est plus aisé de le dire que de le faire. Nous avons tous tendance à devenir nerveux et sur la défensive lorsqu'il s'agit d'aborder des sujets chargés d'émotions. Il nous arrive, à l'occasion, de changer nos sentiments en une fraction de seconde pour réprimer nos véritables émotions. Le meilleur exemple de cette substitution d'émotion, c'est de se mettre en colère parce que cette émotion est plus sûre et toujours accessible. Je le répète, notre plus grande peur est d'être rejeté. Mais, au lieu de faire part à notre partenaire de cette peur, nous devenons colérique et agressif, nous nous fâchons pour sauver la mise. Essentiellement, nous attaquons notre partenaire avant qu'il ne puisse le faire. Nous le rejetons avant qu'il n'ait la possibilité de nous rejeter.

Je crois sincèrement que la grande majorité des colères ne sont que comédies, une couverture superficielle d'un sentiment plus profond. Elles se manifestent lorsque nous craignons de dévoiler ce que nous ressentons véritablement ; ce sentiment est la plupart du temps un mélange de douleurs, de peurs et de frustrations. Lorsque vous vous mettez en colère contre votre partenaire, même si cette émotion est celle que vous désirez vivre, j'affirme sans retenue que vous cachez vos véritables sentiments et, par conséquent, vous transgressez la ligne directrice de l'attitude nº7 à adopter dans votre couple. Ce n'est qu'en ayant le courage de déterrer les émotions qui se cachent sous votre colère que vous pourrez être intègre et honnête face à vos véritables sentiments.

Pour envisager votre couple avec une mentalité franche et avec une ouverture d'esprit appropriée, vous devrez d'abord procéder à une introspection en règle. Vous devez comprendre vos sentiments et en connaître les causes. Si vous ne cernez pas vos véritables sentiments et si vous ne les exprimez pas par la suite, vous contaminerez à coup sûr votre relation en fournissant à votre partenaire de fausses informations sur votre état émotionnel. Ayez le courage de vous remettre en question et de définir vos véritables émotions. Soyez réaliste sur votre situation pour être vrai avec votre partenaire. N'optez surtout pas pour une attitude défensive lorsqu'il tente de découvrir ce qui se cache derrière votre colère, lorsqu'il vous demande ce que vous éprouvez vraiment. Ne gâchez pas vos chances. Soyez assez introspectif et identifiez les réelles émotions qui se tapissent dans votre cœur.

En définitive, donnez-vous la permission de véritablement vivre vos émotions et soyez assez courageux pour leur donner la place qu'elles méritent. Exigez davantage de vous-même : éliminez les attitudes malhonnêtes telles la bouderie, la dérobade, la critique injustifiée et la minutie excessive. Tout comme vous ne devez pas mettre votre partenaire sur une fausse piste en étant malhonnête dans l'expression de vos sentiments, vous ne devez pas non plus lui permettre de vous dérouter, consciemment ou autrement, en ne s'occupant que du superficiel et en faisant fi de ce qui est significatif.

Attitude n° 8 à adopter dans votre couple : Être heureux plutôt qu'avoir raison

Ici encore, cette attitude nécessite un changement d'optique sur la vie en général et, plus précisément, un changement d'approche de votre relation. Vous devez décider d'être heureux plutôt que d'avoir raison. Avoir raison et réussir sont deux concepts tout à fait différents. Le seul critère à utiliser pour évaluer la justesse de votre comportement n'est pas sa rectitude mais son bon fonctionnement.

Vous êtes peut-être persuadé que certaines positions prévalant dans votre couple sont inébranlables parce qu'elles sont justes. Vous avez peut-être tout à fait raison, mais ces jugements de valeur ne sont pas nécessairement fonctionnels dans votre relation de couple. Ils vous feront peut-être échouer lamentablement. Je vous demande d'évaluer vos comportements dans votre couple en fondant cette évaluation sur les résultats que vos réflexions, vos sentiments et vos actions engendrent. Ces éléments vous apportent-ils des résultats souhaitables ? Si ce n'est pas le cas, changez-les. Faites ce qui fonctionne ; ne faites pas ce que vous croyez être juste.

J'ai eu à travailler avec un père et son fils qui m'ont beaucoup appris sur les enjeux que cette approche implique. J.B. était major sur une base militaire de l'armée de l'air et avait une attitude aussi flexible que la muraille de Chine. Darren, son fils de seize ans, était l'antithèse de son père. Les cheveux longs, des vêtements trop amples et une attitude incroyablement décontractée face à la vie en général.

J.B. voulait que son fils se coupe les cheveux, qu'il s'habille décemment et qu'il soit « correct ». J.B. fondait sa requête sur la théorie suivante : il était son père et aussi longtemps que Darren resterait sous son toit, qu'il mangerait sa nourriture et qu'il dépenserait son argent, il aurait le droit de lui dire quoi faire et comment le faire. J.B. avait raison. Selon les lois de notre société et nos coutumes, il avait effectivement le « droit » d'exiger un certain comportement de son fils. Mais, ce que J.B. considérait « bien » pour son fils ne fonctionnait pas pour lui. Par son approche, il n'était pas un bon père et, par conséquent, il n'était pas satisfait de lui-même. Leurs attitudes minaient dangereusement leur relation. Une guerre de pouvoir faisait rage.

Il me ferait plaisir de vous dire que j'ai accompli un merveilleux travail de thérapie et que cette histoire s'est bien terminée. Mais deux semaines après notre première rencontre, Darren jouait un match de basket-ball, un sport dans lequel il excellait depuis son tout jeune âge. Dans le dernier quart de jeu de cette partie extrêmement serrée, Darren, le meilleur compteur de son équipe, effectuait une montée effrénée vers le panier adverse. Au milieu du terrain, il perdit étrangement l'équilibre et s'affala violemment sur le sol. L'autopsie révéla qu'il était mort avant de toucher terre. Elle révéla également que Darren avait une déformation cardiaque congénitale qu'on n'avait pas diagnostiquée avant l'incident tragique. Son père avait refusé catégoriquement que les employés des pompes funèbres lui taillent les cheveux et l'exposent dans un complet. Il fut enterré les cheveux flottants et dans ses habits bouffants.

J.B. ne se blâme pas pour la mort de son fils, mais je vous avoue, pour lui avoir parlé fréquemment après le décès de Darren, qu'il s'en veut d'avoir gâché leur bonheur par son envie obsessionnelle d'avoir raison, sous prétexte d'être « juste et bon ». Ils auraient facilement pu être heureux, mais J.B. avait plutôt choisi d'édicter et de faire respecter des jugements de valeur superflus. Je ne crois pas qu'il se soucierait de qui a raison et de qui a tort s'il pouvait revoir son fils à nouveau.

Pensez à toutes les situations où vous avez décidé d'avoir raison plutôt que d'être heureux. Que ce soit dans les discussions ou dans l'éducation des enfants, dans la gestion des finances ou dans les comportements avec la belle-famille, vous devez adopter une attitude qui génère un sentiment de satisfaction, une sensation de bien-être, plutôt que la sensation passagère et puérile d'avoir gagné un « combat idéologique ». En n'incorporant pas ce principe comportemental, vous remporterez probablement beaucoup de batailles, mais vous perdrez certainement la guerre. Soyons sérieux : que vous soyez un homme ou une femme, ne croyez pas que vous aidez votre couple en forçant votre partenaire à se soumettre. Rappelez-vous lorsque vous-même avez été humilié ; pensiez-vous tirer de bonnes leçons de cette humiliation ? Non, votre sentiment du moment était, selon toutes probabilités, l'amertume et le ressentiment – ou peut-être un sentiment encore plus négatif. Ne croyez pas une seule seconde que vous obtiendrez de meilleurs résultats parce que vous avez le gros bout du bâton dans ce genre d'affrontement. Plus vous vous battrez, plus vous lutterez, plus les pertes seront grandes.

Je crois que je peux presque vous entendre dire : « Une minute Phil, que veux-tu dire ? Dois-je réellement laisser mon partenaire agir comme un salaud – ou dois-je lui permettre de me sermonner même si nous savons tous les deux que j'ai raison ? »

Bien sûr que non. Je ne vous demande pas d'être doux comme un agneau, de vous traîner péniblement les pieds et de manger dans la main de votre partenaire. Je ne vous dis pas d'éviter les confrontations inévitables et nécessaires dans votre couple, de ne pas vous affirmer en faisant remarquer à votre partenaire les comportements qui nuisent à votre relation.

Cependant, vous devez comprendre que le but de cette attitude doit être de rendre votre partenaire heureux en faisant ce qui fonctionne, non pas de le harceler en tentant de lui prouver que vous avez raison et qu'il a tort. Par exemple, vous n'êtes pas obligé de vous mettre en colère à chaque fois que vous avez des raisons valables de le faire. Vous n'avez pas à sermonner ou à réprimander votre partenaire parce qu'il vous le permet. Vous n'avez pas l'obligation de réaffirmer encore et encore que vous savez de quoi vous parlez et que votre partenaire pellette des nuages. Vous devez plutôt être tolérant, compréhensif, compatissant ou adopter toute autre attitude ne menant pas à l'escalade des hostilités dans votre relation.

Supposons que votre partenaire crée invariablement des problèmes dans ces relations parce qu'il est trop contrôlant et trop peu raisonnable. Si, au lieu de le rabrouer constamment pour le convaincre que votre analyse de son comportement est on ne peut plus juste, vous décidiez simplement de changer complètement d'approche ? Et si vous décidiez de lui faire valoir le côté affectueux et compréhensif de votre personnalité au lieu de le rabattre sans cesse en soulignant ses comportements destructeurs ? Et si vous adoptiez une approche empreinte d'ouverture et chaleureuse en lui offrant votre amour, en montrant l'enthousiasme et la joie que vous procure sa compagnie ? Peut-être changerait-il son attitude malsaine. Peut-être réévaluerait-il ses comportements et son approche. Vous n'avez pas à faire croire à votre partenaire que vous avez tort pour changer l'ambiance dans votre relation. Vous n'avez qu'à inspirer l'être cher plutôt que de le confronter.

Vous pouvez être certain que personne ne sort gagnant d'une relation où l'un des partenaires tente d'avoir raison à tout prix ou agit en dominateur ; tout est à perdre.

Je me rappelle m'être disputé avec ma femme et je croyais avoir le dessus lors de cette confrontation. Le poids de mes arguments écrasait littéralement les siens et il était certain que j'allais sortir vainqueur de cette échauffourée. Vive moi ! Puis, soudainement, elle s'est tue. L'émotion lui avait coupé le souffle et, avec un regard froid et déconcertant, elle m'a dit : « Tu as raison. Tu as toujours raison. Comment ai-je pu être si bête ? »

N'étant pas complètement stupide, j'avais bien compris que le vin tournait au vinaigre. J'avais d'emblée tenté de réparer les pots cassés en lui disant : « Non, attends. Je veux entendre ce que tu as à dire ; dis-moi ce que tu en penses. » Ce à quoi elle avait répondu : « Non, ça va. Tu as raison, sérieusement. Je ne sais pas ce qui m'est passé par la tête. » Puis elle était sortie de la pièce, la tête haute, en faisant sèchement claquer la porte. Je savais que j'avais gagné la bataille, mais j'étais tout sauf heureux. J'avais le goût de bondir et de dire : « Non ! Attends, je ne veux plus gagner. Reprenons la discussion. Je ne veux pas avoir raison, je veux être heureux. » Je me rappelle avoir pensé que je payerais cher cette altercation.

Si vous n'adoptez pas une attitude positive dans votre couple, vous vous noierez assurément dans le torrent d'une droiture arbitraire, d'une justesse fabriquée de toutes pièces. Pour vous, être juste n'est qu'une façon d'être en sécurité. Cela vous préserve des risques qu'impliquent des changements d'attitude dans votre relation. Vous n'avez qu'une corde à votre arc et ce n'est certainement pas en étant borné et obnubilé par votre besoin d'avoir raison qui vous permettra de jouer avec des flèches.

Vous pousserez cette manie jusqu'aux limites du supportable si vous ne considérez pas que votre partenaire reconnaît la justesse de vos comportements, de vos réflexions et de vos sentiments. De croire que vous êtes toujours dans votre bon droit fait en sorte que, lorsque vous avez raison, lorsque votre partenaire a été irrespectueux envers vous et tente de se racheter, il ne peut le faire.

Il arrive souvent qu'un des partenaires crée un problème dans le couple en commettant un acte d'une insensibilité flagrante. Le partenaire blessé préférerait peut-être que l'autre soit révérencieux et s'excuse sincèrement. Bien que ce comportement soit souhaitable et logique, ce n'est peut-être pas le style du partenaire qui a commis les actes reprochés. J'ai si souvent vu des partenaires fautifs faire des blagues ou offrir des excuses modestes cousues d'humour telles que : « Eh bien ! j'espère qu'il y a assez de place pour moi et Fido dans la niche. » Et en guise de réponse il recevait ce qui suit : « C'est ça, tu tournes toujours tout à la rigolade. Tu trouves ça drôle, n'est-ce pas ? Qu'est-ce que tu fais de mes sentiments ; comme si j'avais le goût de rire. »

Ce qui rajoute un sentiment de rejet à la culpabilité déjà ressentie par l'autre. Pour une fois, j'aimerais entendre le partenaire honteux de ses actes dire : « Non, je ne crois pas que la situation est amusante. Je suis seulement très embarrassé d'avoir agi si stupidement et j'essaye de détendre un peu l'atmosphère afin d'être plus à l'aise pour me racheter. Je suis désolé de ne pas être capable d'agir comme tu le désires. »

Comme je vous l'ai fait remarquer tout à l'heure, ce ne sont pas les circonstances qui déterminent l'état de votre relation, mais bien comment vous gérez celles-ci. Si vous et votre partenaire êtes indulgents et si vous êtes enclins à permettre à l'autre de minimiser les hostilités, tout ira mieux dans votre relation. Si vous agissez en carnivore en dévorant votre partenaire pour sortir victorieux, vous étoufferez à coup sûr tout espoir d'amélioration.

En décidant d'être heureux plutôt que d'avoir raison, vous serez ouvert aux tentatives de minimiser les dégâts de votre partenaire pour rétablir le civisme entre vous deux.

Attitude n° 9 à adopter dans votre couple : Transcender les problèmes dans votre relation

Je sais que certains thérapeutes et auteurs prônent qu'une relation de couple exceptionnelle en est une où aucun conflit ne règne. De grâce, nous sommes humains ! Dans les couples que j'ai rencontrés au fil des années, pas un seul n'avait jamais connu de périodes troubles, pas un seul pouvait témoigner d'une parfaite entente éternelle. Il est impossible que la rencontre de deux êtres humains soit dénuée de problèmes dans le quotidien.

Lorsqu'il est question de relation de couple, la question n'est pas de savoir si oui ou non il y aura des temps durs. Il y aura nécessairement des disputes et de l'adversité entre vous et votre partenaire ; ces heurts auront inévitablement un impact sur votre relation. La question est : Quels impacts auront-ils sur elle ?

Il n'existe pas d'exception à cette règle. Elle ne touche pas uniquement les gens dont les vies sont déjà remplies d'amertume et de mépris ; même ceux d'entre vous qui se réveillent à chaque matin en espérant profiter du meilleur de leur relation vont nécessairement rencontrer des obstacles à ce désir qui les honore. Vous allez occasionnellement perdre le contrôle de vos moyens, devenir déstabilisé, entretenir des pensées négatives ou même apocalyptiques, broyer du noir. Ce sont des impulsions humaines naturelles ; n'allez donc croire aucun thérapeute qui affirme le contraire. Pensez simplement au nombre de fois où un automobiliste vous coupe le chemin et où vous vous dites : « Je lui passerais volontiers sur le corps, ce salaud. » Soyez franc : vous avez parfois la même réaction lorsque votre partenaire vous met en furie. Avouez que vous avez, à l'occasion, une petite pensée qui vous trotte derrière la tête : « J'aimerais expulser cette personne de ma vie. »

Vous connaissez sans doute des gens qui mettent leur couple sur la corde raide à chaque fois qu'un problème survient. Dans ces situations, les ultimatums abondent et le couple risque d'être définitivement condamné. Avez-vous déjà entendu ou dit les phrases suivantes :

« Je déteste quand tu agis ainsi. Je n'en peux plus. »

« Soit tu arrêtes, soit je m'en vais. »

« Si tu penses que je suis une si mauvaise personne, pourquoi ne me quittes-tu pas sur-le-champ ? »

« Ça ne va plus. Va appeler tes avocats qu'on en finisse. »

Vous tenez ce genre de discours parce que vous avez peur, parce que vous ne vous sentez pas en sécurité et parce que vous êtes fâché de n'être pas écouté. Mais ce n'est pas du tout ce que vous exprimez. Dans ces moments, le désespoir peut vous envahir en un éclair. Vous vous débattez comme si votre vie était menacée. Votre jugement se brouille et vous perdez votre dignité ; vous ne formulez que des menaces. Vous vous ruez vers la porte de sortie et vous hurlez : « C'est fini ! Tu ne me toucheras plus jamais ! »

Laissez-moi vous dire que cette situation peut facilement tourner au carnage. Vous avez appuyé sur le bouton panique créant ainsi des dommages irréparables dans votre couple qui s'accumuleront et rendront presque impossible la résolution de nouveaux problèmes. Votre partenaire se rappellera inévitablement, lors des prochaines disputes, votre réaction inflexible et il sera probablement aussi impitoyable que vous l'avez été. Si vous ne faites pas attention, si vous ne transcendez pas les problèmes, les défis et les ennuis de la vie quotidienne, vous condamnerez votre couple.

Bien sûr, vous vous réconciliez le lendemain par une tonne d'excuses et vous pensez : « Bon, tout va bien, c'est du passé. » Mais, cet incident laissera des traces. Lors de votre prochaine dispute, vous allez vous remémorer les réactions désastreuses de l'autre. Votre partenaire déclenchera peut-être le détonateur avant vous par pure vengeance dans le but d'avoir le dessus sur le duel qui s'ensuivra.

Adopter une attitude transcendante signifie faire le serment d'éviter d'employer la menace comme levier pour manipuler votre partenaire. Ne mettez pas votre couple en péril à chaque fois qu'une confrontation survient, peu importe l'importance du sujet. Permettez-vous d'être en désaccord et donnez-vous la permission de l'exprimer avec ardeur – mais l'enjeu de ce désaccord ne devrait jamais être votre couple. Faites en sorte que votre relation soit juchée si haut dans l'arbre que, malgré l'acharnement des bêtes qui la menacent, elle sera toujours en sécurité, rien ne pourra l'atteindre.

Considérer votre relation comme une entité inviolable et sacrée vous apportera un grand sentiment de liberté mutuelle et vous allégerez ainsi votre fardeau de problèmes. Éliminez la fausse impression d'urgence qui vous guide dans la perception de votre couple. En ayant tous les deux la certitude qu'aucune menace ne sera utilisée lors de conflits, vous diminuerez grandement la pression qui oppresse vos vies respectives. Lorsque vous réaliserez que, même si votre partenaire est furieux, le ciel ne vous tombera pas sur la tête, vous interagirez plus calmement et dans une position assurée.

Je ne vous impose pas ici un mode d'emploi pour disputes. Tous les couples, avec le temps, développent leur propre style de confrontations. Il est certain que beaucoup de gens aiment se quereller parce que cela leur permet de libérer la vapeur et de stimuler leur passion. C'est bien. Cependant je vous dis qu'il existe des limites à ne pas franchir. Même si vous avez à vous mordre littéralement la langue, vous devez vous retirer de la confrontation avant qu'elle ne tourne au drame, avant qu'elle ne devienne une menace pour votre couple. Des limites doivent être définies au préalable et respectées par la suite par vous et votre partenaire afin que personne ne s'aventure en terrain dangereux lors de discussions envenimées. Vous devez placer votre relation de couple hors d'atteinte des problèmes. Vous devez la dissocier des situations problématiques pour qu'elle n'en subisse plus les séquelles. Cette attitude vous conférera un contrôle supérieur sur votre vie parce que menacer votre relation ne sera plus une option possible. En respectant cette approche, vous ferez une immense progression dans le processus de reconstruction des liens avec votre partenaire.

Attitude n° 10 à adopter dans votre couple : Donner vie à vos émotions

Il devrait vous apparaître évident à présent que, en incorporant ces attitudes dans votre vie, je souhaite que vous considériez votre relation comme une chose aussi rare que précieuse sur laquelle vous devez travailler sans relâche. Prenez l'initiative d'offrir à votre partenaire les stimuli les plus positifs possibles. Cette attitude implique que vous maximisiez vos qualités dans l'espoir de rehausser le niveau d'interaction dans votre couple.

En refusant de vous laisser entraîner dans des interactions haineuses ou gouvernées par des émotions hideuses, vous pouvez et vous allez créer un environnement où les comportements malsains de votre partenaire n'auront pas leur place, où il n'auront pas lieu d'être. Vous lui offrirez ce que vous avez de meilleur en refusant la médiocrité et en exigeant une relation de première classe. Vous ne pouvez plus accepter de vivre en deuxième classe avec votre partenaire. L'ambivalence ne doit plus faire partie de votre vocabulaire. Rayez la passivité de votre répertoire comportemental ; rayez la haine de vos options émotionnelles. Vous devez élever vos critères d'excellence à un niveau sans précédent pour ensuite tenter, avec une détermination tenace, de les surpasser.

Cette attitude nécessite que vous vous dépassiez. Avoir de bonnes intentions ne suffira pas. Donnez vie à vos émotions. À chaque jour, dans toutes les étapes que vous devrez franchir dans votre relation, vous devez vous demander : « Mes paroles et mes actes nous rapprochent-ils ou nous éloignent-ils l'un de l'autre ? » À chaque jour, dans toutes les étapes de votre relation, vous devez vous demander : « Mon comportement aide-t-il au développement de nouvelles façons d'être en couple ou nous garde-t-il prisonniers de nos vieilles manies ? »

J'ai observé le même phénomène chez des centaines de divorcés. Les hommes et les femmes divorcés, après six mois à une année de séparation, semblent avoir complètement changé ; ils ne sont plus les mêmes. Ces réfugiés, évincés de leur relation de couple, ont soudainement repris goût à la vie, retrouvé une énergie qu'ils croyaient disparue.

Vous avez sûrement remarqué ce genre de « métamorphose » chez les gens et, comme moi, vous avez pensé que la raison de leur nouvelle attitude était simplement qu'ils avaient mis fin à une relation minable. Mais mon point de vue a totalement changé avec le temps et les séances de thérapie. En réalité, ces réfugiés, après avoir perdu gros en amour, se ressaisissent et décident de rafraîchir leur « numéro ». Ils étaient devenus apathiques dans leur relation de couple et les seuls efforts qu'ils déployaient étaient mal intentionnés. Puis ils ont goûté à l'échec amoureux. C'est alors qu'ils ont réalisé le besoin urgent d'apporter des changements dans leur vie. Mis devant l'évidence, ils ont perdu vingt, trente ou cent livres, se sont inscrits à un programme d'entraînement, ont développé de nouveaux intérêts et ont entrepris d'autres activités qui les ont rendus plus attrayants qu'apathiques. Mais ce qui m'attriste dans ce phénomène, c'est qu'ils auraient très bien pu effectuer ces changements lorsqu'ils étaient encore en couple ; cette relation n'aurait probablement pas péri. Il aurait suffi de remplacer l'apathie par l'action, l'inertie par la curiosité. Ils n'avaient qu'à donner vie à leur relation.

Voilà ce que vous devez faire. Vous devez redéfinir le concept de l'amour comme une attitude où l'action est de mise : votre amour doit être proactif. Contrairement à tous ceux qui se laissent consumer par une conception négative de leur relation, qui n'ont que de piètres attentes vis-à-vis de celle-ci, vous devez exiger davantage de vous-même et de votre relation.

Je ne vous parle pas de perfectionnisme, mais bien de fierté, la grande fierté que vous devez tirer des interactions avec votre partenaire. Le vieux dicton, « la familiarité engendre le mépris » est malheureusement juste. Lorsque nous devenons trop familier avec une personne, nous sommes souvent plus enclin à négliger cette relation ; nous devenons rapidement indiscipliné. Pensez-y : lorsque vous tentiez de conquérir votre partenaire, vous avez tenté de l'impressionner de toutes les manières possibles. Vous n'y alliez pas de main morte. Votre apparence était toujours soignée et vous choisissiez minutieusement vos vêtements, vous souriez et tentiez le plus possible de faire bonne impression. Votre discours était orienté de manière, du moins vous l'espériez, à mettre en valeur les bons côtés de votre personnalité.

Ayant grandi avec trois sœurs, j'ai fréquemment eu l'occasion d'assister au rituel de la séduction. Mes sœurs, par exemple, n'auraient jamais envisagé de manger devant un prétendant, même si elles étaient affamées. Pourquoi ? Parce que, selon elles, cela aurait été mal vu. Mes sœurs, toutes mariées et visiblement beaucoup moins préoccupées de leur apparence, se battraient jusqu'à saigner leurs conjoints pour s'empiffrer de la dernière cuisse de poulet.

Comparez votre sensibilité des premiers temps avec votre comportement actuel dans votre relation. Je suis persuadé que vous ne faites pas preuve d'autant de considération dans vos paroles et dans vos actes qu'au début de cette relation. Je suis prêt à affirmer sans le moindre doute que vous laissez voir à votre partenaire des aspects de votre personnalité qu'à l'époque vous n'auriez voulu exposer quitte à mettre en péril votre vie. Bien entendu, c'est dans notre nature de devenir tous mollassons lorsque nous sommes confortables et stables dans une situation quelconque – et à un certain niveau, cette attitude est saine. Il n'est pas normal que vous ayez à donner une performance quotidienne sous les projecteurs. Cependant, à mesure que cette stabilité s'établit, nous avons tendance à nous satisfaire de peu et à devenir de plus en plus méprisants. En d'autres mots, nous ne ressentons plus le besoin d'impressionner l'autre. Après tout, une relation stable a déjà été établie et la séduction n'a plus lieu d'être.

Il est évident que vous pouvez être cordial, chaleureux et offrir des sourires factices à votre partenaire lorsque vous recevez de la visite. Mais l'attitude que vous adoptez derrière des portes fermées est le miroir de la qualité et du vrai visage de votre personnalité. Pour sûr, dans l'intimité de votre couple, cette baisse de qualité d'interactions peut sembler inoffensive au premier abord. Mais ce qui en résulte peut être très déchirant ; ce n'est pas seulement une redéfinition de vos critères d'excellence qui s'opère, mais un changement de mentalité entraînant des émotions indésirables. Lorsque nous devenons autosuffisant dans une relation de couple, nous nous permettons souvent d'être volage dans nos émotions. Au lieu de nous comporter de la meilleure façon possible et de discipliner nos émotions, nous nous disons : « Et puis merde ! Je suis furieux et tassez-vous de mon chemin. »

Quelle ironie ! Vous agissez avec tellement plus de tact dans des relations futiles et superficielles que vous ne le faites dans celles qui importent vraiment. Vous n'oseriez jamais ne pas saluer les personnes avec qui vous travaillez, mais vous rentrez à la maison en offrant un grognement méprisant à votre partenaire en guise de salut. Vous n'oseriez jamais assister à une fête de bureau en méprisant vos confrères, mais vous vous permettez de grimper dans les rideaux, de vider votre sac émotionnel sur votre partenaire simplement parce que vous vous êtes octroyé le droit de le faire. La personne que vous affirmiez aimer plus que tout au monde ne mérite même plus les rudiments de civisme lors de vos activités quotidiennes ? La politesse, vous connaissez ? Merci beaucoup, s'il vous plaît, cela m'a fait plaisir, etc. Vous ne prenez même plus la peine de demander : « Comment vas-tu ? ou Tu vas bien ? » Lorsqu'une dispute éclate, vous perdez facilement votre sang-froid et la colère s'empare rapidement de vous. Le sang vous monte à la tête et vos remarques deviennent humiliantes.

Eh bien, tout cela est terminé, la cloche qui signale la fin du combat a sonné. Engagez-vous, je vous en conjure, à mettre un terme à toutes ces altercations grossières impossibles à clore. Dès lors, même lorsque vous vous trouvez dans l'intimité, vous devez vous comporter comme si le monde entier vous observait, comme si tout ce que vous allez dire sera retransmis dans le bulletin de nouvelles de fin de soirée. En gardant cette idée en tête, votre comportement respectera des critères de qualité qui vous permettront de jouer dans les grandes ligues.

Votre partenaire bénéficiera assurément de ces nouvelles normes d'excellence. En adoptant cette attitude, vous sortirez également votre relation du bourbier dans lequel elle moisit présentement. Mais encore plus important, vous serez le plus gros bénéficiaire de ce changement d'attitude. De plus, vous serez certain d'avoir en tout temps agi dans la plus grande dignité, avec une approche généreuse et irréprochable.

Mon plus grand désir est que ces attitudes, une fois adoptées et appliquées à votre couple, vous amènent à prendre des décisions de vie. Ces décisions de vie sont les plus importantes décisions que vous pouvez prendre ; ce sont elles qui vous définissent. En prenant une décision de cette sorte, le débat est terminé. Elles ne se rediscutent pas et on ne peut les remettre en question. Elles se prennent dans votre cœur et elles y restent ; ce sont des convictions inébranlables.

Par exemple, certaines de ces décisions les plus élémentaires sont : je ne tricherai ou ne mentirai pas pour avoir le dessus ; je ne volerai pas les biens d'autrui ou ce qui ne m'est pas dû ; je ne serai pas méchant avec mes enfants ou des animaux sans défense ; je respecterai les personnes âgées.

Vous devez prendre la décision de vie d'adopter ces dix attitudes, de les mettre en pratique dans votre couple et d'en faire une façon de vivre. Il est certain que, non seulement vous observerez des changements surprenants dans votre manière d'interagir avec toutes les personnes que vous fréquentez, mais vous aurez une toute autre perception de vous-même.

Étudiez minutieusement chacune de ces attitudes. Considérez-les comme la nouvelle fondation sur laquelle vous bâtirez vos pensées et vos sentiments. En érigeant votre futur sur ces fondations, le noyau de votre conscience deviendra la balise de votre vie, un fanal qui éclairera votre cheminement vers le succès.

Et soyez ravi de ce qui se développe en vous en ce moment. Jusqu'à présent, vous avez probablement considéré votre vie et votre relation comme un immeuble aux fenêtres briquetées où l'on vous a enfermé. Le briquetage des fenêtres vous a empêché d'avoir une juste perception de votre environnement. Derrière ces murs, la vie vous paraissait sombre et peu hospitalière. Il est temps pour vous de sortir, d'abandonner l'immeuble, d'éliminer votre mentalité pessimiste pour embrasser un meilleur mode de vie.

En effet, vous êtes sur le point de reconstruire une relation qui sera forte en émotions et en sensations ; vous recréerez un endroit sûr où vous pourrez vous réfugier. Vous êtes également sur le point d'entreprendre une nouvelle vie, une vie qui honore l'amour présent dans le cœur de chacun de vous. Prenez le temps de relire chacune de ces attitudes à adopter dans votre couple. Mettez-les sur papier. Affichez-les sur la porte de votre réfrigérateur ou sur le miroir de votre chambre de bain. Puis, gravez-les dans votre cœur.

chapitre six

LA FORMULE DU SUCCÈS

Ne croyez pas qu'il est possible de résumer la réussite d'une vie par une phrase courte, mignonne et complaisante. Je ne crois pas que la solution à vos problèmes peut s'inscrire sur un autocollant à apposer sur votre réfrigérateur. Détrompez-vous, il n'existe pas de solution miracle : ce n'est qu'un autre mythe qui a mené trop de couples à la chute. Si vous voulez vraiment obtenir des résultats satisfaisants, vous devrez redoubler d'ardeur et faire des efforts substantiels ; une relation de qualité se mérite.

D'ailleurs, il existe une formule simple mais extrêmement efficace qui peut redonner un souffle vital à votre couple. La Fontaine de Jouvence est à votre portée. Cependant, cette formule est aussi simple à comprendre qu'elle peut être difficile à mettre en pratique.

Par contre, avant de vous livrer la marchandise, nous devons parler sérieusement. Si vous avez fait une lecture rapide et inattentive des chapitres précédents, si vous avez utilisé ce livre comme sédatif ou si vous avez lu le texte sans y mettre la sueur du travail, vous ne serez pas en mesure d'appliquer la formule du succès. Mais soyez certain que le chemin le plus court entre les points A et B n'est pas nécessairement un parcours qu'il faut franchir à la hâte. Si vous n'avez pas compris le propos de ce livre – si vous n'avez pas permis à mon message de s'infiltrer dans votre moelle épinière – je vous assure que cette formule sera inutile. Êtes-vous sérieusement prêt pour ce qui suit ? Faites le test. Si vous avez des doutes sur la véracité d'un des énoncés suivants, vous n'êtes pas prêt à appliquer la formule de la réussite.

- Je suis persuadé qu'il n'est pas trop tard.

- J'aspire à une relation de couple qui me comble, à une relation exceptionnelle.

- Je mérite une relation de première classe où l'on me considère et où je suis respecté.

- J'ai identifié les mauvais raisonnements qui ont contaminé ma relation par le passé.

- J'ai identifié les manifestations de mon côté obscur qui ont souillé ma relation amoureuse.

- J'ai intégré à l'approche de mon couple les attitudes qui m'assureront le succès.

- J'ai fait un diagnostic sérieux et réaliste des problèmes qui engendrent la souffrance dans mon couple.

- Je reconnais et j'accepte la responsabilité de l'état actuel de ma relation.

- Je suis déterminé à renouer avec le noyau de ma conscience.

Si vous êtes persuadé de la véracité de tous ces énoncés, vous êtes fin prêt à comprendre la formule qui vous mènera au succès, à une relation de couple exceptionnelle. La voici :

La qualité d'une relation de couple est tributaire d'une fondation émotionnelle inébranlable dont la première composante est l'amitié et la seconde, la détermination à combler les besoins de la personne aimée.

Vous vous dites sûrement : « C'est tout ? C'est la grandiose formule que j'attendais depuis tout ce temps ? » Hé oui, c'est bien *la* formule et croyez-moi, elle est élégante par sa simplicité. Mais vous devez comprendre que l'application de cette formule nécessitera une implication extrême et une intégrité à toute épreuve.

Commençons par établir certaines définitions. Considérons d'abord les trois mots clés de la formule : l'amitié, les besoins et la qualité. Le concept d'amitié imbriqué dans la formule fait référence aux émotions que vous ressentiez l'un envers l'autre avant d'être en couple. L'amitié présente avant que les complications de l'amour brouillent l'eau limpide de votre couple. Je parle d'un temps où vous aviez une approche chaleureuse, indulgente et empreinte de désir envers votre partenaire. L'amitié est le berceau de votre relation. Rappelez-vous le temps où vous vous amusiez ensemble, où vous partagiez sans calculer, où vous vous supportiez l'un l'autre. Vous ne le faisiez pas par obligation, vous vouliez le faire.

La notion de besoin énoncée dans la formule fait référence à une multitude d'aspects dans votre vie et celle de votre partenaire où vous ressentez des « vides », où vous n'êtes pas comblés. Exprimer un besoin signifie que nous ressentons un manque dans un certain aspect de notre vie. Nous identifierons ces besoins plus tard. Mais pour l'instant, vous devez comprendre que vous avez des besoins dans plusieurs aspects de votre vie et certaines de ces « carences » ne peuvent être comblées que par une seule personne : votre partenaire. Vous devez également réaliser que d'avoir « besoin » n'est pas synonyme de faiblesse. Comprenez qu'il est sain et normal d'avoir des besoins devant être comblés par une autre personne.

Nous devons maintenant définir un autre concept clé : la qualité. Si votre couple est riche en joies, en passions et qu'il a une signification profonde pour vous et votre partenaire, vous pouvez lui donner une note parfaite. Si elle est caractérisée par la solitude, la colère, la peur et l'aliénation, la qualité de cette relation mérite certainement la plus basse notation possible.

En se fondant sur les définitions des trois éléments essentiels à une relation exceptionnelle, il devrait vous apparaître évident que la manière de vivre et de percevoir la relation ne peuvent pas être les mêmes pour les deux partenaires. Vous pourriez, par exemple, donner une note parfaite à votre relation parce qu'elle comble tous vos besoins. Votre partenaire pourrait, par ailleurs, lui donner une toute autre note parce que ses besoins ne sont pas comblés comme les vôtres. Une relation : deux partenaires ayant différentes expériences et perceptions.

Ne croyez pas que cette formule est efficace de manière occasionnelle et pour certaines personnes ; elle est toujours efficace. Si vous êtes totalement satisfait de votre relation et que votre partenaire ne l'est pas, soyez assuré que ses besoins ne sont pas comblés. Si votre partenaire est comblé et vous ne l'êtes pas, c'est vous qui n'êtes pas repu. Il est également possible qu'aucun d'entre vous ne soit émotionnellement rassasié.

Pour que cette formule ait l'impact souhaité dans votre vie, vous devez accomplir deux tâches complexes et risquées.

La première consiste à faire connaître vos besoins. Pas seulement certains de vos besoins : je fais la distinction entre vos besoins « superficiels » et ceux qui importent. Vous devez donner voix à tous vos besoins et surtout à vos plus profonds besoins.

La deuxième tâche à exécuter est d'identifier les besoins de votre partenaire. Ce ne sera pas de tout repos, mais cette tâche est aussi importante que la première. Il est futile de juger si ces besoins sont justifiés ou non, s'ils sont appropriés ou bien fondés. Ce n'est pas à vous de le faire ; du moins ce n'est pas le bon moment. Vous devez d'abord *reconnaître* ces besoins.

Vous vous dites sûrement : « Un petit instant Phil, je suis en furie contre mon partenaire. Réalises-tu toute la hargne, l'ambiance amère, le ressentiment et les conflits qui affligent notre couple en ce moment ? Prends-tu tout cela en considération ? » Je suis parfaitement en mesure de comprendre votre situation, et j'ai bien l'intention de vous fournir, étape par étape, une démarche à suivre pour vous libérer de vos émotions négatives. Mais, vous devez à prime abord en finir avec votre ressentiment.

Rappelez-vous que vous vous êtes engagé à ne plus tenter d'avoir raison. Votre but n'est plus de gagner la bataille. D'ailleurs, la seule façon de gagner quoi que ce soit, d'être véritablement victorieux, c'est de retisser les liens entre vous et votre partenaire d'une manière conciliante et respectueuse. Engagez-vous immédiatement à concentrer vos efforts sur la reconstruction et la consolidation de votre couple, sur le partage de votre amour ; faites ce qui importe. Nous parlerons plus tard de ce qui vous échoit. Mais rappelez-vous que vous n'avez pas à cracher votre venin même si la situation le permet. Ce n'est pas une nécessité ; ce n'est qu'une option.

Première tâche : Exprimer vos besoins

Faire connaître vos besoins est une tâche plus ardue que vous ne pouvez l'imaginer. Il ne s'agit pas ici de décharger une diarrhée de demandes insignifiantes sur votre partenaire. Vous ne récolterez que balivernes et futilités. D'ailleurs, j'ai une fois demandé à une de mes clientes d'identifier ses besoins. Elle m'a immédiatement répondu : « Je sais ce dont j'ai besoin. J'ai besoin qu'il me fiche la paix. » Ce n'est vraiment pas où je voulais en venir et ce n'est certainement pas une réponse appropriée.

La plupart des gens ne sont pas en mesure de verbaliser leurs besoins. Ils en sont cependant conscients et sont capables de reconnaître le bienfait que leur procure l'assouvissement de ceux-ci.

Certaines personnes passeront plusieurs années sans jamais exprimer leurs besoins. D'ailleurs, certains d'entre vous ont une peur bleue d'exiger davantage de leur partenaire parce que vous croyez que le jeu n'en vaut pas la chandelle. Vous vous dites : « De toute façon, je n'obtiendrai jamais ce à quoi j'aspire. Mon partenaire lèvera le nez, me dénigrera et jugera que mes aspirations sont irréalistes. Cela ne fera qu'envenimer notre relation. C'est inutile. Cela vaut-il vraiment la peine ? » Ou vous vous direz peut-être : « J'ai fait mon possible et cela ne m'a rien apporté. Aujourd'hui n'est pas un autre jour. » Ou vous emploierez la plus vieille excuse au monde : « Il devrait le savoir. Suis-je vraiment obligé de lui dire ce qu'il sait déjà ? »

Si votre partenaire ne comble pas un de vos besoins, vous êtes le seul coupable. Il est d'ailleurs très injuste de critiquer son inaptitude à combler vos besoins quand vous n'êtes même pas capable de les cerner et de les exprimer vous-même. Il ne lit pas dans votre pensée ; il lui est impossible de deviner vos besoins. Donnez-lui la chance de vous rejoindre, de se rapprocher de vous. Dévoilez-lui tous vos désirs, tout ce qui vous allume : soyez ouvert. Vous devez avoir une pleine conscience et connaissance de vous-même pour être en mesure de vous donner complètement et d'offrir ce que vous avez de meilleur à votre partenaire. Il est maintenant temps pour vous de découvrir et d'exploiter les aspects positifs de votre personnalité qui n'ont peut-être pas encore été explorés.

Avant d'entreprendre le processus d'identification de vos besoins, laissez-moi vous expliquer le risque auquel vous vous exposez. Ce risque, c'est l'intimité. En relevant le défi d'identifier et de dévoiler vos besoins fondamentaux, vous vous mettrez de votre propre chef dans une position de vulnérabilité. Vous lui donnerez des informations à caractère émotionnel qu'il pourrait éventuellement utiliser contre vous. Permettre à quelqu'un d'avoir accès à ce genre d'informations intimes implique une baisse de bouclier, un partage sans équivoque et sans arrière-pensée de vos sentiments ; des sentiments que vous ne vous êtes peut-être jamais admis. L'intimité, c'est donner voix à vos rêves et vous battre pour profiter de ce que la vie a de mieux à offrir : votre couple. Cela implique aussi d'accepter les faiblesses de votre partenaire et qu'il fasse de même. En incorporant toutes ces nouvelles informations à votre ligne de conduite, vous rajeunirez votre partenaire, vous lui redonnerez l'énergie nécessaire pour rétablir le courant amoureux entre vous.

Je n'oserai pas vous dire que la montagne sera aisée à gravir. Le « dénuement » émotionnel est probablement l'acte le plus risqué que vous ayez jamais osé. Ma demande peut vous sembler incongrue : vous devez effectuer une introspection sérieuse pour fournir à votre partenaire des munitions, qui vous seront potentiellement destinées. J'ai espoir que vous vous rendrez à l'évidence que le gain en vaut le risque. J'ai espoir que vous déciderez d'être assez courageux et ferme pour prendre ce risque. Si votre partenaire profite lâchement de votre vulnérabilité et de votre indulgence, soyez sans crainte, vous aurez la force de surmonter son insolence.

Laissez-moi clarifier mon propos en l'abordant sous un autre angle. Lorsque vous recevez ce genre d'informations intimes de la part de votre partenaire, vous aussi, vous serez investi d'une grande responsabilité. La position vulnérable dans laquelle votre partenaire se place lorsqu'il s'ouvre à vous est garante d'importantes responsabilités que vous devrez honorer. Il vous ouvre son cœur ; il partage avec vous ce qu'il a de plus personnel et de plus intime. Vous devez le respecter, le traiter avec dignité et respect.

Vous ne réglerez rien en ne faisant que diminuer le volume de votre télévision. Vous devez l'éteindre et la catapulter aussi loin que possible lorsque votre partenaire vous dit : « Bon, il faut qu'on parle. » Ne faites pas la sourde oreille et ne feignez pas d'être distrait par vos enfants. Vous devez prendre du temps et profiter des occasions qui vous sont offertes pour créer une ambiance décontractée et sans stress dans votre relation. Vous devez utiliser les informations sentimentales fournies par votre partenaire avec autant de précaution que de la fine porcelaine chinoise ; ces informations n'ont pas de prix.

De plus, en aucun cas devrez-vous vous permettre d'utiliser ces informations lors de confrontations. Elles ne doivent au grand jamais constituer des munitions servant à rabaisser votre partenaire à votre niveau comportemental. Vous ne devez pas en rire ou en faire la satire. Détenir ces informations implique d'énormes responsabilités et elles peuvent faire de graves dommages si vous ne vous en servez pas correctement. Ne commettez pas d'erreurs : partager ces informations est un risque, les détenir constitue un fardeau.

Résistez à la tentation de juger ou de rationaliser ces révélations. Si votre partenaire vous fait part d'une situation qui lui fait peur ou sur laquelle il a des doutes, il peut vous être très facile de dire : « Voyons chéri, c'est ridicule. Tu ne devrais pas t'en faire pour si peu. » Par votre réaction, vous croyez à tort réconforter votre partenaire. Ce n'est pas ridicule ou futile pour lui et le fait de catégoriser cette situation de la sorte ne fera qu'aggraver sa peur et son incertitude ; il ne sera que plus embarrassé.

Ne vous infiltrez jamais, même sur la pointe des pieds, aussi imprudemment dans le monde intime de votre partenaire. Ce n'est pas le moment de faire l'éléphant dans le magasin de porcelaine. Soyez à la hauteur de la confiance qu'on vous porte.

L'attitude révérencieuse que je vous demande d'adopter a été très bien cernée par un participant à un de mes séminaires sur les relations amoureuses. Nous avions déjà passé quelque temps à discuter de cette tâche de gestion de l'information intime et plusieurs couples avaient fait une première tentative d'ouverture émotionnelle. Lors du séminaire suivant, Bob, un homme généralement replié sur lui-même, m'avait demandé s'il pouvait prendre quelques minutes pour parler d'un endroit qu'il connaissait dans le sud des Rocheuses. Il s'y rendait à toutes les années malgré le défi que comportaient les trois heures d'ascension nécessaires séparant l'endroit de toute route praticable. À douze mille pieds au-dessus du niveau de la mer, dans une enclave entre deux crêtes dentelées, se trouvait une clairière dont seul Bob connaissait l'existence. Il nous l'avait décrite comme son petit « havre de paix » ; d'un diamètre d'à peine trente mètres et entourée de trembles à l'écorce blanche. Une poignée de rochers couverts de mousse étaient clairsemés çà et là et l'herbe, pourtant luxuriante, ne poussait que d'un demi-centimètre par année eu égard au manque de soleil. Il nous avait dit que l'herbe y était si fragile qu'il avait pu retracer ses empreintes vieilles de trois ans. En nous faisant découvrir son petit coin de paradis, Bob parlait avec une telle passion qu'il avait charmé toute l'assemblée ; c'était comme si nous nous étions tous assis un instant sur un de ces rochers verts pour tenter de ne pas gâcher la sérénité de l'endroit. Il était évident que cette clairière lui apportait une tranquillité d'esprit et un sentiment de plénitude exaltants. Nous avions tous compris la fragilité et la beauté de cette place.

Bob nous a ensuite annoncé qu'il existait un endroit similaire dans son monde, aussi fragile et aussi précieux. Ce deuxième havre de paix, nous avait-il dit, était le monde intime et privé de la femme qu'il aimait. Cet endroit avait été créé quand sa femme lui avait révélé certains détails intimes. Il avait alors réalisé qu'il devait traiter ce monde intime avec le même respect et la même douceur que son endroit de rêve dans les

Rocheuses. Il nous avait dit qu'il était déterminé à adopter la même attitude révérencieuse envers l'intimité de sa femme qu'il adoptait pour son paradis dans les montagnes. À cette époque, Bob en était à son cinquième mariage. Je peux vous assurer que cette nouvelle sensibilité avait complètement changé sa perception de son couple. D'ailleurs, ce mariage dure maintenant depuis douze ans et ils n'ont jamais été aussi heureux. Pour quelles raisons ?

Il est important de souligner que Bob est un millionnaire qui a travaillé fort pour tout ce qu'il a accompli. Mesurant 2,20 mètres avec un physique taillé au couteau et une personnalité dominante, il lui avait été très difficile d'admettre qu'il avait réellement besoin de quelqu'un dans sa vie. Mais au cours de mon séminaire, Bob a découvert d'importantes réalités sur lui-même qu'il communiqua par la suite à son épouse. Il fut finalement en mesure de lui admettre qu'il avait vraiment besoin de son approbation, de son assentiment. Il avait besoin de savoir qu'elle était fière de lui. Bob nous avait ensuite révélé que ses deux parents avaient été tués alors qu'il était encore tout jeune. Il avait donc le sentiment que personne au monde ne croyait réellement en lui ou serait présent pour l'épauler dans les périodes difficiles de sa vie. Admettre qu'il avait besoin de l'approbation de sa femme avait une énorme signification pour Bob. C'était un aveu qu'il n'aurait jamais pu faire avant d'apprendre que des gens étaient en mesure d'honorer le tréfonds de son être. Cet homme qui avait si peur de sa propre vulnérabilité venait de prendre un énorme risque.

Pour sa part, l'épouse de Bob n'avait jamais envisagé qu'elle pouvait combler un seul besoin de son mari, encore moins un besoin d'approbation et d'assentiment. Elle le voyait comme il voulait bien se montrer : solide comme le roc. Quand il lui fit assez confiance pour lui avouer qu'il avait besoin d'elle ; il a accepté d'être vulnérable en affirmant qu'il portait une grande importance à son soutien – en fait, qu'il souffrait lorsqu'il ne l'obtenait pas. Ce moment a changé leur vie pour toujours. Pour elle, cet aveu la rendait soudainement extrêmement précieuse. Elle était incroyablement réjouie. Entre cet homme qui avait besoin d'approbation et cette femme désireuse d'offrir son amour, une confiance inébranlable et une générosité inépuisable étaient nées.

CONSTRUIRE VOTRE PROFIL PERSONNEL

Approchez cet exercice de découverte personnelle avec une grande ouverture d'esprit. Considérez qu'il est normal et sain d'avoir des besoins en général et plus particulièrement d'avoir des besoins qui vous sont spécifiques. Ne croyez pas qu'il est nécessaire de justifier ou d'expliquer l'un ou l'autre de ces besoins. Si vous ressentez le besoin, c'est qu'il existe. Vos besoins ne sont ni bon ni mauvais – ils ne font qu'exister.

Afin de donner une structure à votre découverte personnelle, laissez-moi identifier et définir cinq catégories de besoins : les besoins émotionnels, physiques, spirituels, sociaux et les besoins de sécurité. Vous pouvez, bien sûr, élaborer d'autres catégories si vous en ressentez l'envie et même subdiviser celles que je vous ai exposées en autant de sous-catégories que vous souhaitez. Cependant, comprenez que vos besoins vous sont propres et que, si vous n'êtes pas en mesure de les identifier, il est ridicule de demander à votre partenaire qu'il les comble. L'ingrédient primordial de la formule du succès relationnel est le réalisme ; soyez honnête avec vous-même.

J'ai identifié et élaboré une liste de certains des besoins les plus communément ressentis, autant par les hommes que les femmes, pour chacune des cinq catégories dont j'ai fait mention plus tôt. Ces listes ont pour but de mettre en branle le processus d'identification des besoins qui vous sont propres. Mais, le caractère général de ces besoins ne vous échappera pas : ils doivent seulement être considérés comme le point de départ de votre questionnement. Il est impératif que vous soyez très précis dans l'identification de vos besoins en spécifiant le moment, l'endroit, la fréquence et la manière dont vous désirez qu'ils soient comblés. En parcourant les listes suivantes, encerclez les besoins qui concordent avec votre réalité.

Une précision s'impose sur la catégorie émotionnelle de vos besoins : cette catégorie est très vaste ; il est ici question de vos sentiments. Vous devez réaliser que votre partenaire n'a pas à vous dire comment vivre vos émotions ; vous êtes le seul maître de celles-ci. Votre partenaire n'est pas responsable de vos sentiments, mais il peut les inspirer et vous aider à les apprécier en étant conscient de ceux-ci et en étant sensible à l'importance que vous leur portez. Ne vous souciez pas pour l'instant de la réaction de votre partenaire face à ces besoins. Ne faites que les identifier pour être en mesure, par la suite, de les exprimer adéquatement.

LES BESOINS ÉMOTIONNELS

1. Le besoin de sentir et d'avoir des preuves qu'on vous aime.

2. Le besoin de sentir et d'avoir des preuves que vous êtes essentiel et apprécié par votre partenaire.

3. Le besoin d'éprouver un sentiment d'appartenance avec votre partenaire.

4. Le besoin d'être respecté en tant que personne.

5. Le besoin de vous sentir utile pour d'autres raisons que les travaux que vous effectuez (fournir de l'argent, cuisiner, etc.).

6. Le besoin de sentir que vous êtes une priorité dans la vie de votre partenaire.

7. Le besoin de sentir que vous êtes spécial, la plus importante personne dans la vie de votre partenaire.

8. Le besoin de sentir que votre partenaire est fier d'être en relation avec vous.

9. Le besoin de sentir que votre partenaire vous fait confiance.

10. Le besoin de sentir que votre partenaire n'a aucun remords de vous avoir choisi.

11. Le besoin de sentir que vous avez été et que vous pouvez être pardonné pour des transgressions ou pour vos défauts.

12. Le besoin de sentir que vous êtes accepté malgré vos défauts et vos lacunes.

13. Le besoin de sentir que vous et votre partenaire êtes, plus que tout autre, des amis de confiance et près l'un de l'autre.

14. Le besoin de vous sentir désiré.

15. Le besoin de sentir que vous et vos comportements sont appréciés à leur juste valeur.

16. Le besoin de ressentir la passion présente dans votre couple.

LES BESOINS PHYSIQUES

1. Le besoin d'être touché et caressé.

2. Le besoin d'être embrassé, même à la sauvette.

3. Le besoin d'être serré dans les bras de l'autre, de se faire étreindre.

4. Le besoin de sentir que vous êtes le bienvenu dans l'espace physique personnel de votre partenaire.

5. Le besoin d'être physiquement bienvenu lorsque vous rencontrez votre partenaire.

6. Le besoin de sentir que vous formez un couple dans vos interactions avec les gens.

7. Le besoin de vous sentir encouragé et bienvenu par une communication non verbale.

8. Le besoin de tendresse.

9. Le besoin d'avoir une vie sexuelle satisfaisante.

LES BESOINS SPIRITUELS

1. Le besoin de sentir que vos valeurs spirituelles sont acceptées et encouragées sans jugement.

2. Le besoin de sentir que votre partenaire respecte votre soif de spiritualité.

3. Le besoin de partager vos vies spirituelles, même si elles sont vécues différemment par vous et votre partenaire.

4. Le besoin de savoir et de sentir que vos croyances individuelles sont à tout le moins respectées sinon partagées.

LES BESOINS SOCIAUX

1. Le besoin de savoir qu'on pense à vous, que vous êtes apprécié par des appels téléphoniques ou d'autres moyens lorsque vous êtes séparés.

2. Le besoin de sentir que votre partenaire planifiera et structurera ses activités de façon à vous inclure.

3. Le besoin de sentir que les activités sociales sont partagées plutôt que d'être vécues individuellement.

4. Le besoin de tendresse adéquatement exprimée et d'un soutien maintenu lorsque vous êtes en public.

5. Le besoin d'être encouragé et supporté physiquement et émotionnellement en public.

6. Le besoin d'entendre des mots doux dans un environnement social.

7. Le besoin d'être encouragé et supporté dans les situations à caractère social.

8. Le besoin d'être traité avec politesse et considération dans les situations à caractère social.

9. Le besoin de partager joie et plaisir dans les situations sociales.

10. Le besoin d'être lié à votre partenaire par la conscience de l'autre et la sensibilité de votre partenaire.

11. Le besoin de rire et d'être heureux.

12. Le besoin de sentir que vous êtes la plus importante personne dans la vie de votre partenaire et qu'il est conscient de votre présence même dans un environnement social bondé et nécessitant une grande concentration.

LES BESOINS DE SÉCURITÉ

1. Le besoin de savoir que votre partenaire sera à vos côtés lors de conflits et de situations désespérantes.

2. Le besoin de sentir que votre partenaire accourra à votre rescousse si nécessaire.

3. Le besoin de sentir que des apports sont faits et qu'un contrôle est maintenu dans l'aspect émotionnel de votre relation.

4. Le besoin d'être épaulé par votre partenaire.

5. Le besoin de savoir que votre partenaire est fidèle et qu'il vous est dévoué.

6. Le besoin de savoir que votre relation ne sera pas mise sur la corde raide lors de désaccords ou de confrontations.

7. Le besoin de savoir que vous pourrez toujours compter sur votre partenaire.

8. Le besoin de savoir que votre partenaire prendra votre défense lors de conflits ou de confrontations avec une tierce personne.

9. Le besoin de savoir que votre partenaire est votre refuge, une place sûre et confortable où vous pouvez toujours vous blottir.

N'oubliez pas, les listes de besoins sous chacune des catégories ci-dessus ne servent qu'à stimuler votre réflexion et il faut convenir qu'elles sont très générales. Elles constituent le point de départ de votre redécouverte personnelle par l'identification minutieuse et complète de vos besoins profonds. Je vous encourage à nouveau à vous permettre d'exprimer ces besoins et de demander à ce qu'ils soient comblés, peu importe qu'ils soient raisonnables, rationnels ou non. Nous prendrons plus tard le temps d'examiner votre travail. Mais pour l'instant, vous feriez mieux de pécher par exhaustivité plutôt que d'omettre certains besoins pouvant s'avérer cruciaux pour votre bien-être dans votre relation.

EXERCICE : Ouvrez votre journal personnel, prenez une page vierge et inscrivez-y la première catégorie de besoins que vous venez de réviser.

Sous cet en-tête, décrivez vos besoins dans cette catégorie. Soyez aussi exhaustif que possible. Si les besoins émotionnels ont une plus grande importance pour vous, inscrivez cette catégorie en haut de page et, sous cet en-tête, faites une liste de vos besoins à combler afin d'être profondément satisfait de la relation avec votre partenaire. Puis, décrivez chacun de ces besoins avec le « langage du cœur » ; vous ne pouvez pas partager ou apprendre à l'autre ce que vous ne connaissez pas vous-même, donc soyez le plus honnête et le plus descriptif possible.

Je n'ai pas l'intention de vous proposer de faire lire vos écrits à personne. Ce matériel doit rester entre vos mains ; il ne doit pas être partagé avec quiconque. Par ailleurs, il vous servira plus tard de guide pour choisir ce que vous voudrez partager avec votre partenaire, que ce partage soit oral ou écrit. Faites le nécessaire pour que vous puissiez écrire sans gêne et sans peur d'être jugé ou ridiculisé.

Découvrez-vous des besoins qui ont été depuis trop longtemps réprimés ou étouffés ? Vous avez peut-être identifié des besoins enfouis si profondément que vous aviez complètement oublié qu'ils faisaient partie intégrante de vos rêves. Mettez-vous à la recherche de tels besoins oubliés qui étaient inclus dans votre vision idéale d'une relation de couple intime. Cela serait d'une grande aide de revoir le travail effectué dans le chapitre deux, où, lors du diagnostic de votre relation, je vous avais demandé d'écrire sur votre vision spécifique d'une relation de couple romantique et intime.

Rappelez-vous : il n'y a aucun mal à désirer et vous avez le droit d'avoir des attentes. N'usez pas ici de prudence inutile. Ne soyez pas conservateur dans l'expression de vos besoins. Exposez-les systématiquement. Ils ont déjà été enterrés, bafoués et frustrés depuis trop longtemps.

De plus, ne laissez pas vos peurs vous contrôler durant cet exercice. Il est si fréquent que nous souffrions en silence sous le fardeau de nos peurs ; il est préférable de se sentir stupide en admettant nos vulnérabilités. Mais, si vous vous êtes vraiment donné la permission d'ouvrir votre cœur et de réclamer le bien-être dans votre relation en particulier et dans la vie en général, alors identifiez vos peurs. Elles font partie de ce que vous êtes. Afin de stimuler votre réflexion, je vous propose quelques exemples :

- La vaste peur du rejet

- La peur de l'insuffisance physique, mentale, émotionnelle, sexuelle, sociale ou tout autre domaine dans lequel vous ne vous sentez pas à la hauteur

- La peur de l'abandon

- La peur de décevoir ou de laisser tomber votre partenaire

Ces catégories de peurs sont également très générales ; ce sont des peurs que des personnes en couple m'ont souvent rapportées. Encore une fois, je vous les expose seulement comme stimuli. Je ne fais qu'aborder ces catégories d'expérience dans un couple parce qu'il est raisonnable d'avoir besoin de votre partenaire pour vous aider à gérer ou à surmonter vos peurs. Ici encore, ne soyez pas embarrassé, ne vous censurez pas sous prétexte que vous êtes gêné du ridicule et de l'irrationalité de vos peurs.

EXERCICE : Dans votre journal, créez une catégorie de peurs. Avec le plus de détails et de descriptions possibles, faites une liste de toutes peurs non incluses dans votre description des cinq catégories de besoins ci-dessus. Fouillez tous les recoins de votre esprit et identifiez ce qui vous apeure. Ce peut être des peurs déclarées ou des situations auxquelles vous êtes sensible, peu importe qu'elles soient rationnelles ou non. Si vous les ressentez, elles n'ont pas à être justifiées. Soyez assez honnête et identifiez-les.

Le processus que vous venez de compléter, c'est-à-dire l'identification de vos besoins et de vos peurs, devrait vous influencer de plus d'une manière. Si vous avez vraiment articulé tous vos besoins et toutes les peurs que vous devez gérer ou surmonter, vous devez certainement avoir une plus grande compréhension de vous-même que par le passé. Vous devriez sentir que vous avez renoué avec vous-même et avec ce que vous valez. Cela devrait être un sentiment très positif. Il est également possible que vous ressentiez de la tristesse, de la colère ou de la frustration. En reconnaissant vos besoins les plus profonds, vous ne pouvez pas vous empêcher de réaliser, dans votre esprit et dans votre cœur, que ce que vous chérissiez et prôniez a été mis de côté, jeté aux oubliettes et ignoré. Est-il dès lors surprenant que vos expériences dans cette relation soient si pauvres et si insatisfaisantes ?

Que votre sentiment actuel soit la joie, la tristesse, la colère ou l'enthousiasme, accrochez-vous-y pour encore quelques instants, parce que nous nous dirigeons vers le changement. Mais pour le moment, nous devons remplir la deuxième tâche.

Deuxième tâche : Découvrez les besoins de votre partenaire

S'il est bien fait, cet exercice sera amusant, grisant ; le moins qu'on puisse dire, c'est qu'il sera rempli de défis.

Il est d'une importance cruciale que votre approche dans l'élaboration du profil de votre partenaire soit libre de tout jugement, si minime soit-il. Remplissez cette tâche avec passion comme si vous étiez un reporter d'investigation ou un biographe faisant des recherches et dépeignant un personnage mystérieux et complexe. Vous ne considérez peut-être pas votre partenaire comme une personne mystérieuse et complexe, mais je vous assure qu'il l'est.

ALERTE ROUGE : Le défi que constitue cette découverte de l'autre peut être rempli de dangers et d'embûches. Si votre partenaire a déjà élaboré un tel profil de sa personne, votre travail sera grandement facilité. Cependant, si votre partenaire ne participe pas activement, alors vous aurez à compléter ce laborieux processus de découverte du début à la fin sans sa coopération. Vous devez quand même le faire. Cela rendra bien entendu la tâche un peu plus ardue, mais ce n'est pas grave.

Le plus grand danger réside dans vos convictions fixes. Il devrait vous apparaître clair que votre perception de l'autre résulte des interactions et des expériences que vous avez vécues jusqu'à présent dans votre couple. Certaines de ces convictions peuvent être très justes, pendant que d'autres sont le produit de distorsions engendrées par des conflits émotionnels blessants. Si vous permettez à vos convictions fixes de déformer votre perception de l'être aimé et de ses besoins, vous permettez à votre vécu – l'idée que vous vous faites de votre vécu – de contrôler vos perceptions actuelles. Il est extrêmement important de réprimer cette tendance naturelle. Engagez-vous à percevoir votre partenaire avec vos « yeux actuels ». Ne prenez plus en considération des convictions fixes potentiellement périmées, qui ne sont probablement plus valides.

Un deuxième danger, tout aussi sérieux, c'est de faire trop de suppositions quant aux sentiments, aux pensées et aux intentions de votre partenaire et des gens en général. Il est certain que si votre partenaire ne participe pas à l'exercice, vous ne pourrez pas éviter les suppositions. Néanmoins, vous devrez mettre tout en œuvre pour éviter de faire des suppositions aveugles. Servez-vous de vos habiletés d'investigation et assurez-vous de posséder les informations qui supportent vos conclusions sur ce que votre partenaire désire. Vous devez identifier, preuves à l'appui, ses besoins, ses peurs et ce dont il est fier.

Si vous restez alerte, si vous ne tombez pas dans ces deux pièges, la qualité de votre investigation en sera grandement rehaussée.

En dernier lieu, avant de commencer cette tâche, je vous recommande de mettre cet important processus en ce que j'appelle un « état de projet ». Mettre ce processus en « état de projet » signifie qu'il devient votre plus haute priorité. Cela signifie que vous n'allez pas simplement désirer apprendre sur votre partenaire lorsque cela sera possible et que cela vous conviendra : vous allez faire des efforts constants afin de remplir cette tâche. Mettre ce travail en état de projet signifie que vous mettrez suffisamment de temps et d'efforts, de manière régulière, pour atteindre vos objectifs. Vous devez toujours être conscient de l'urgence de la poursuite de cette investigation.

De plus, ce n'est pas parce que votre partenaire ne participe pas à cet exercice qu'il est important d'être subtil et discret. Tout au contraire, il est fort probable qu'il soit flatté ou même ému par l'attention et les efforts que vous déploierez pour mieux le connaître. Commençons.

L'ÉLABORATION DU PROFIL DE VOTRE PARTENAIRE

Les vendeurs professionnels savent que, être en mesure de « cerner le client » est l'atout clé pour conclure une vente. Il est certain que le commis du magasin à rayons n'a pas besoin de faire une enquête exhaustive sur vous pour vous vendre une brosse à dents ou une paire de lacets pour vos chaussures. Mais plus la transaction est importante et complexe, plus le vendeur concerné vous scrutera et examinera votre comportement. Ils savent que, plus ils en sauront sur le client, plus le lien entre eux et celui-ci sera aisément établi et plus cette interaction se terminera par une vente.

Prenons l'exemple d'une courtière en immobilier. Elle tentera d'obtenir le plus d'informations sur vous avant de vous faire franchir la porte de la maison ou de l'appartement que vous désirez acheter. Elle vous demandera combien d'enfants vous avez, où vous travaillez, depuis combien de temps vous êtes à la recherche d'un domicile. Si vous avez absolument besoin d'une pièce supplémentaire pour Fido, elle voudra connaître ce détail. Avant d'avoir passé deux heures en votre compagnie, cette courtière en saura long sur ce qui est important pour vous : quelles sont vos priorités, ce qui vous déplaît dans votre présente maison, ce que vous faites durant vos temps libres, etc.

Toutes transactions impliquent le développement d'une relation ; et toutes les relations comportent des transactions. Les meilleurs relations nécessitent une compréhension complète de l'autre personne pour que les transactions puissent y être significatives. En affaire, la devise est l'argent. En amour, cette devise est définie par les sentiments et les expériences. Dans le commerce des relations intimes, vous récompensez votre partenaire non pas par l'argent mais par des sentiments d'amour, d'acceptation, d'appartenance et de sécurité ; vous devriez être récompensé de la même manière. Vous ne pouvez pas donner à votre partenaire ce dont il a besoin si vous n'avez pas une idée précise de ce que sont ses besoins. Si vous étiez la personne à la recherche d'un domicile dans le scénario décrit plus haut, mon hypothèse est que vous apprécieriez les efforts supplémentaires de votre courtière pour vous connaître davantage. Vous reconnaîtriez qu'elle identifie vos besoins personnels afin de vous amener à ce qui se rapproche le plus de vos attentes. De plus, le profil qu'elle élabore sert autant vos intérêts que les siens.

Supposons que vous deviez élaborer un tel profil, non pas de votre partenaire en affaire, mais plutôt de votre partenaire intime. Comme vous ne pouvez pas vous occuper de ce que vous ne connaissez pas et donc y réagir, il s'avère d'une importance capitale de combler ce manque d'informations. Le connaissez-vous vraiment ? Vous croyez peut-être le connaître comme le fond de votre poche. Mais, tout comme vous avez été surpris par certaines découvertes sur vos besoins au cours de ce chapitre, il ne serait pas étonnant que votre partenaire ait, lui aussi, des besoins que vous ignorez.

Comme première évaluation de la connaissance que vous avez de votre partenaire, répondez au questionnaire ci-dessous par Vrai ou par Faux. Il serait bien sûr ridicule de répondre aux questions suivantes en présence de votre partenaire ; cela serait tricher. Considérez plutôt cet exercice comme une appréciation honnête de vos connaissances au sujet de votre partenaire.

QUESTIONNAIRE SUR MA CONNAISSANCE DE MON PARTENAIRE

Lisez chaque énoncé et encerclez Vrai ou Faux.

1. Je peux nommer les trois meilleurs amis de mon partenaire.   **Vrai** **Faux**
2. Je connais l'accomplissement dont il est le plus fier.   **Vrai** **Faux**
3. Je peux identifier le moment le plus heureux dans la
   vie de mon partenaire.   **Vrai** **Faux**
4. Je sais ce que mon partenaire considère être la plus
   grande perte dans sa vie.   **Vrai** **Faux**
5. Je peux décrire ce que mon partenaire considère être le plus
   difficile dans ses interactions avec chacun de ses parents.   **Vrai** **Faux**
6. Je sais ce que mon partenaire va probablement écouter
   à la radio lors de trajets en voiture.   **Vrai** **Faux**

7. Je peux nommer les membres de la famille de mon partenaire qu'il tentera d'éviter lors de réunions familiales. **Vrai** **Faux**

8. Je peux décrire l'événement le plus traumatisant que mon partenaire à vécu dans sa jeunesse. **Vrai** **Faux**

9. Mon partenaire m'a clairement expliqué ce qu'il attendait de la vie. **Vrai** **Faux**

10. Je peux identifier les obstacles qui, selon mon partenaire, l'empêchent d'obtenir ce qu'il désire. **Vrai** **Faux**

11. Je sais quel aspect de la physionomie de mon partenaire lui déplaît le plus. **Vrai** **Faux**

12. Je me rappelle les premières impressions que j'ai eues de mon partenaire. **Vrai** **Faux**

13. Je sais par quelle section du journal dominical mon partenaire va probablement commencer sa lecture. **Vrai** **Faux**

14. Je suis en mesure de décrire, par quelques détails, l'environnement dans lequel mon partenaire a grandi. **Vrai** **Faux**

15. Je sais ce qui fait rire mon partenaire. **Vrai** **Faux**

16. Je sais ce qui est le trait de caractère chez mon partenaire dont ses parents sont le plus fiers. **Vrai** **Faux**

17. Je peux décrire deux ou trois décisions que mon partenaire à prises avant notre rencontre et qu'il regrette maintenant – et mon partenaire peut faire de même. **Vrai** **Faux**

18. Je sais ce que mon partenaire va probablement commander au restaurant. **Vrai** **Faux**

19. Je peux citer deux ou trois phrases ou mots que mon partenaire ne dit qu'à moi et à personne d'autre au monde. **Vrai** **Faux**

20. Je suis très familier avec les croyances religieuses de mon partenaire. **Vrai** **Faux**

NOTE : Donnez-vous un point pour chacun des énoncés où vous avez encerclé Vrai. Si votre résultat est supérieur à 10, il est juste de dire que vous avez déjà développé un profil assez précis de votre partenaire. Mais il n'est pas encore temps de sortir le champagne – l'exploration et la découverte ne font que commencer. Par contre, un résultat de 10 ou moins suggère que cette occasion d'élaborer un profil complet de votre partenaire arrive à un moment critique de votre relation. Peu importe notre situation, il n'y a pas d'attitude plus honorable que concentrer notre attention sur notre partenaire intime. Être conscient que notre partenaire comprend et apprécie, du fond de son cœur, nos besoins uniques apporte une énergie et une force à notre relation qui ne peuvent être engendrées d'aucune autre façon.

Le profil de votre partenaire que vous vous apprêtez à construire est fondé sur des vérités fondamentales relatives aux relations de couple :

- Vous ne pouvez pas combler les besoins de votre partenaire si vous ne les connaissez pas.

- Vous ne pouvez pas connaître les besoins de votre partenaire si vous ne le connaissez pas.

Vous devez prendre ceci en considération : votre partenaire a du vécu, tout comme vous. Il a bénéficié d'un temps où il se faisait bercer par sa mère, d'un temps où il apprenait à s'amuser et où il s'émerveillait à chacune de ses découvertes de la vie. Tout comme vous, il a eu peur, a eu mal, a été déçu et, à certains moments, a été victorieux. Vous vous dites probablement : « Je sais tout cela. » Mais, à quand remonte la dernière fois où vous vous êtes penché sur ces aspects de sa vie ? À quand remonte la dernière fois où vous l'avez considéré comme un être humain intelligent et sensible ; une personne qui a sa propre histoire, ses espoirs et ses rêves ? Une véritable personne avec des besoins, une fierté et des intérêts ; une personne qui tente, tout comme vous, de se frayer un chemin dans la vie de la meilleure manière possible. À partir de maintenant, vous devez le traiter ainsi. Pour renouer avec votre partenaire ou renforcer les liens avec celui-ci, vous devez le connaître de fond en comble. Le profil que nous nous apprêtons à construire vous guidera dans un processus de découverte ou de redécouverte de votre partenaire qui, selon moi, bénéficiera à tous de manière inespérée.

Lorsque vous commencerez l'élaboration du profil de votre partenaire, vous trouverez peut-être que certaines des questions sont élémentaires parce que vous connaissez déjà trop bien leur réponse. Ce n'est pas grave. L'un des buts premiers de cet exercice est de vous aider à déterminer les informations irréfutables que vous possédez sur votre partenaire pour les dissocier de vos convictions fixes : ces suppositions dont vous avez solidifié l'ancrage au fil des années dans votre relation, mais, qui sont en réalité fausses ou qui ne sont plus valides aujourd'hui. Utilisez ce profil comme première étape pour larguer les amarres de ces convictions injustifiées et considérez-le comme l'occasion de redécouvrir ce qui rend votre partenaire unique.

Changer la façon dont vous considérez une personne a souvent comme résultat un changement profond de vos comportements et réactions envers elle. Lorsque vous remettez en question ces convictions et les remplacez par des informations fraîches et nouvelles, vous diminuez la distance qui vous sépare de votre conjoint. Je compare la différence de perspective entre un pilote de bombardier et un fantassin. Le fantassin doit parfois regarder son ennemi droit dans les yeux et appuyer sur la détente, en étant parfaitement conscient qu'il ravit la vie d'une autre personne. Par ailleurs, le pilote qui survole sa cible à une hauteur de neuf mille mètres et à une vitesse de mille cent kilomètre à l'heure n'a absolument aucun contact avec les vies auxquelles il tente de mettre fin. Le pilote n'a pas les mains couvertes de sang ; il n'entend pas les cris d'agonie ; il ne voit pas la vie s'éteindre dans les yeux de l'autre personne. Il ne fait que bombarder une cible, un point sur une carte.

Je crois sincèrement que la guerre à distance, la guerre derrière des murs froids et impersonnels, prolonge et déshumanise les conflits. Imaginez la tournure que prendrait une guerre si les combattants étaient forcés, à la veille du conflit, de vivre parmi leurs ennemis pour une période de temps prolongée. Supposez qu'ils aient à regarder leurs ennemis mettre au lit leurs enfants, leur lire des histoires et les embrasser en leur souhaitant : « Bonne nuit mon amour. » Chercheraient-ils encore à les éliminer aussi férocement ?

Les convictions fixes et les stéréotypes erronés sont comme des lentilles déformées qui altèrent votre jugement. Elles augmentent artificiellement la distance qui vous sépare ; cela vous empêche de voir le vrai visage de votre

Sauvez votre couple

partenaire, de le voir comme un être humain unique. Bien entendu, si votre but est de prolonger le conflit, alors, je vous en prie, ne vous débarrassez pas de ces convictions qui ont dépersonnalisé complètement votre partenaire. Maintenez les positions et les suppositions qui ont transformé votre partenaire en « cible humaine » plutôt qu'en être humain.

Mais j'ai la ferme certitude que vous êtes dû pour une grande « révision » de votre relation de couple. Considérez l'élaboration de ce profil comme une chance de poser un nouveau regard sur votre conjoint. Fixez-vous, ici et maintenant, l'objectif d'avoir une plus grande compréhension de la personne que vous aimez. Si vous trouvez normal qu'une courtière en immobilier fasse l'identification de vos besoins si elle veut vous vendre la propriété appropriée, je ne vois pas pourquoi il serait moins important pour vous de connaître les besoins de la personne avec qui vous partagez votre vie ? Combien d'efforts croyez-vous que la « vente » d'une relation satisfaisante mérite ?

J'ai conçu l'élaboration du profil pour qu'il stimule votre travail d'investigation. En vous servant de votre journal, répondez aux questions suivantes sur votre partenaire de la manière la plus complète possible. Considérez les questions auxquelles vous ne pourrez pas répondre comme des objectifs pour votre enquête (cela inclut tous les énoncés auxquels vous avez répondu Faux au questionnaire des pages 173-174). Dans la première partie, indiquez si vous considérez que la relation de votre partenaire avec la personne concernée a été, jusqu'à maintenant, de qualité supérieure ou de faible qualité. Évaluez le degré de satisfaction ou d'insatisfaction des besoins de votre partenaire et de la personne avec qui elle est en relation dans les cinq catégories que nous avons définies :

- Émotionnelle
- Physique
- Spirituelle
- Sociale
- Sécurité

En d'autres mots, pour les questions relatives à la relation de votre partenaire avec sa mère. Si vous croyez que cette relation était de faible qualité pour la mère de votre partenaire, les besoins de quelle catégorie ci-dessus n'étaient pas comblés chez elle ?

Ne faites pas appel à votre partenaire pour vous aider à répondre à ces questions. Faites de votre mieux par vous-même.

En travaillant sur le profil de votre partenaire, vous vous rendrez compte que vous pouvez répondre à certaines questions par un simple oui ou non. D'autres nécessiteront une ou deux phrases, et pour certaines autres, vous devrez rédiger un court paragraphe afin de formuler une réponse adéquate. En décidant des détails à inclure dans vos réponses, gardez ceci en tête : l'efficacité des stratégies pour sauver votre couple que je vous aiderai à développer dans les prochains chapitres dépend de votre habileté à articuler clairement vos besoins et ceux de votre partenaire.

Nous devons développer ces stratégies en nous fondant sur des décisions informées et adaptées à notre situation particulière – pas sur des demi-vérités et des suppositions. Donc, ayez le courage d'être aussi honnête qu'exhaustif dans vos réponses. L'élaboration de ce profil est l'occasion de réexaminer vos connaissances sur votre partenaire. Utilisez cet exercice pour déraciner vos convictions fixes et vos fausses suppositions et remplacez-les par un authentique aperçu de votre partenaire. Encore une fois, plus votre profil sera complet, plus vous serez efficace pour rétablir les liens amoureux dans votre couple.

Une dernière information avant de nous mettre au travail : certaines questions font référence à des gens qui, malgré leur extrême importance dans la vie de votre partenaire, ont peut-être rendu l'âme. S'il vous plaît, faites de votre mieux pour répondre à toutes les questions de cette sorte avec le plus de précision possible ; formulez votre réponse comme s'ils étaient encore de ce monde. Comme pour toutes les autres questions de ce profil, évitez de faire appel à votre partenaire pour qu'il comble les lacunes de vos connaissances.

I. HISTOIRE FAMILIALE

Section à courtes réponses : une ou deux phrases devraient constituer une réponse suffisamment claire aux questions suivantes.

A. NOM DE VOTRE PARTENAIRE

1. Pour quelles raisons a-t-on attribué ce nom à votre partenaire ?

2. A-t-il hérité du nom d'une autre personne ? De qui ? Quelle est la signification de cette personne dans la vie de votre partenaire ou dans celle de ses parents ?

3. Existe-t-il une autre signification au nom de votre partenaire ? Expliquez.

4. Votre partenaire aime-t-il son nom ? Pourquoi ?

B. L'ÂGE DE VOTRE PARTENAIRE

1. L'âge de votre partenaire lui pose-t-il un problème ? De quelle façon ?

2. Se sent-il trop vieux ? Trop jeune ?

3. Votre partenaire souhaiterait-il avoir un autre âge ? Expliquez.

4. Avez-vous ou non le même âge que votre partenaire ? Cela pose-t-il un problème ?

C. RELATION MATERNELLE DE VOTRE PARTENAIRE
Encerclez Oui ou Non.

1.	La mère de votre partenaire est-elle toujours vivante ?	**Oui Non**
2.	Si elle est décédée, cela pose-t-il un problème selon vous ?	**Oui Non**
3.	Votre partenaire considère-t-il cette relation comme un actif plutôt qu'un passif ?	**Oui Non**
4.	Considérez-vous que la relation entre votre partenaire et sa mère est saine ?	**Oui Non**
5.	Votre partenaire sent-il que sa mère est fière de lui ?	**Oui Non**
6.	Votre partenaire traite-t-il ce membre de sa famille avec respect et dignité ?	**Oui Non**
7.	En général, diriez-vous que votre partenaire tend à profiter de ou à exploiter ce membre de sa famille ?	**Oui Non**
8.	Cette relation est-elle ouvertement affectueuse et chaleureuse ?	**Oui Non**
9.	La culpabilité est-elle très présente dans cette relation ?	**Oui Non**

D. EXERCICE ÉCRIT : Il est maintenant temps d'aborder l'aspect « mécanique relationnelle » de la relation de votre partenaire avec sa mère. Servez-vous de votre journal pour y inscrire vos réponses aux questions stimuli suivantes (S'il vous plaît, rappelez-vous que ces questions ont pour objet d'inciter à la réflexion sur votre relation intime. Sentez-vous libre de noter toute autre information qui vous viendrait à l'esprit). Si la mère de votre partenaire est défunte, vous devez évidemment traiter ces questions au temps passé.

1. Comment la mère et l'enfant (votre partenaire) abordent-ils les problèmes ? Comment ces deux personnes gèrent-elles leurs frustrations ? Expriment-elles librement leurs points de vue respectifs ou votre partenaire se plie-t-il simplement aux idées de sa mère ? Êtes-vous en mesure de décrire les stratégies que chacun

d'entre eux utilise lorsqu'un conflit survient dans leur relation ? Quel comportement chacun d'eux adopte-t-il dans ces situations ?

2. Selon vous, quel est l'aspect le plus positif de cette relation ? En comparaison, quel est le plus grave problème, à vos yeux, dans cette relation ?

3. Existe-t-il des occasions où votre partenaire a senti que sa mère avait violé son espace privé psychologique ? Si tel est le cas, comment a-t-il réagi à cette violation territoriale ? Votre partenaire a-t-il clairement communiqué à sa mère que cette entrée par infraction était inacceptable ou s'est-il comporté d'une toute autre façon ?

4. Selon vous, la relation de votre partenaire avec sa mère est-elle positive ou négative ? Identifiez des éléments qui supportent votre conclusion.

E. RELATION PATERNELLE DE VOTRE PARTENAIRE
Encerclez Oui ou Non.

1.	Le père de votre partenaire est-il toujours vivant ?	Oui	Non
2.	S'il est décédé, cela pose-t-il un problème selon vous ?	Oui	Non
3.	Votre partenaire considère-t-il cette relation comme un actif plutôt qu'un passif ?	Oui	Non
4.	Considérez-vous que la relation entre votre partenaire et son père est saine ?	Oui	Non
5.	Votre partenaire sent-il que son père est fier de lui ?	Oui	Non
6.	Votre partenaire traite-t-il ce membre de sa famille avec respect et dignité ?	Oui	Non
7.	En général, diriez-vous que votre partenaire tend à profiter de ou à exploiter ce membre de sa famille ?	Oui	Non
8.	Cette relation est-elle ouvertement affectueuse et chaleureuse ?	Oui	Non
9.	La culpabilité est-elle très présente dans cette relation ?	Oui	Non

F. EXERCICE ÉCRIT : Comme vous l'avez fait pour la mère de votre partenaire, il est maintenant temps d'aborder l'aspect « mécanique relationnelle » entre votre partenaire et son père. Comme tout à l'heure, utilisez votre journal pour y inscrire vos réponses aux questions stimuli suivantes en gardant à l'esprit de noter toute autre information que vous jugerez valable.

1. Comment le père et l'enfant (votre partenaire) abordent-ils les problèmes ? Comment ces deux personnes gèrent-elles leurs frustrations ? Expriment-elles librement leurs points de vue respectifs ou votre partenaire se plie-t-il simplement aux idées de son père ? Êtes-vous en mesure de décrire les stratégies que chacun d'entre eux utilise lorsqu'un conflit survient dans leur relation ? Quel comportement chacun d'eux adopte-t-il dans ces situations ?

2. Selon vous, quel est l'aspect le plus positif de cette relation ? En comparaison, quel est le plus grave problème, à vos yeux, dans cette relation ?

3. Existe-t-il des occasions où votre partenaire a senti que son père avait violé son espace privé psychologique ? Si tel est le cas, comment a-t-il réagi à cette violation territoriale ? Votre partenaire a-t-il clairement communiqué à son père que cette entrée par infraction était inacceptable ou s'est-il comporté d'une toute autre façon ?

4. Selon vous, la relation de votre partenaire avec son père est-elle positive ou négative ? Identifiez des éléments qui supportent votre conclusion.

G. RELATION(S) FRATERNELLE(S) DE VOTRE PARTENAIRE

Encerclez Oui ou Non. Répondez aux questions pour chaque frère et sœur.

1. Le frère (ou la sœur) de votre partenaire est-il toujours vivant ?   **Oui**   **Non**

2. S'il est décédé, cela pose-t-il un problème selon vous ?   **Oui**   **Non**

3. Votre partenaire considère-t-il cette relation comme un actif plutôt qu'un passif ?   **Oui**   **Non**

4. Considérez-vous que la relation entre votre partenaire et son frère (ou sa sœur) est saine ?   **Oui**   **Non**

5. Votre partenaire sent-il que son frère (ou sa sœur) est fier de lui ?   **Oui**   **Non**

6. Votre partenaire traite-t-il ce membre de sa famille avec respect et dignité ?   **Oui**   **Non**

7. En général, diriez-vous que votre partenaire tend à profiter de ou à exploiter ce membre de sa famille ?   **Oui**   **Non**

8. Cette relation est-elle ouvertement affectueuse et chaleureuse ?   **Oui**   **Non**

9. La culpabilité est-elle très présente dans cette relation ?   **Oui**   **Non**

H. EXERCICE ÉCRIT : Comme pour les exercices précédents, utilisez votre journal pour inscrire vos réponses aux questions stimuli suivantes sur votre partenaire et sa ou ses relation(s) fraternelle(s). Toutes autres informations inspirées par ces questions devraient, bien entendu, être inscrites dans votre journal.

1. Comment ce frère (ou cette sœur) et votre partenaire abordent-ils les problèmes ? Comment ces deux personnes gèrent-elles leurs frustrations ? Expriment-elles librement leurs points de vue respectifs ou votre partenaire se plie-t-il simplement aux idées de son frère (ou de sa sœur) ? Êtes-vous en mesure de décrire les

stratégies que chacun d'entre eux utilise lorsqu'un conflit survient dans leur relation ? Quel comportement chacun d'eux adopte-t-il dans ces situations ?

2. Selon vous, quel est l'aspect le plus positif de cette relation ? En comparaison, quel est le plus grave problème, à vos yeux, dans cette relation ?

3. Votre partenaire et ce frère (ou cette sœur) respectent-ils les « limites territoriales » de l'autre ? Lorsque l'un d'entre eux sent ou perçoit que l'autre a franchi cette limite, comment règle-t-il ce problème ?

4. Selon vous, la relation de votre partenaire avec son frère (ou sa sœur) est-elle positive ou négative ? Identifiez des éléments qui supportent cette évaluation.

Temps de repos : Avant de sauter à la prochaine section de l'élaboration du profil, je vous suggère de poser votre journal un instant. Prenez un instant de répit, mettez-vous à votre aise et laissez à vos idées le temps de se remettre en place afin d'avoir l'esprit vif, en possession de tous ses moyens et extrêmement attentif à ce qui suit.

II. ÉBAUCHE RELATIONNELLE

Vous venez de répondre à des questions très précises sur chaque membre de la famille de votre partenaire. Je vais maintenant vous demander de créer une sorte de mini-profil ou d'étude de la relation des parents de votre partenaire. Pour ce faire, il vous sera d'une aide précieuse de les visualiser mentalement ; je vous proposerai une série de questions qui rehausseront autant que possible la clarté et les couleurs de ces images.

De nouveau, si l'un des (ou les deux) membres de ce couple est aujourd'hui défunt, tentez de visualiser leur relation comme vous l'avez connue ou à votre meilleure connaissance du temps de leur vivant. Ces questions sont formulées au présent, mais vous pouvez vous souvenir d'éléments d'un passé éloigné. Utilisez les beaux-parents, s'il y a lieu, comme figure parentale s'ils ont eu, selon vous, une grande influence sur la vie de votre partenaire. Mettons-nous d'accord : vous répondrez à ces questions par *vous-même* et du mieux que vous pourrez ; évitez d'obtenir de votre partenaire les informations qui vous manquent.

On entend souvent dire qu'il est préférable de lire une recette culinaire du début à la fin avant d'entreprendre la confection d'un gâteau. Utilisez ce conseil pour cet exercice. Étudiez minutieusement les questions suivantes, une par une, du début à la fin, avant d'écrire quoi que ce soit.

1. Représentez-vous mentalement les parents de votre partenaire côte à côte : Où les imaginez-vous ? Si vous les imaginez à l'intérieur, dans quelle pièce se trouvent-ils ? Que font-ils ?

2. Leur relation est-elle caractérisée par beaucoup de chaleur et d'affection ou est-elle davantage froide et distante ? Comment expriment-ils leur affection l'un pour l'autre ? Utilisent-ils des gestes particuliers pour témoigner leur affection ? Ont-ils des expressions affectueuses ou des mots doux préférés qu'ils utilisent ?

3. Essayez maintenant de les imaginer lors de conflits. Leurs désaccords montent-ils fréquemment en flèche vers une guerre sans merci ? Ou considèrent-ils tout conflit comme embarrassant et inacceptable, de sorte que même les désaccords les plus bénins sont rapidement étouffés ? Comment qualifieriez-vous leur type de conflits ? Quelles stratégies chacun d'eux utilise-t-il pour résoudre les problèmes, pour clore les disputes ? Peut-être prennent-ils une position et livrent-ils librement et pacifiquement leurs opinions. Peut-être l'un d'entre eux quitte-t-il prestement la pièce et refuse-t-il de négocier.

4. Les parents de votre partenaire ont-ils toujours été fidèles ?

5. Se font-ils mutuellement rire ? Comment ?

6. L'amitié fait-elle partie de leur relation ? Se considèrent-ils comme le meilleur ami de l'autre ? Si tel n'est pas le cas, quel besoin n'est pas comblé de sorte que l'un d'eux ait à le combler en dehors de leur relation ? Dans un autre ordre d'idée, chacun d'entre eux possède-t-il un groupe d'amis proches avec lequel il adore passer du temps ?

7. Quelle est la nature de l'environnement familial qu'ils ont créé ? Existe-t-il des tensions dans ce milieu ? Lorsqu'ils reçoivent de la visite, ces visiteurs se sentent-ils immédiatement bienvenus dans la maison ? Ou s'assoient-ils nerveusement sur le bout de leur chaise, impatients de sortir d'une impasse quelconque ?

8. Quelles défaillances ou inadaptations comportementales pouvez-vous percevoir ou identifier chez les parents de votre partenaire ? Peut-être existe-il un stress ou une situation de crise que l'un des deux parents n'est pas en mesure de gérer adéquatement. Pensez à ces situations et à la réaction probable du parent concerné.

Reprenez maintenant votre journal. En utilisant les questions précédentes comme guides, élaborez une description écrite de la relation entre votre partenaire et son père et une autre de la relation de votre partenaire avec sa mère. Écrivez ce que vous savez à leur sujet, non pas de façon individuelle, mais plutôt en tant que groupe relationnel ; en considérant leurs interactions les uns envers les autres.

III. LES AUTRES RELATIONS DE VOTRE PARTENAIRE

Maintenant que nous avons exploré, avec une certaine profondeur, les relations familiales de votre partenaire, cela nous mène à examiner les autres relations de votre partenaire. Répondez de manière brève aux questions

Sauvez votre couple

suivantes, chacune de ces réponses ne nécessitant pas plus de deux phrases. Une fois de plus, évitez de demander des informations à votre partenaire.

1. Qui sont les meilleurs amis de votre partenaire ? Pourquoi sont-ils ses meilleurs amis ? Qu'est-ce qui attire votre partenaire vers eux et le pousse à passer du temps avec eux ? Comment votre partenaire les traite-t-il ?

2. Quelle est l'attitude générale de votre partenaire face au sexe opposé ?

3. Votre partenaire avait-il des amis dans son enfance ?

4. Quel genre de personne déplaît à votre partenaire ?

5. Comment votre partenaire considère-t-il et traite-t-il les personnes âgées ?

6. Comment votre partenaire considère-t-il et traite-t-il les animaux ?

7. Mis à part vous, vers qui votre partenaire se tourne-t-il pour trouver la camaraderie et la chaleur humaine ?

8. Votre partenaire a-t-il déjà été trompé, trahi ? Votre partenaire a-t-il déjà eu le cœur brisé ? Par qui ? Dans quelles circonstances ? Comment votre partenaire a-t-il réagi ?

9. Quelle a été l'histoire de la relation amoureuse précédente de votre partenaire ? Que savez-vous de cette relation ?

10. Quel genre de vie sociale votre partenaire préfère-t-il ? Les fins de semaine et les soirées où il est libre doivent-elles être remplies d'activités et de nouveaux visages ou votre partenaire préfère-t-il

profiter de ces moments pour rester à la maison ? Qu'est-ce qu'une situation sociale idéale pour votre partenaire ?

11. Votre partenaire a-t-il des amis au travail ? Qu'est-ce qui lui plaît chez ces personnes ?

12. Votre partenaire est-il apprécié par ses pairs ? Pourquoi ?

13. Votre partenaire se soucie-t-il de ce qu'autrui pense de lui ?

14. Considérez-vous que votre partenaire est une personne loyale ?

15. Votre partenaire est-il fidèle ?

16. Que pense votre partenaire de votre famille : vos parents, vos frères et sœurs et votre famille éloignée ?

17. Quelles personnes ou quel genre de personnes intimident votre partenaire ?

18. Qu'est-ce que votre partenaire pense de sa situation sociale ? Se sent-il au bas de l'échelle ou est-il plutôt content de sa situation ?

19. Quelle est l'attitude de votre partenaire face à l'autorité ?

IV. « L'ATTITUDE D'APPROCHE » DE VOTRE PARTENAIRE

Cette expression cerne bien la manière dont les gens approchent le monde. Par exemple, lorsqu'elles font irruption dans une pièce bondée de visages inconnus, certaines personnes s'empressent de s'infiltrer dans l'endroit le plus populeux – elles ne peuvent pas être confortables avant d'être au milieu de l'action. D'autres personnes préfèrent s'infiltrer dans une telle pièce comme une brise à peine perceptible. Elles seront parfaitement à leur aise en quelques minutes – leur attitude d'approche est simplement différente. Tous les gens, incluant votre partenaire, possèdent une attitude d'approche ou un mode d'être dans le monde.

QUESTIONS À CHOIX MULTIPLES : Pensez à la façon unique dont votre partenaire agit dans le monde, puis répondez aux questions suivantes en encerclant a ou b :

1. Lorsque mon partenaire et moi nous nous présentons à une réception, un 5 à 7 ou tout autre événement similaire, mon partenaire a tendance :
    a. *à roder et à éviter le centre de la foule en attendant que quelqu'un engage la conversation.*
    b. *à foncer vers les habitués des réceptions qui semblent s'amuser le plus.*

2. Je décrirais mon partenaire comme une personne :
    a. *davantage active.*
    b. *davantage passive.*

3. Je décrirais mon partenaire comme :
    a. *un leader.*
    b. *un supporter.*

4. Mon partenaire :
    a. *est une personne courageuse.*
    b. *approche la vie avec les mains moites.*

5. De manière générale, mon partenaire est une personne :
    a. *paresseuse.*
    b. *travailleuse.*

6. Mon partenaire est :
    a. *généralement satisfait et content de la vie qu'il mène.*
    b. *agité et frustré.*

7. Mon partenaire :
   a. *vit dans un zone de confort, refusant de quitter ses habitudes familières.*
   b. *est aventureux et accueille les bras ouverts tous nouveaux défis.*

8. Mon partenaire tend à être :
   a. *flexible et compréhensif.*
   b. *rigide et borné.*

QUESTIONS À RÉPONSES COURTES : Répondez maintenant aux questions suivantes sur l'attitude d'approche de votre partenaire par une ou deux phrases dans votre journal :

1. Qu'est-ce que votre partenaire trouve drôle ?

2. Qu'est-ce qui offense votre partenaire ?

3. Votre partenaire raconte-t-il parfois ses souvenirs ? Si oui, de quelle nature ?

4. Comment votre partenaire se sent-il par rapport à son enfance ?

5. Selon vous, votre partenaire a-t-il de la facilité à exprimer ses émotions ?

6. Comment votre partenaire réagit-il lorsque l'atmosphère est émotionnellement chargée ?

V. LE LOT DE FRUSTRATIONS DE VOTRE PARTENAIRE

Tout comme vous l'avez fait pour la relation parentale de votre partenaire, il s'avérera grandement utile pour mieux visualiser son profil de mettre sur papier la liste des frustrations de votre partenaire. Par frustrations, je veux simplement dire les facteurs qui engendrent du stress et des difficultés chez votre partenaire et la réaction de votre partenaire face à ces stress. Avant d'écrire quoi que ce soit, prenez le temps de consulter la série de questions ci-dessous. Pour chaque question, essayez de vous faire une image mentale claire du sujet proposé – visualisez la scène.

Quelles sont les plus grandes frustrations de votre partenaire ? En prenant en considération cette question, tentez d'identifier deux ou trois sources de frustration présentes dans les différents domaines de la vie de votre partenaire.

1. Au travail

2. À la maison

3. Dans ses relations avec les membres de sa famille en particulier

4. Lorsque sont abordés certains sujets

5. Les frustrations de votre partenaire suivent-elles certains modèles – c'est-à-dire, votre partenaire se fâche-t-il à des moments précis, dans des circonstances particulières ?

6. Êtes-vous en mesure de prédire comment votre partenaire exprimera ses frustrations ? Comment votre partenaire se comporte-t-il lorsqu'il est frustré ?

7. Votre partenaire conserve-t-il une attitude positive même lorsqu'il est évident que quelque chose ne va pas ?

8. Que fait votre partenaire lorsqu'il est en colère ?

9. Nommez trois ou quatre bêtes noires de votre partenaire ?

10. Quelle est l'importance que votre partenaire donne à l'harmonie et la paix ?

11. Diriez-vous que votre partenaire est indulgent ou vindicatif ?

12. Votre partenaire est-il très ou peu compétitif ?

13. Que pense votre partenaire de la confrontation ?

14. Votre partenaire est-il bon joueur ? Est-il mauvais perdant ?

15. Votre partenaire est-il un adepte des reproches et des plaintes ou accepte-t-il plutôt ce qui a eu lieu et tend à aller de l'avant ?

16. Votre partenaire souffre-t-il d'insécurité ? De quelle nature sont ses insécurités ?

17. Que fait votre partenaire lorsqu'il est blessé ?

18. Votre partenaire se sent-il apprécié ?

Retournez maintenant à votre journal et faites la description des frustrations de votre partenaire en vous rappelant d'y inclure sa réaction probable face à ces situations ou à ces éléments frustrants.

VI. LE SUCCÈS, L'ÉCHEC ET LES PERTES DE VOTRE PARTENAIRE

QUESTIONS À RÉPONSES COURTES : chacune des questions suivantes nécessite des réponses d'une ou deux phrases. Inscrivez-les dans votre journal.

1. Comment votre partenaire définit-il le succès ? Par exemple, est-ce l'argent qui est pour lui synonyme de succès ? Ou est-ce l'absence

de conflits qui signifie le succès ? Votre partenaire croit-il obtenir le succès parce que les interactions au sein de la famille sont harmonieuses ou lorsque tout dans la maison fonctionne rondement ? Que signifie le succès pour votre partenaire ?

2. Quels ont été les plus grands succès dans sa vie ? Quelles ont été ses plus remarquables victoires ?

3. Quels ont été les plus grands échecs dans sa vie ? Quelles ont été ses défaites les plus cuisantes ?

4. Quelles sont les limites de votre partenaire ? En est-il conscient ?

5. Y a-t-il eu, dans la vie de votre partenaire, une ou plusieurs tragédies ? De quelle nature ?

6. Votre partenaire est-il en mesure de s'excuser lorsqu'il a tort ?

VII. MÉTIER ET FINANCES

QUESTIONS À RÉPONSES COURTES :

1. À quel point est-il satisfait de son travail ?

2. Si votre partenaire pouvait choisir un autre emploi, lequel choisirait-il ? Quelles satisfactions ce travail lui apporterait-il qu'il n'obtient pas dans son emploi actuel ?

3. Comment votre partenaire se sent-il par rapport à sa situation financière ?

4. Votre partenaire est-il responsable financièrement ?

VIII. CORPS ET ÂME

QUESTIONS À COURTES RÉPONSES :

1. Quel est l'héritage parental de votre partenaire :
   a. Médical ?
   b. Psychologique ?
   c. Relationnel (c'est-à-dire son habileté à être en relation) ?

2. Votre partenaire est-il intelligent ? À quel point ?

3. Votre partenaire croit-il être intelligent ? À quel point ?

4. Comment votre partenaire se trouve-t-il physiquement ?

5. Quel est le sport favori de votre partenaire ?

6. Quelles sont les attentes sexuelles de votre partenaire ?

7. Quel mets ou quel aliment votre partenaire préfère-t-il ?

8. Quel style de musique votre partenaire préfère-t-il ?

9. Quel type d'art votre partenaire préfère-t-il ?

10. Quels sont les intérêts de votre partenaire ?

11. Quels sont les *hobbies* de votre partenaire ?

IX. PRINCIPES ET PRIORITÉS

1. Votre partenaire respecte-t-il certains principes ? Lesquels ? À quelles croyances votre partenaire adhère-t-il qui s'élèvent au rang d'engagements conscients et réfléchis ?

Sauvez votre couple

2. Existe-t-il un domaine dans la vie de votre partenaire où ses convictions brillent par leur vérité ?

3. Votre partenaire est-il particulièrement dévoué à l'excellence dans certains domaines de sa vie ?

4. Quels sont les penchants politiques de votre partenaire ?

5. Quelles sont ses cinq plus importantes priorités en ce moment dans sa vie ? Énumérez-les.

6. Votre partenaire est-il optimiste ?

7. Quelle est la plus grande passion de votre partenaire ?

8. Qu'est-ce qui rend votre partenaire le plus fier ?

9. Quelles sont les plus grandes peurs de votre partenaire ?

10. Que fait votre partenaire lorsqu'il est effrayé ?

11. En quoi consiste la vie spirituelle de votre partenaire ?

12. Quelles sont les croyances spirituelles ou religieuses de votre partenaire sur la vie et la mort ?

Temps de repos : Les prochaines questions nécessitent une grande attention et beaucoup d'efforts de votre part, alors je vous suggère de prendre une pause, de prendre du recul et d'examiner le travail effectué jusqu'à présent. Faites ce qu'il faut afin d'être tout à fait prêt pour ce qui suit. Comme toujours, prenez le temps de lire du début à la fin les questions avant de vous mettre à l'écriture.

J'ai bon espoir que, rendu à ce stade du processus, vous comprenez la nature délicate de votre tâche. Vous êtes le détenteur de précieuses informations ; informations aussi précieuses et fragiles que la clairière dans les Rocheuses décrite plus tôt. Aucune autre partie de l'élaboration du profil n'est plus révélatrice que celle-ci. Les questions suivantes traitent de points sensibles qui vous apporteront des informations d'une importance cruciale. Par conséquent, je vous implore de leur donner toute l'attention qu'elles méritent et de garder vos réponses uniquement pour vous ; pour vous et seulement pour vous.

PREMIÈRE QUESTION

Si votre partenaire pouvait se trouver où il le désire

Avec qui il le désire

À faire ce qu'il désire

Que ferait-il ?

DEUXIÈME QUESTION

Quel fut le moment le plus heureux dans la vie de votre partenaire ?

Si ce temps est révolu ? Que s'est-il produit ?

Qu'est-ce qui a fait en sorte de ternir la joie de votre partenaire : a-t-il changé ou est-ce le monde qui a changé ?

TROISIÈME QUESTION

Qu'est-ce que votre partenaire désire ?

Vous devriez élaborer sur la question à partir de ce que vous croyez qu'il désire : mettez de la chair sur l'os. Une fois que vous aurez articulé les désirs de votre partenaire, répondez à la question suivante :

Quels sont les obstacles qui l'empêchent d'obtenir ce qu'il désire ?

QUATRIÈME QUESTION

Pour quelles raisons votre partenaire vous a-t-il choisi pour vivre une relation intime ? En vous fondant sur les informations que vous avez recueillies à propos de son historique familial, relationnel et sur son tempérament en général, quels sont, selon vous, les facteurs majeurs qui l'ont attiré vers vous, qui l'ont poussé à vous faire connaître son monde intime ?

CINQUIÈME QUESTION

Quels sont les défauts majeurs de votre partenaire ?

RASSEMBLONS TOUTES CES INFORMATIONS

Au cours de l'élaboration du profil de votre partenaire, j'espère que vous avez consacré toute votre attention à chacune des questions précédentes et que vous vous êtes exprimé sincèrement et exhaustivement. Vous avez peut-être découvert qu'il existait des espaces blancs dans votre connaissance de l'être aimé. Pour certaines questions, il est possible que vous n'ayez même pas pu commencer la formulation d'une réponse. Ce n'est pas vraiment grave ; il est beaucoup plus important, à ce stade, d'avoir délimité clairement votre compréhension de cette personne plutôt que de s'inquiéter de tous les éléments que vous n'avez peut-être pas encore compris.

Une dernière étape, non moins cruciale, vous attend. Revoyez votre profil personnel. Rappelez-vous, nous avions abordé, de votre propre perspective, cinq catégories de besoins : émotionnelle, physique, spirituelle, sociale et celle de sécurité. Avant que le profil de votre partenaire puisse être considéré comme complet, vous devez créer une liste similaire à la vôtre, mais du point de vue de votre partenaire.

Pour rédiger adéquatement cette liste, vous devrez revoir les réponses que vous avez données aux séries de questions des pages précédentes. En vous relisant, placez-vous dans la peau d'un détective. Passez au crible vos réponses pour déterminer, dans la perspective spécifique à votre partenaire, les besoins suivants :

- émotionnels
- physiques
- spirituels
- sociaux
- de sécurité

Prenez le temps d'écrire ce que sont, selon vous, les besoins de votre partenaire dans chacune des cinq catégories. Par exemple, en examinant le profil de votre partenaire, vous vous dites peut-être : « C'est bien vrai, en regardant la vie de mon partenaire, personne ne lui a jamais dit qu'il était spécial. Il n'a jamais été soutenu de cette façon par quiconque dans sa vie. » Sous la catégorie besoins émotionnels, vous écririez donc : « Il a besoin de savoir qu'il est spécial, qu'il compte. »

Deux ou trois autres besoins émotionnels de cette nature pourront être découverts en relisant ce que vous avez écrit sur votre partenaire. Donc, vous devez mettre le profil de votre partenaire sous un « microscope mental » jusqu'à ce que vous ayez identifié ses besoins pour chacune des cinq catégories. Cette liste sera complète seulement lorsque vous serez persuadé d'avoir identifié les besoins les plus pressants de votre partenaire.

Une fois que vous aurez développé une liste de besoins pour les cinq catégories, retournez à la première catégorie complétée. Supposons que c'est celle des besoins émotionnels. Examinez le premier besoin de la liste sous cette catégorie et posez-vous la question suivante :

Quelles sont les trois actions que je peux utiliser dans l'immédiat, et que je peux répéter constamment dans le futur, pour combler le besoin de mon partenaire dans ce domaine ?

Ne méditez pas sur la question – répondez-y. Faites une liste de trois actions précises qui combleront immédiatement le besoin de votre partenaire. Si le premier besoin émotionnel de votre liste était, « Il a vraiment besoin de savoir que quelqu'un dans ce monde pense qu'il est spécial. », alors vous pourriez répondre à ce besoin par les trois actions suivantes (ce ne sont bien sûr que des exemples) :

1. « Je peux lui dire qu'il est spécial. Je peux lui glisser un mot et dire que nos enfants sont vraiment chanceux d'avoir un père comme lui. »

2. « Lorsque nous regardons la télévision et que nous y voyons le portrait type d'un couple problématique, je peux lui dire que je me compte chanceux d'être marié à une personne aussi stable et solide. »

3. « Lorsque nous nous rejoignons pour manger, je peux lui dire que je l'aimerai toujours, peu importe le travail qu'il fait. »

Vous devez absolument terminer ce dernier segment vital du profil de votre partenaire. Sachez que vous n'aurez pas terminé avant de trouver trois actions pour chacun des besoins de votre partenaire, dans chacune des cinq catégories. Veuillez noter que je ne vous demande pas de passer aux actes immédiatement – la manière d'exécuter chacune de ces actions et de les incorporer dans une stratégie de couple efficace est le sujet du prochain chapitre.

Votre but, pour le moment, est de vous préparer convenablement à agir. Vous ne devez pas vous avancer dans le prochain chapitre avant d'être en mesure de dire clairement : « Voici un des besoins de mon partenaire ; voilà trois des solutions à ma disposition pour le combler. »

Maintenant que vous avez complété cette tâche considérablement éprouvante, vous venez de faire un pas gigantesque vers le rétablissement ou le renforcement des liens émotionnels entre vous et votre partenaire. Continuez à « jongler » avec ces informations substantielles. Vous découvrirez ou vous redécouvrirez la personne avec laquelle vous avez la relation la plus intime au monde. Soyez encouragé et plein d'espoir ; vous êtes sur la bonne voie.

chapitre sept

RETISSER LES LIENS AVEC VOTRE PARTENAIRE

L e travail que vous avez accompli jusqu'à présent a été d'ordre personnel. Mais, il est maintenant temps de travailler de manière interactive, d'introduire votre partenaire dans le processus en cours. Pour ce faire, il est impératif que vous deveniez un leader, que vous preniez l'initiative.

Comme je l'ai dit plus tôt, le savoir, c'est le pouvoir. Que vous vous considériez ou non comme un leader naturel, je vous assure que, avec en votre possession les informations recueillies dans les chapitres précédents, vous détenez le rôle de leader dans votre couple. Vous êtes dans la position idéale pour renouer de manière significative avec votre partenaire. Vous n'avez jamais été aussi bien préparé et, à moins que votre partenaire vous ait accompagné dans toutes les étapes de cet ouvrage, vous êtes dans une bien meilleure position qu'il ne l'est pour guider votre relation dans la bonne voie. Vous avez reconnu la vérité, vous vous êtes libéré du reniement, vous avez développé un bon raisonnement et des attitudes saines, vous avez identifié vos besoins et ceux de votre partenaire ; par la suite, vous avez identifié des actions spécifiques pouvant aider à combler ces besoins.

Laissez-moi être bien clair sur le but visé par l'implication de votre partenaire dans notre cheminement. Vous êtes absolument prêt à obtenir ce dont vous avez besoin, à offrir à votre partenaire ce qu'il veut et ce dont il a besoin. Je ne veux pas que vous terminiez votre lecture en vous disant : « Eh bien, au moins j'aurai compris quelque chose. » La compréhension sans l'action ne vaut rien. Ne vous contentez pas de moins qu'une vie et une relation améliorées. Vous vous êtes contenté de trop peu depuis trop longtemps ; vous avez vécu trop longtemps dans des conditions insatisfaisantes.

Dorénavant, l'évaluation du succès doit être fondée sur les résultats – ce succès sera purement déterminé par l'état de votre relation, d'ici un mois, d'ici six mois et d'ici cinq ans. C'est le seul critère à prendre en considération. Si, dans un laps de temps donné, l'état de votre relation est similaire à celui d'aujourd'hui ou qu'il s'est aggravé, c'est que vous n'avez pas fait votre travail, c'est-à-dire celui que je vous propose dans cet ouvrage.

Vous devez cerner avec précision ce que le succès signifie dans le contexte d'une relation de couple. Lorsque nous évoquons le succès, nous avons souvent tendance à le définir par l'argent, par la beauté, par l'accomplissement et par les avoirs matériels. Cette définition n'a pas lieu d'être ici. Lorsque je parle de succès dans les relations de couple, je fais référence à l'harmonie, à la paix, à une réalité qui vous permet, à vous et votre partenaire, de vivre vos espoirs et de réaliser vos rêves d'enfance. Souvenez-vous : je vous ai dit qu'il est normal de désirer la relation dont vous rêviez et qu'il n'est pas trop tard pour l'obtenir. Mais, n'oubliez pas qu'il n'en tient qu'à vous. Les demi-mesures n'existent pas, vous n'avez pas d'excuse. Par le passé, lorsque vous aviez des raisonnements erronés et adoptiez des attitudes malsaines dans votre couple, vous étiez destiné à le contaminer. À l'époque, c'était peine perdue, mais vous n'aviez pas les connaissances dont vous disposez aujourd'hui. Vous n'avez plus d'excuse ; vous avez l'information en main. Vous avez maintenant le pouvoir d'influencer et de diriger votre relation. Tout ce qu'il vous reste à faire, c'est de vous lever, de vous tenir droit, d'utiliser ce pouvoir et de réclamer des résultats.

Laissez-moi éclaircir à nouveau la signification de « réclamer des résultats ». Cela ne signifie pas que vous contrôlez votre relation pour votre propre fin. Votre but est de créer une situation où tous sont gagnants. Vous rappelez-vous l'élément de la formule stipulant que vous devez être déterminé à voir vos besoins et ceux de la personne aimée comblés ? Il est indéniable que nous voyons tous la vie dans la perspective où elle nous affecte personnellement. Nous voulons que les événements jouent en notre faveur. Mais, je vous dis que, dans le contexte d'une relation de couple, vous ne pouvez absolument et irrévocablement pas gagner sans que cela implique également la victoire de votre partenaire. Si votre objectif est d'obtenir ce que vous désirez afin d'être la seule personne satisfaite et heureuse dans votre relation, vous échouerez à coup sûr. Vous vous noierez dans votre égoïsme et cela ne vous rendra pas heureux, c'est l'évidence même.

Il est donc temps de reprendre les négociations et de redéfinir cette relation. Il est temps de reprendre du début avec de meilleures informations et des attitudes nouvelles. Vous avez, tout simplement, entrepris le sauvetage de votre couple en ouvrant ce livre. Par la suite, vous avez poursuivi ce processus en travaillant sur vous-même. En rendant ce cheminement interactif, vous donnez pour la première fois à votre partenaire la chance de contribuer à l'atteinte de votre but. Peut-être y contribuera-t-il immédiatement de manière volontaire ou peut-être y sera-t-il rébarbatif. Qu'importe, il est maintenant temps d'intensifier l'ampleur de votre état de projet car désormais, vous devrez vous réveiller à tous les matins en vous demandant : « Que puis-je faire aujourd'hui pour améliorer l'état de ma relation de couple ? »

Je n'insinue pas qu'il sera facile d'y répondre ou que de mettre vos plans à exécution sera chose aisée. Je sais, d'autre part, que vous ressentez encore de la peur et des sentiments ambivalents. Mais ne laissez pas ces sentiments vous débouter. Ne sabotez pas ce processus en vous confondant dans le doute. Vous n'avez pas à évaluer la difficulté de l'exercice, je vous le dis d'emblée, ce ne sera pas de tout repos, voire même très ardu. Mais, vous avez les outils en main et votre relation mérite des efforts extrêmes de votre part. Refusez de vivre dans votre propre enfer, consumé par l'amertume et le ressentiment, assis dans une cambuse médiocre sans espace et sans air, où malgré l'exiguïté de l'endroit, vous avez créé un immense canyon entre vous et votre partenaire ; gouffre qu'aucun d'entre vous ne peut ni ne veut franchir. Refusez de faire partie des statistiques qui décrivent deux personnes en couple comme deux navires sans radar naviguant dans une brume opaque.

Ayez le courage de franchir ce canyon, de tendre la main à votre partenaire et de lui dire : « Je voudrais te parler de retomber en amour avec toi. » Il n'a pas besoin de le mériter et le fait de croire que ce serait à lui d'entreprendre de telles démarches n'a aucune importance. Vous êtes maintenant le leader. Vous êtes celui qui a amassé l'information, vous avez fait le travail et vous vous êtes préparé mentalement. Utilisez cette énergie pour mettre de côté votre passé, pour aller à la rencontre de votre partenaire et faire débloquer l'impasse qui vous désunit. L'objet de ce livre n'est pas de vous mener à un point de votre vie où vous serez assis seul à la maison avec une relation détruite sur les bras, situation où vous diriez : « Ce n'était pas de ma faute. » Le livre est conçu de manière à ce que vous trouviez le bonheur, même si beaucoup d'entre vous préféreraient tout laisser tomber.

Avant d'entreprendre le programme quotidien pour retisser les liens avec votre partenaire, je voudrais vous apporter mon aide tandis que vous vous préparez à approcher votre partenaire avec un nouveau dialogue. Vous aurez probablement à faire face à un des trois scénarios suivants. En premier lieu, certainement le scénario le plus désirable, votre partenaire est déjà impliqué dans le processus ; il a lu ce livre avec vous, il a participé à tous les exercices et les a complétés. Si telle est votre situation, vous avez été béni. Le second scénario en est un où vous n'étiez pas côte à côte lors de la lecture de cet ouvrage mais, votre partenaire est tout de même volontaire pour se prêter à l'expérience. Si tel est le cas, votre partenaire sera très excité et flatté de constater tout le temps et l'énergie que vous avez consacrés à votre relation et à l'élaboration de son profil personnel. Si ce scénario est le vôtre, vous êtes, vous aussi, béni et sur le point d'opérer des changements majeurs dans votre couple.

Le troisième scénario, cependant, implique un partenaire complètement rébarbatif à votre projet. En toute honnêteté, je ne vous cacherai pas que beaucoup d'entre vous auront à se buter à ce scénario. Pour une multitude de raisons, votre partenaire n'a pas lu ce livre, ne veut pas travailler sur la relation et vous dira peut-être : « Tiens, tiens ! regardez-moi ça. Tu as lu quelques pages d'un livre et te voilà un expert de renommée mondiale dans le domaine ! » Peut-être dira-t-il aussi : « Que veux-tu qu'un psy au crâne dégarni puisse connaître à mon sujet et sur ma vie ? Ce n'est qu'un autre imbécile colportant un autre livre. »

Il tentera peut-être de vous persuader que tout ce questionnement sur la « relation de couple » ne peut qu'aggraver la situation de votre relation. Il peut, d'ailleurs, être vraiment effrayé de savoir que vous avez des besoins fondamentaux qu'il ne croit pas pouvoir combler. Peut-être ne veut-il pas faire part de ce processus parce qu'il ne veut pas déterrer des souvenirs douloureux ou des événements déchirants du passé. Il est également possible qu'il tente de vous convaincre que cette démarche est inutile en prenant l'exemple d'un de ses amis étant ressorti d'une thérapie maritale complètement bouleversé et en colère. Dernièrement, mais pire encore, il croit peut-être que tous les problèmes dans votre relation vous sont imputables et il deviendra de plus en plus fâché à mesure que vous vous efforcerez d'améliorer la situation. Si votre relation a toujours été problématique et que du point de vue de votre partenaire, « l'émotion n'y est plus », il est probable qu'il ne soit pas du tout motivé à vous épauler. Votre partenaire est peut-être dépressif, replié sur lui-même ou continuellement sur la défensive. Ce ne sont pas là des conditions souhaitables, mais si c'est la relation que vous vivez, c'est sur celle-ci que vous devrez travailler.

Soyez patient et ne lâchez pas prise. Vous pouvez tout de même, en agissant seul, faire une grande différence dans votre relation. Vous êtes influent, vous pouvez mettre un baume sur les frustrations et la colère de votre partenaire. Rappelez-vous : vous êtes sur le point de vous exprimer d'une manière que votre partenaire n'a probablement jamais connue. Par le passé, vous n'aviez jamais été en mesure de nommer vos besoins ou d'être complètement conscient de ceux de l'être aimé. Vous n'étiez pas capable de contrecarrer les influences du côté obscur dans vos tentatives de communication. Vous ne pouviez pas vous ouvrir à votre partenaire car vous ne maîtrisiez pas les attitudes à adopter dans votre couple, ce qui est maintenant le cas. Au lieu de le harceler avec vos problèmes ou de l'ignorer complètement en lui tournant le dos, vous serez maintenant apte à créer une communication beaucoup plus claire et efficace.

Je ne prétends pas que la mission sera aisée sans la coopération de votre partenaire. Mais, elle n'est pas impossible. Vous savez, d'après votre expérience de vie, qu'il est impossible de se battre continuellement contre le courant. Si vous refusez catégoriquement d'abandonner, si vous décidez de ne jamais accepter un « non » comme réponse, si vous continuez de penser et de vous comporter de manière constructive, *vous aurez l'impact positif escompté.* Relisez ce passage à tous les jours s'il le faut. Je sais que vous pouvez vous sentir seul et que vous considérez probablement cette étape comme un escarpement impossible à gravir. Mais, ne perdez pas de vue votre objectif, ne renoncez pas. Faites-vous confiance, vous avez la capacité de faire une différence et n'oubliez pas que même des petits changements subtils peuvent amener votre relation sur la bonne voie.

Même si vous travaillez de manière unilatérale, la situation de votre couple devrait commencer à s'améliorer – et à cette amélioration se rattachera inévitablement une attitude volontaire de coopération de votre partenaire. Je sais qu'il appréciera éventuellement vos efforts. Vous devrez peut-être avoir à répéter vos « offensives » et à essayer différentes tactiques sur une longue période de temps pour obtenir son attention. Vous devrez peut-être lui laisser le temps de réaliser et d'accepter que, tout comme vous, il souffre, il est effrayé, perdu et frustré de ne pas avoir de solutions à ses problèmes. Mais, montrez-lui d'abord que vous tentez sincèrement de le comprendre et de combler ses besoins. Par le seul fait de passer aux actes dans votre relation, vous êtes sur le point de ressentir une puissance libératrice.

Peu importe l'état de votre relation avec votre partenaire, vous pouvez, de manière générale, appliquer une stratégie pour sauver votre couple, une stratégie qui vous mènera à une situation où tous sont gagnants – voilà pourquoi je vais vous présenter, étape par étape, un processus qui a pour but de retisser les liens amoureux dans votre couple. Si vous consultez la charte de déroulement du processus de renouement ci-après, vous constaterez qu'il y a différentes étapes précises à respecter. Examinez la charte afin d'en avoir une compréhension générale. Nous aborderons ensuite de manière plus précise les points clés de chacune de ces étapes. Après avoir étudié cette charte et lu les dix sections suivantes expliquant leur exécution, je vous fournirai quelques conseils sur ce qu'il faut faire et ne pas faire dans vos interactions de manière à minimiser les réactions brutales de résistance.

Étape n° 1 : Engager le dialogue de renouement

En engageant un nouveau dialogue avec votre partenaire, je crois qu'il est nécessaire d'être un tant soit peu manipulateur. Je ne crois pas que la manipulation est mauvaise en soi. Elle l'est, par contre, si elle est intéressée et destructrice. Mais, il est tout à fait sain d'utiliser vos connaissances et votre pouvoir de persuasion pour amener quelqu'un à avoir une attitude constructive et saine. Dans la situation présente, je veux que, dès le début, votre partenaire soit motivé positivement et qu'il n'ait aucun mal à comprendre que les bienfaits de participer à ce processus sont considérables.

Voilà pourquoi, à prime abord, vous devriez tenir un discours d'introduction engageant et attrayant à votre partenaire. Dans cette invitation à joindre ce processus de réhabilitation de votre amour, vous devez l'amener à prendre conscience de ses peurs et argumenter pour amoindrir son opposition. Mais, n'oubliez pas d'insister sur les bénéfices immédiats et significatifs dont il peut profiter en coopérant. En lui présentant la panoplie d'avantages que cette démarche lui offre, il ne se rebiffera pas. Donc, donnez tout ce que vous avez, l'effort ne tue pas. Inspirez-vous du discours d'introduction ci-dessous ; utilisez ce qui vous convient dans celui-ci, cet exemple n'est que général. Je vous le propose seulement dans le but de stimuler votre réflexion et de vous aider à entreprendre le dialogue de renouement.

« J'ai une proposition à te faire et je crois qu'elle va te plaire. C'est à propos de notre couple. Ne feins pas d'avoir autre chose à faire, de donner un bain au chien ou de devoir faire une visite à ta mère. S'il te plaît, assieds-toi et écoute ce que j'ai à te dire. Nous sommes dans une impasse. Tu le sais aussi bien que moi. Ça ne fonctionne ni pour toi ni pour moi. Cette

---

Charte du déroulement du processus de renouement

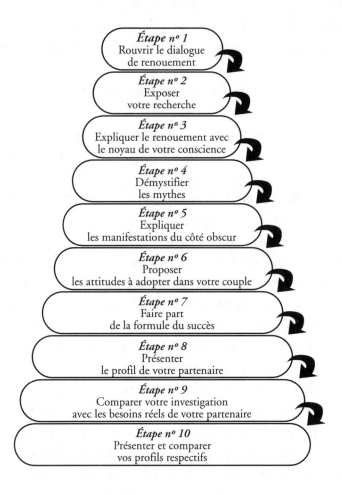

relation ne nous comble pas. Elle ne comble pas mes besoins et je sais pertinemment que les tiens ne le sont pas non plus. Je sais également que nous avons été frustrés. Cela m'attriste parce que nous avons déjà été heureux et je sais que nous pouvons l'être à nouveau. »

« Je suis ici devant toi pour te dire que j'ai l'intention de changer cette situation. J'ai l'intention d'effectuer des changements positifs qui nous donneront la chance d'être heureux. J'ai décidé de former un couple avec toi de mon plein gré. Il y avait tant d'aspects chez toi qui te rendaient attrayant à mes yeux. J'aimais ces aspects et je les aime toujours aujourd'hui. Notre problème, mon problème, c'est que nous ne mettons plus l'emphase sur ces choses qui nous ont unis. Je reconnais avoir commis l'erreur d'oublier ces choses qui m'ont amené à t'aimer profondément pour me concentrer sur celles qui n'ont aucune importance pour moi. Je me suis mis à concentrer mon attention sur les aspects négatifs pour ne plus voir que les problèmes. La vérité, c'est que je n'ai pas été un très bon ami. Je n'ai pas été ton bon ami, je n'ai pas été mon bon ami. J'ai arrêté d'être agréable et amusant et nous n'avons plus de plaisir ensemble. Mais pire encore, nous ne sommes plus là l'un pour l'autre. »

« J'aimerais prendre un engagement envers toi. Je m'engage à améliorer notre relation. Je m'engage à me concentrer sur l'amour que je te porte plutôt que sur la critique. Je m'engage à t'accepter pour ce que tu es et à t'encourager dans l'assouvissement de tes désirs. Je me suis engagé à prouver que, en formant ce couple, nous avons pris la bonne décision. J'ai la ferme intention que tu obtiennes ce que tu veux, ce dont tu as besoin dans cette relation et j'ai bien l'intention d'obtenir ce que je veux, ce dont j'ai besoin dans celle-ci. »

« Je veux faire un nouveau départ. Je me pardonne pour les bêtises que j'ai faites dans cette relation et je te pardonne pour les bêtises que tu as faites dans cette relation. Je n'étais pas prêt à franchir cette étape, mais je le suis maintenant. J'en suis persuadé, notre relation est viable. J'avais simplement oublié l'important. Je laisse derrière toutes les critiques que je t'ai faites et je ne garde aucune rancune pour tous tes agissements qui m'ont frustré par le passé. Que tu agisses ou non de la sorte dans le futur, je veux te dire que ma mire n'est plus pointée sur toi. Je ne te blâme pas pour mon malheur. Je suis maître et responsable de ma situation ; je ne te blâmerai plus jamais. »

« Je suis à cent pour cent responsable de ce que j'ai créé dans cette relation de couple. Ce n'est pas un arrangement cinquante-cinquante. Je suis totalement responsable de ma propre vie. Je crois d'ailleurs que tu es, toi aussi, à cent pour cent responsable, mais ce n'est pas ce dont je veux te parler en ce moment. Je te dis que je suis garant de mes propres sentiments et que de te blâmer pour ceux-ci est une insulte à ma personne. Ce serait m'insulter parce que, te blâmer serait un signe d'incompétence et témoignerait d'une absence de contrôle sur ma destinée ou sur les expériences que je vis. Et cela est faux car je peux contrôler ma propre destinée, et je le ferai. »

« Je ne te demande qu'une chose, c'est que tu veuilles m'aider à t'aider. Tu n'es peut-être pas enthousiaste le moins du monde à l'idée de travailler sur notre relation. Si tu en es rendu là, ce n'est pas grave. Je ne peux pas te dire comment te sentir, mais si tu voulais au moins m'épauler, je n'en demanderai pas plus. Vas-y à ton rythme, étape par étape s'il le faut. Mais essaye de faire preuve de bonne volonté en participant au travail fastidieux que j'ai fait depuis quelque temps et je te promets que nous serons transformés par ce processus ; nous en sortirons enrichis à coup sûr. »

Voilà votre discours d'introduction complété – et de grâce, ne croyez pas qu'il doit être aussi long que le mien (je tenais simplement à vous donner le plus d'idées possibles). Laissez maintenant la parole à votre partenaire. S'il semble suspicieux, méfiant ou réfractaire, ne montrez aucun signe d'impatience ou de nervosité. Il est tout à fait normal que votre partenaire se sente quelque peu menacé. S'il vous répond, « Alors ai-je affaire à Sigmund Freud ? », ne mordez pas à l'hameçon. Répondez sans porter de jugements catégoriques et de la manière la plus conciliante possible. Par exemple, vous pourriez dire : « Pas du tout. Je peux te dire sans gêne à quel point je ne m'y connais pas dans le domaine des relations amoureuses et du comportement humain, mais ce que je sais, c'est que je veux être heureux et je veux te voir heureux également. J'espère de tout mon cœur que tu considéreras mon travail et que tu te joindras à moi dans cette démarche ; mais si tu n'es pas d'accord, je comprendrai. Peut-être changeras-tu d'idée un jour. » Peu importe les propos que vous utiliserez, restez concentré sur votre objectif, vivez en accord avec ce que vous avez appris et soyez patient.

En assumant que votre partenaire est au moins disposé à rester assis le temps que vous partagiez et exposiez la nature de vos démarches, vous pouvez passer à l'étape nº 2. Vous pouvez procéder à celle-ci lors de la même séance ou trouver plus judicieux de prendre une pause et de compléter l'étape 2 ultérieurement.

Étape nº 2 : Exposer votre recherche

Il s'avérera utile ici de présenter sommairement tout le travail que vous avez accompli pour enclencher le processus de renouement. Mais comment le faire sans montrer des signes d'arrogance ? Faites-moi confiance, à ce moment critique du match, il serait fatal de jouer les « Je-sais-tout » condescendants. Vous devez interagir de façon à protéger l'estime personnelle de votre partenaire. La clé de la réussite repose donc dans une approche rassurante. Vous pourriez commencer la discussion simplement comme ceci : « Écoute, j'ai commencé la lecture d'un livre écrit par un Texan au crâne dégarni et je crois que tu l'aimerais. Laisse-moi te dire que c'est un livre qui a son franc-parler, qui met l'emphase sur l'action et dont le propos est très sensé. Et l'auteur ne fait pas dans la psycho-pop, ce n'est pas le genre : haïssais-tu-ta-mère-étant-jeune ? »

Plutôt que de vous présenter un texte comme à l'étape 1, je vais vous proposer quelques points de discussion à approfondir. Ces points de discussion, même s'ils s'enchevêtrent, devraient tous être abordés d'une quelconque façon durant l'étape nº 2.

Dites à votre partenaire, sans trop de détails, que vous avez été guidé dans un intéressant processus ayant pour but le diagnostic de ce qui fonctionne ou non dans votre relation de couple.

L'auteur, « Dr. Phil », nous invite à mesurer le succès par les résultats obtenus. Il ne se soucie guère de nos intentions respectives ; il nous encourage à examiner les résultats.

La culpabilité, le blâme et la honte n'existent que si nous vivons dans le passé. Ce livre te dit d'aller de l'avant et de ne pas regarder derrière, toujours devant. Le message est assez simple : « Si ce que tu fais ne fonctionne pas, change ton comportement. »

Faites part à votre partenaire de la manière par laquelle vous avez identifié certains de vos mauvais raisonnements et que vous tentez maintenant d'adopter une ligne de pensée constructive. Ici encore, ne vous lancez pas trop dans les détails. (Votre proposition doit être alléchante ; vous devez tenter votre partenaire avec vos connaissances de sorte qu'il dise : « Oh, vraiment ? Dis-m'en davantage. »)

Informez-le de vos travaux visant à identifier les attitudes autodestructrices que vous avez adoptées par inadvertance dans votre couple.

Expliquez-lui que vous avez commencé à identifier vos peurs, vos besoins et ce que sont, selon vous, les siens.

Dites à votre partenaire que l'auteur vous a livré une formule pleine de bon sens permettant de vivre une relation satisfaisante.

Vous devez à nouveau rassurer votre partenaire en lui réitérant que vous n'êtes pas devenu un expert des relations de couple, mais que vous possédez de nouvelles connaissances et que vous continuez d'assimiler des informations qui sont, selon vous, extrêmement pertinentes en vue de bien s'entendre dans un couple.

Si votre partenaire demande à en savoir davantage ou désire des exemples de ces mauvais raisonnements et de ces attitudes destructrices que vous avez adoptés, acquiescez à ses demandes. Cependant, s'il s'enquiert de ces peurs et de ces besoins identifiés, faites de votre mieux pour retarder le dévoilement de ceux-ci jusqu'à ce que nous soyons rendus à cette étape. En ayant la possibilité de partager certains des concepts clés avant de vous embarquer dans des discussions précises sur la relation de couple, il est fort probable que tout se déroulera beaucoup mieux.

Rappelez-vous : rencontrez votre partenaire là où il est rendu dans son cheminement. Ne forcez pas la note. Rappelez-vous à quel point vous étiez perdu avant d'entreprendre notre processus et vous serez plus en mesure de réaliser comment votre partenaire peut se sentir déboussolé et accablé ; ménagez-le, ajustez la dose et surtout, soyez patient. Lorsque vous sentirez que votre partenaire est prêt, passez à l'étape n° 3.

Étape n° 3 : Expliquer votre cheminement pour renouer avec le noyau de votre conscience

Voici maintenant le temps d'être plus spécifique sur votre apprentissage. Expliquez le concept du noyau de votre conscience et votre désir de renouer avec celui-ci. Je vous propose un exemple de la façon d'exposer ce sujet : « J'ai vraiment travaillé d'arrache-pied et j'ai eu beaucoup de mal à renouer avec ce que le livre nomme "le noyau de ma conscience". Contrairement à la connotation de son nom qui propose un certain mysticisme, c'est une partie de nous très réelle, c'est un concept des plus terre à terre. Ce concept est fondé sur du concret parce qu'il fait référence à cet endroit en nous où nous sommes définis en tant qu'être humain. C'est l'endroit où notre estime personnelle, notre valeur et notre dignité sont à leur meilleur. Je suis en mesure de percevoir cet endroit en toi. Je reconnais que ton estime personnelle, ta valeur et ta dignité brillent autant que les miennes peuvent le faire. Mais, tout comme moi, le noyau de ta conscience a été assombri par le monde et tous les problèmes que nous avons rencontrés au fil de notre parcours. J'ai renoué avec le noyau de ma conscience, je me sens mieux avec moi-même et, par conséquent, je me sens mieux avec toi. Je sais que si tu suis le même cheminement, nous nous retrouverons et nous interagirons à un tout autre niveau, ce qui ne peut qu'être bénéfique pour notre couple. »

Si tout se déroule à merveille, n'arrêtez pas sur votre lancée. S'il est nécessaire de faire une pause et de remettre la discussion à demain, alors faites-le. Rappelez-vous : amenez votre partenaire à prendre une place active dans la conversation en le stimulant à vous questionner ; favorisez ces questionnements par des réponses pouvant ouvrir d'autres voies à la discussion. S'il veut discuter de n'importe quel aspect de votre discours, c'est magnifique. Mais, n'oubliez pas de le faire avec une approche fidèle à tout ce que vous avez appris jusqu'ici. Tous doivent être gagnants, tous doivent gagner.

Étape nº 4 : Démystifier les mythes

Vous n'avez pas à décrire de façon exhaustive tous les mythes, mais une explication pertinente d'un ou plusieurs d'entre eux peut piquer la curiosité de votre partenaire, augmenter son intérêt, donc sa soif de savoir. Il serait utile de lui expliquer ce que je veux dire par « mythe ». Gardez en tête qu'il est probablement aussi frustré que vous l'avez été. Votre partenaire s'est sûrement senti, comme vous, impuissant et confus eu égard à son incapacité d'améliorer cette relation. Faites-lui part de mon point de vue : personne ne vous a jamais dit comment être « correctement » en relation et, par conséquent, vous avez cherché les yeux bandés la meilleure façon de vivre en couple. Informez-le également qu'il n'est pas surprenant que cette relation soit devenue problématique car vos convictions étaient erronées et vos raisonnements étaient mal fondés. Voici un autre exemple de ce que vous pourriez lui dire :

« J'ai été très surpris d'apprendre que certaines de mes convictions profondes étaient tout simplement inexactes. Certaines d'entre elles semblaient si logiques et sensées que je les avaient prises pour de l'argent comptant. Le quatrième mythe est un exemple qui illustre très bien mon propos. J'ai toujours cru que pour qu'une relation de couple soit exceptionnelle, nous devions régler tous nos problèmes et être irréprochables dans la résolution de ceux-ci. Dr. Phil dit carrément que nous ne résoudrons probablement jamais les conflits majeurs au sein de notre couple. Il dit que même lorsque nous serons mariés depuis cinquante ans, nous serons sûrement encore en désaccord sur les points importants qui sèment la discorde aujourd'hui et cet état de choses, crois-le ou non, ne devrait pas poser problème. Il explique la plupart de ces désaccords par l'unification en une seule entité, le couple, d'un homme et d'une femme. Cela m'a apaisé. Ces désaccords mineront le futur de notre couple seulement si nous les laissons *être* des éléments perturbateurs au lieu d'accepter nos différences et de choisir de vivre paisiblement.

Ces mythes sont de bons stimuli pour engager des discussions. Abordez-en autant que votre partenaire semble le souhaiter. Une fois de plus, ne portez pas de jugements catégoriques et, pour l'amour de Dieu, n'utilisez pas votre partenaire comme mauvais exemple. Si tout semble aller comme vous le voulez, passez à l'étape suivante.

Étape nº 5 : Expliquer les manifestations du côté obscur

Informez votre partenaire du regard très autocritique que vous avez jeté sur les manifestations de votre côté obscur et de la manière dont vous avez approché et fonctionné dans votre relation sous leurs influences. De plus, dites-lui comment vous avez commencé à transformer votre vie en confrontant votre propre côté obscur. Ne soyez pas académique dans vos explications. Il sera beaucoup plus aisé pour votre partenaire de comprendre ce concept si vous le personnalisez en démontrant comment une des manifestations de ce côté obscur vous a affecté. Laissez-moi vous donner un exemple :

« Parmi les manifestations du côté obscur dont parle Dr. Phil, il y a celle des « écrans de fumée ». C'est lorsqu'on cache le sujet qui nous tracasse réellement en étant très tatillon sur de petites pacotilles insignifiantes. Nous ne voulons pas discuter de ce qui nous importe. Je ne sais pas pour toi, mais j'avoue avoir parfois été une poule mouillée dans notre relation, des moments où une once de courage aurait suffi à faire toute la différence. Il y a eu des occasions où je me suis concentré sur des incidents banals entre nous parce que je n'avais pas le courage ou l'énergie de parler de ce qui me chicotait réellement. Je réalise maintenant que je t'ai empêché de profiter d'occasions où tu aurais pu interagir avec moi de façon réaliste. Ce qui est certain, c'est que cette petite perle de sagesse m'a vraiment fait réaliser que je te brimais et que notre relation en souffrait. »

Donnez un exemple précis d'une occasion où vous avez permis à un de vos côtés obscurs de vous dominer. Choisissez un événement dont il peut se souvenir et soyez aussi précis que possible pour ce qui est de la date, de l'endroit et des personnes présentes.

À nouveau, discutez d'autant de manifestations du côté obscur que votre partenaire le souhaite. N'oubliez pas de concentrer la discussion sur vous et non sur votre partenaire. Il aura amplement le temps d'identifier les manifestations dont il est la proie lorsqu'il sera prêt à jeter un regard plus réaliste sur ses propres comportements.

Étape n° 6 : Proposer les attitudes à adopter dans votre couple

Je vous recommande de prendre tout votre temps pour accomplir cette étape car, ce sont ces attitudes à adopter dans votre couple qui vous guideront, vous et votre partenaire, vers des interactions plus positives dans le futur. Exposez ces attitudes comme des objectifs à atteindre. Évitez à tout prix de suggérer que, parce que vous avez adopté ou embrassé ces attitudes, vous êtes un brillant exemple de l'intégration de celles-ci. Laissez-moi vous donner un autre exemple de ce qui serait souhaitable de dire à votre partenaire :

« Cela m'a vraiment plu lorsque Dr McGraw a parlé de l'attitude à adopter dans votre couple qu'il appelle « Mettre l'emphase sur l'amitié ». Je me suis rappelé que nous étions, à l'époque, de très bons amis. J'adorais discuter avec toi et partager mes pensées, mes sentiments. Mais, tu dois savoir que je me suis permis d'oublier cette connivence qui m'était si chère. »

« Le Dr McGraw dit qu'il faut absolument être à prime abord de bons amis si l'on veut devenir des amoureux et des conjoints. Cela m'a redonné espoir et force parce que je sais que nous avons déjà été amis et je suis convaincu que nous pouvons l'être à nouveau – le genre d'amis qui ne peuvent imaginer leur vie l'un sans l'autre. »

Évoquer des souvenirs peut être d'une grande aide ici. Rappelez-vous et relatez à votre partenaire les activités amicales que vous aviez l'habitude de faire, que ce soit le flirt, aller regarder l'autre pratiquer un sport ou faire des promenades dans votre quartier. Si vous êtes en mesure de partager des souvenirs du temps de votre amitié, cela donnera un élan positif à votre discussion.

En progressant dans la discussion de ces attitudes, efforcez-vous de trouver et de partager le plus d'exemples précis de votre histoire commune. Par exemple précis, je veux simplement dire des situations et des circonstances où vous viviez une ou plusieurs des attitudes à adopter dans votre couple et que cela fonctionnait pour vous. En vous rappelant et en remémorant à votre partenaire l'époque où ces attitudes supportaient vos interactions quotidiennes, vous établirez une confiance réciproque sur laquelle vous pourrez bâtir votre futur. Si tout va bien jusqu'ici, procédez à l'étape suivante. Si tout ne tourne pas rond, il serait souhaitable de prendre une pause. Franchir toutes les étapes peut être une question d'heures, de journées, voire même de plusieurs semaines.

Étape n° 7 : Faire part de la formule du succès

À ce stade, j'espère que vous avez mémorisé la formule du succès afin de pouvoir regarder votre partenaire dans les yeux et la lui réciter. (« La qualité d'une relation de couple est tributaire d'une fondation émotionnelle inébranlable dont la première composante est l'amitié et la seconde, la détermination à voir vos besoins et ceux de la personne aimée comblés. ») Puis, donnez une explication sommaire de tout ce que vous avez appris jusqu'ici sur cette formule. Je vous suggère d'entamer une discussion sur la formule en tenant un discours qui s'apparente à ceci :

« D'une manière remplie de bon sens, Dr McGraw m'a persuadé que si je désirais une relation de qualité supérieure, je devais apprendre à être à la hauteur de tes attentes, à combler tes besoins et à t'apprendre la nature des miens afin de te donner la chance de les combler. Pour ma part, je dois t'avouer que je n'ai pas été très loquace à ce sujet et je réalise maintenant que je t'ai rendu la tâche extrêmement difficile. Premièrement, je n'ai jamais pris le temps de réellement identifier mes besoins. Je ne pouvais pas exprimer ce que j'ignorais, tu n'avais donc aucune chance d'être à la hauteur de mes attentes. Pour être franc, de toute manière, je crois que je n'aurais pas eu le courage de te dire ce qu'étaient mes besoins, par peur que tu ris de moi pour ensuite rejeter mon intervention. Je n'ai pas été fair-play avec toi. J'imagine que je croyais que tu pouvais lire dans mes pensées. Bon, tout ceci n'est peut-être pas une grande révélation pour toi, mais ces informations m'ont été précieuses. »

« Et ce n'est pas tout. Par ce livre, j'ai réalisé que je n'avais jamais tenté de découvrir la nature de tes besoins pour ensuite faire en sorte d'être en mesure de les combler. Voici donc mon but : combler tes besoins et voir les miens satisfaits. J'ai la ferme certitude que si nous travaillons ensemble pour comprendre et exprimer nos besoins, nous nous rapprocherons l'un de l'autre, nous nous dirigerons dans la même direction au lieu de faire bande à part. Je dois te dire, cette formule fait naître en moi beaucoup d'espoir. »

Discutez de cette formule autant que votre partenaire le souhaite. La logique et le bon sens de la formule vous permettent de trouver facilement un terrain d'entente, de rapprocher vos points de vue. Vous désirez évidemment que votre partenaire, tout comme vous l'avez fait, adopte et reconnaisse la véracité de la formule. Qu'il y adhère lors de votre première conversation ou plus tard, continuez à insister sur l'amitié et sur vos besoins respectifs dans vos discussions sur votre couple.

Ne vous précipitez pas vers la prochaine étape ; allouez une période de temps raisonnable pour que votre partenaire se replace les idées ; une ou deux heures au minimum. Ce temps sera nécessaire pour vous permettre de tester l'effet réel de votre discussion, de voir si vous jaugez bien votre partenaire. Si vous avez des désaccords, soyez modéré mais faites également confiance à vos perceptions. Vous avez certainement travaillé davantage et plus objectivement sur le profil de votre partenaire qu'il ne l'a fait.

Étape n° 8 : Présenter le profil de votre partenaire

Nous voilà maintenant arrivé à la partie critique du processus de renouement. Vous devez être particulièrement prudent et rassurant dans la divulgation du profil de votre partenaire. Cette partie de votre travail piquera plus que toute autre sa curiosité. Il sera sans doute impressionné sinon flatté par l'incroyable quantité de temps, d'effort et d'énergie que vous avez déployés pour élaborer le profil de ce que sont, selon vous, ses espoirs, ses rêves et ses besoins. Soyons réaliste, tout le monde aime être la « star ». Tout le monde aime être le centre d'attention.

Mais vous devez présenter ce profil d'une manière crédible. Sinon, vous risquez de reclure votre partenaire et de perdre une occasion sans précédent de renouer vos liens amoureux. Même si tout le monde aime être la vedette, il est également facile pour votre partenaire de se sentir menacé parce que vous le mettez sous microscope. S'il a des souvenirs d'événements douloureux et vous lui annoncez que vous les avez déterrés pour fin d'analyse, vous pouvez susciter chez lui un certain sentiment d'anxiété. Pardonnez-moi si je me répète, mais ici encore, vous devez user de tact et être le plus rassurant possible.

Voici une façon d'informer votre partenaire de vos travaux :

« Durant les deux dernières semaines, j'ai élaboré ce que le Dr McGraw appelle le profil de votre partenaire. C'est un processus méthodique conçu pour mettre en lumière ce que je connais et apprécie chez toi. Il a également pour but que je découvre des aspects ignorés qu'il serait normal que je sache au sujet de la personne avec qui je passe ma vie. Je voudrais te montrer les résultats de mon travail, mais il est certain qu'il y a beaucoup d'informations manquantes dans mon enquête. Je croyais en savoir plus sur toi, mais j'avoue que certains aspects m'échappent complètement ; j'aimerais que tu m'aides à compléter ma recherche et à corriger les éléments que je n'ai pas perçus correctement. Tu dois comprendre, je devais bien commencer quelque part. Je suis très excité de te montrer tout le travail de recherche qu'a impliqué l'élaboration de ton profil. »

Je vous recommande d'aborder, item par item, tous les aspects du profil de votre partenaire afin qu'il comprenne bien les conclusions auxquelles vous êtes arrivé. Il est inévitable que par cette présentation, un dialogue se mette en branle. Votre partenaire, par exemple, examinera ce que vous avez inscrit dans le profil et dira : « Eh, non, je n'ai pas de rancune envers mon frère pour ce qu'il a fait. »

Attendez-vous à ce que votre partenaire vous signale vos erreurs et assurez-vous de ne pas débattre le réalisme de vos conclusions. S'il se sent acculé au pied du mur, vous vous dirigez droit vers les problèmes. Mais, s'il vous sent souple et ouvert, l'environnement sera propice à la confiance, ce qui vous permettra de partager vos opinions en toute sécurité, sans risque de dispute.

Soyez douceâtre mais ouvert en dévoilant ce profil. Assurez-vous que votre partenaire comprenne que vous n'accordez pas vraiment d'importance à avoir raison dans vos conclusions. Assurez-vous qu'il soit bien clair pour votre partenaire que vous voulez uniquement connaître la vérité afin de vous aider à mieux le comprendre et à identifier ce dont il a besoin. Si vous n'avez pas raison, vous n'avez pas raison, c'est tout. Mais, évertuez-vous à découvrir la vérité. N'oubliez pas de vous concentrer sur ses accomplissements et sur les actes ou autres aspects dont il devrait être fier. Il sera peut-être embarrassé lorsque vous lui parlerez de ce que sont, selon vous, ses besoins, donc soyez sensible et aventurez-vous avec patience et précaution.

Étape n° 9 : Comparer votre investigation avec les besoins réels de votre partenaire

Voici votre chance d'obtenir une réponse qui vient du fond du cœur de votre partenaire sur la justesse de l'identification de ses besoins tout en déterminant adéquatement comment répondre de votre mieux à ceux-ci.

Je sais que j'ai déjà dit ceci, mais je crois qu'il est utile de le répéter : en évoquant les besoins de votre partenaire, n'utilisez pas une approche qui propose la critique. Par exemple, si vous êtes une femme et que vous croyez que votre mari a le besoin incessant d'être rassuré et d'avoir votre approbation, vous l'offenserez en déclarant ce besoin d'une manière aussi brusque. Cela laisse entendre qu'il est, d'une certaine manière, dysfonctionnel. Vous risquez de le perdre dans ce processus de renouement. Une façon plus appropriée d'aborder ce sujet épineux est de découvrir ce qui se cache sous ce besoin obsessionnel et insatiable d'approbation et de sécurité. Il sera certainement plus bénéfique pour vous et plus acceptable pour lui de parler de son besoin d'avoir plus de reconnaissance. Vous devez aller chercher derrière l'expression ou la manifestation de son besoin et ce qui sous-tend probablement ce manque. Je sais que devoir analyser ajoute à la pression déjà présente et vous sentez peut-être que vous « jouez au psychologue ». Vous n'aurez d'autre choix que de prendre des risques ici. Soyez honnête mais diplomate en communiquant à votre partenaire ce que vous croyez être ses besoins.

De plus, en partageant vos conclusions sur ses besoins dans chacune des catégories dont nous avons parlé – c'est-à-dire émotionnelle, physique, spirituelle, sociale et sécurité – expliquez-lui qu'il doit considérer vos listes comme un point de départ. Les besoins dont vous avez fait la liste et les trois actions envisageables pour combler ceux-ci, doivent être considérés, à ce stade, comme un stimulus à des discussions ultérieures. Une fois de plus, permettez à votre partenaire d'être en désaccord et remplacez votre interprétation d'un besoin par la sienne. Exhortez-le à remettre en question ce que vous avez inscrit dans le profil. Vous pourriez lui dire : « Vois-tu les trois actions supposées rencontrer tes attentes inscrites sous chaque besoin ? Peux-tu me dire si c'est ce que tu attends de moi et vont-elles oui ou non combler tes besoins ? » Ce genre d'interaction peut faire place aux conversations les plus saines au sein de votre relation, car chacun d'entre vous réalisera l'importance du sujet discuté.

De grâce, restez patient lors de cette discussion. N'oubliez pas que vous avez fait le gros du travail et que vous avez probablement une grosse longueur d'avance dans le raffinement de la réflexion sur votre relation. S'il dénie un besoin ou une peur que vous croyez absolument réel, laissez du temps à votre partenaire pour qu'il le réalise. Restez patient mais persistant. Vous devrez peut-être attendre quelques jours avant de revenir sur ce besoin en particulier, mais donnez suite à votre démarche.

Étape nº 10 : Présenter et comparer vos profils respectifs

La dernière étape ne vise que vous – eh oui, elle sera quelque peu effarouchante. Comme vous vous rappelez sûrement ce que j'ai écrit sur les risques de l'intimité, vous devez maintenant prendre un énorme risque en dévoilant vos besoins les plus profonds et vos peurs les plus secrètes. Vous plongez du plus haut tremplin.

Malgré le vertige que vous pouvez ressentir, cette étape n'en demeure pas moins cruciale et incontournable. Ne soyez pas gêné et ayez confiance en vous lors de cette mise à nu de votre personnalité. Dans votre vie, vous n'aurez rien de plus que ce que vous êtes prêt à demander. Ayez le courage de nommer ce que vous désirez réclamer. Ne vous empêchez pas de dire à votre partenaire ce qu'il pourrait faire pour combler vos désirs et vos besoins. Je vous recommande d'entamer cette ouverture complète par un propos qui se rapproche de ce qui suit :

« Je vais être honnête avec toi. Ce que je m'apprête à faire est probablement la partie la plus angoissante pour moi de tout ce processus. Cela fait très longtemps que j'érige des murs autour de moi, des murs destinés à me protéger de toi. Je ne suis pas fier de ce que j'ai fait, mais je l'ai tout de même fait. Je pensais me sentir en sécurité derrière ces murs. Je ne l'étais pas. J'étais seul. Alors maintenant, je vais quitter ces murs et me rendre complètement vulnérable devant toi. J'ai peur, mais c'est un risque que je suis prêt à prendre parce que je sais que c'est l'unique manière d'être à nouveau près l'un de l'autre. Et j'en ai besoin, j'ai vraiment besoin qu'on redevienne des amoureux. »

« Je te demande simplement d'écouter ce que j'ai à dire autant avec ton cœur qu'avec tes oreilles et de ne pas me juger pour mes paroles. En te dévoilant mes peurs et mes besoins, je te donne des munitions pour me blesser et me contrôler. Je le fais parce que je veux avoir confiance en toi. J'espère de tout mon cœur que tu respecteras le risque que je prends en ce moment. »

« Tout comme j'ai identifié trois actions susceptibles d'aider à combler tes besoins dans cette étape, on m'a demandé dans ce livre d'identifier trois choses que j'aimerais vraiment que tu fasses pour m'aider à surmonter mes peurs et à combler mes besoins. Je ne veux pas que tu penses qu'elles sont des demandes précises. J'ai simplement identifié ce que dans un monde parfait j'apprécierais au plus haut niveau, ce qui est important pour moi. Alors, je me lance. »

En épluchant votre profil personnel, n'hésitez pas à consulter celui de votre partenaire afin de faire des parallèles, tentez de faire des rapprochements ou de découvrir des similarités entre vos peurs et vos besoins respectifs. Rappelez-vous : vous n'êtes que deux personnes essayant de trouver votre petit bonheur dans un monde souvent sans pitié et évoluant à une vitesse exponentielle. Ne croyez surtout pas que vous êtes faible d'affirmer avoir des besoins que seul votre partenaire peut combler. D'ailleurs, ce sont ces besoins qui vous ont amenés l'un à l'autre en premier lieu.

Vous avez complété les étapes de la charte du déroulement du processus de renouement et vous avez bâti une base solide pour ce qui suit. Par la communication rétablie entre vous et votre partenaire, l'intimité recommence à faire partie de votre couple et de votre vie. Elle prend tranquillement racine ou elle est peut-être sur le point d'éclore.

Pour vous aider à cheminer dans la bonne direction, voici une liste simple de comportements à avoir ou à proscrire dans le déroulement de cette dernière étape :

À FAIRE	À NE PAS FAIRE
Être patient	Mettre trop de pression
Être humble	Faire le « Je-sais-tout »
Être responsable	Porter des jugements catégoriques
Être spécifique	Être mystérieux
Être totalement ouvert	Cacher certaines choses
Utiliser le « Je » dans votre formulation	Prendre votre partenaire comme mauvais exemple

Vous et votre partenaire venez de compléter un travail fondamental. Vous avez partagé de l'information essentielle provenant du fond de votre cœur et de votre esprit. Vous avez, sans aucun doute, inspiré votre partenaire à renouveler son engagement à promouvoir une meilleure vie relationnelle. Même s'il n'a démontré qu'un soupçon de volonté, ne vous découragez pas. Ce soupçon peut facilement remplir un flacon.

Mais, tout ceci n'est que le commencement. N'oubliez jamais : les relations de couple ne se guérissent pas, elles se gèrent. Peu importe le déroulement de vos discussions, gardez à l'esprit que c'est un processus en développement, que le sauvetage de votre couple est en devenir. Vous devez persister et exiger d'avoir des discussions claires avec votre partenaire. Vous devez continuellement remettre en question vos perceptions de vous-même et de votre partenaire pour vous assurer qu'elles sont justes. Vous devez être patient avec lui et modérer vos interventions. Ce sont de nouvelles habiletés que vous maîtriserez inévitablement, mais ce ne sera possible que par la pratique. D'ailleurs, vous devrez les mettre en pratique très souvent.

C'est dans cette direction que nous nous dirigeons dans notre processus de renouement. Nous allons étudier deux éléments extrêmement importants qui vous apporteront le succès : la programmation et l'action. Vous devez vous engager à prendre tout le temps nécessaire au bon fonctionnement de ce processus et vous ne pouvez pas laisser les échecs et les revers vous décourager.

chapitre huit

QUATORZE JOURS D'AMOUR EN TOUTE HONNÊTETÉ

J e vous ai dit au tout début de cet ouvrage que je ne me satisferai pas d'un simple épluchage de votre couple pour des fins d'études. Je ne voulais pas produire un autre de ces livres qui vous laisse seul arriver à comprendre ce qui est arrivé entre vous et votre partenaire. Nous pourrions nous asseoir et en discuter jusqu'à ce que la Terre redevienne plate, mais cela ne changerait absolument rien.

Mon but est clair et simple : vous amener à canaliser votre concentration sur ce qui ne fonctionne pas plutôt que sur les causes de ces dysfonctions. Et si j'ai retenu une chose pendant les vingt ans où j'ai travaillé avec des couples, c'est qu'on ne règle pas les problèmes en se penchant trop sur ceux-ci. En fait, l'analyse paralyse. Vous ne devenez pas meilleur en devenant plus intelligent. Vous devez poser des actes concluants qui engendrent l'effet désiré et suivre un programme rigoureux.

Je vous tromperais si je n'étais pas clair comme de l'eau de roche. Vous ne renouerez jamais de manière permanente avec votre partenaire par quelques changements isolés ou en vous fiant à votre volonté. *Vous devez suivre un programme.* Je comprends que, en ce moment vous vous sentez peut-être tellement prêt et inspiré à améliorer votre relation que vous voudriez littéralement défoncer des murs.

Le problème, c'est qu'une telle volonté a trop souvent été la cause de tentatives avortées dans la vie des gens. Le pouvoir illimité de la volonté est un mythe. Ce qui pose problème en tentant d'utiliser la volonté pour effectuer et maintenir un changement comportemental, c'est que cette volonté est nourrie par l'émotion ; et comme nous le savons tous, nos émotions sont, à tout le moins, inconstantes et instables. Elles vont et viennent. Lorsque vos émotions s'estomperont – et croyez-moi, elles le feront – même vos plans les mieux dressés tomberont à l'eau.

Pensez à toutes les diètes ou les résolutions du Nouvel An que vous avez entreprises lorsque vous étiez si excité et convaincu d'être en mesure d'opérer de réels changements dans votre vie. Après quelques jours ou quelques semaines, ces émotions qui vous rendaient si volontaire se sont inévitablement affaiblies et vous êtes devenu las et distrait. Vous avez succombé à l'attrait de la nourriture ou au confort de votre divan et à la monotonie de votre télévision. Donc, vous avez probablement vécu à répétition le même cycle – perdant les mêmes vingt livres vingt fois ou retournant au même centre d'entraînement d'année en année – croyant que cette fois, ce serait différent.

Vous avez probablement vécu le même genre de cycle dans votre relation de couple. Vous avez pris la résolution de ne plus vous mettre en colère et de ne plus élever le ton – ou peut-être de ne plus vous sentir dans l'insécurité avec votre partenaire – seulement pour voir votre volonté faiblir, votre conviction et votre engagement s'atténuer en quelques jours. À ce stade, les émotions et les comportements négatifs qui vous avaient affligé ont fort probablement réapparu, vos habitudes ont repris le dessus même si vous croyiez avoir la solution parfaite.

Ces cycles peuvent être bannis de votre relation – et ils peuvent l'être pour toujours – mais, vous devez absolument suivre un programme qui ne dépend pas seulement de la volonté. Le programme, associé à des objectifs appropriés, à une gestion de votre temps, à un horaire préétabli et à une responsabilité de votre part vous soutiendra même lorsque votre volonté se sera dissipée depuis longtemps.

Comment un « programme » peut-il garantir les résultats de la montagne russe émotive d'une relation de couple ? La réponse est dans la structure. Un programme bien structuré doit vous appuyer et vous pousser de l'avant même lorsque la motivation est à son plus bas. Si vous programmez votre environnement, votre entourage et que vous vous conditionnez de manière à soutenir vos objectifs, alors vous aurez programmé votre monde à vous aider à tenir vos engagements.

Je l'admets, il est bien plus facile d'effectuer des changements rapides et temporaires lorsque votre énergie émotionnelle est élevée. Le secret est d'avoir un programme qui maintient votre performance lorsque vos émotions sont atténuées, que vous êtes las et découragé. Résoudre un problème chronique qui est très résistant au changement se fait un jour à la fois, étape par étape.

D'ailleurs, il est certain que vous avez franchi des étapes significatives vers le renouement, n'oubliez jamais qu'elles ne sont que les premiers pas vers le succès. Vous devez vous pratiquer sans relâche à vous insinuer dans le noyau de votre conscience jusqu'à ce que cela devienne une deuxième nature. Ce sont les actions et non les intentions qui sauveront votre couple et vous permettront de renouer avec votre partenaire ; ce ne sont que ces actions qui vous pousseront vers un futur paisible. Tout comme un skieur de descentes qui débute tranquillement sa course pour ensuite accélérer à une vitesse vertigineuse, moment où il ne peut plus être arrêté dans sa descente du flanc de montagne, votre relation bénéficiera de ce même élan – en autant que vous ayez un plan précis pour atteindre la ligne d'arrivée.

Au cours de ce chapitre, je vais vous proposer un programme de quatorze jours qui donnera ce magnifique élan à votre relation de couple. Les activités journalières que je vous propose sont très simples et, plus important encore, sont conçues pour que vous passiez immédiatement à l'action. Chaque jour impliquera d'importants nouveaux comportements. En accord avec ce que j'appelle mettre votre couple en « état de projet », vous devrez travailler sur vous-même et de manière interactive avec votre partenaire.

Je dois être honnête avec vous : ce que vous vous apprêtez à accomplir dans ce chapitre vous rendra peut-être mal à l'aise à certains moments. Cet exercice est conçu pour vous mettre à rude épreuve ; vous devrez être vulnérable. Ce ne sera pas de tout repos. Si certains passages vous semblent aisés, c'est que vous savez déjà comment accomplir ce qui vous est demandé. Le défi consiste à adopter de nouveaux comportements qui rapportent de nouvelles gratifications et fassent taire les vieilles voix intérieures qui vous somment de revenir à votre ancien mode de vie ; Ces voix qui vous demandent d'éviter certains sujets dangereux et de choisir la facilité.

Tout ce que je vous demande, c'est faire ce que je vous propose. Vous n'avez pas à donner votre appréciation de la démarche, vous n'avez même pas à la comprendre, vous devez seulement accomplir les tâches quotidiennes ; faites-moi confiance, vous obtiendrez des résultats satisfaisants. Rappelez-vous : l'incompréhension qui a poussé votre relation vers la détresse était un processus actif que vous et votre partenaire utilisiez, vous devez maintenant passer à l'action de manière tout aussi active pour redresser votre couple. Même ceux d'entre vous qui vivent une bonne relation de couple trouveront ces techniques utiles et efficaces car elles solidifieront le mortier entre les pierres fondatrices de leur relation.

Je vous recommande d'allouer un moment précis pour chacune des tâches assignées. De plus, je veux que vous protégiez cette période de temps comme vous le faites pour vos autres activités importantes quotidiennes. Par exemple, vous n'auriez jamais l'idée de vous lever le matin pour aller travailler sans vous habiller et brosser vos cheveux. Vous ne diriez jamais : « Eh bien, je suis un peu en retard, je porterai mon pyjama au travail aujourd'hui. » Si vous désirez réussir, considérez le temps alloué à vos tâches comme s'il était celui que vous prenez pour vous habiller. Prenez le temps, puis utilisez-le.

Qui plus est, vous et votre partenaire devrez effectuer les exercices tels qu'ils sont présentés. Voici une occasion rêvée de vous encourager dans vos efforts et de vous entraider. Certaines des instructions et des exigences vous sembleront extrêmement précises. Elles le sont, et d'ailleurs, elles ne le sont pas accidentellement. Je n'ai pas choisi aléatoirement ou par hasard les exercices et les mots dont ils sont formés. Prenez-les au pied de la lettre, précisément comme ils sont proposés. Si, par exemple, on vous demande de vous asseoir en silence, faites-le. Ne vous assoyez pas en « semi-silence », en vous glissant quelques mots. Suivez les instructions. Les vieilles habitudes entre deux personnes sont d'une récurrence extrême, ce qui signifie que vous devez consciemment vous engager à éviter que les interactions proposées se détériorent en combat.

Une autre remarque : restez conciliant en effectuant ces exercices. Gardez-vous bien de paraître pour un expert, un « Je-sais-tout ». Vous avez mené le bal jusqu'à présent et vous le menez toujours, mais vous êtes également l'égal de votre partenaire dans le match relationnel que vous devez maintenant jouer *sur le terrain*. Évitez à tout prix d'adopter une attitude autoritaire car vous inciterez votre partenaire à la rébellion. Ce dont vous avez besoin ici, c'est de coopération.

Je vous proposerai, à chaque jour, un exercice matinal et une activité de soirée. Vous pouvez, si votre partenaire est volontaire, faire autant d'activités que vous le souhaitez pour améliorer votre relation. Mais, faites au minimum celles qui vous sont soumises. Si votre partenaire ne veut pas faire celles du soir, les activités interactives, n'arrêtez pas le programme pour autant ; faites-les seul. Continuez à effectuer les exercices matinaux et mettez en valeur votre optimisme ; je suis persuadé que votre partenaire se prêtera éventuellement à ces exercices.

Jour 1

EXERCICE MATINAL

Votre exercice matinal a pour premier objectif de choisir un geste que vous pourrez poser activement durant la journée et qui rencontrera les exigences d'un ou plusieurs des éléments suivants :

1. Mettre à l'œuvre une des trois actions qui satisfera un des besoins de votre partenaire, actions que vous avez identifiées dans l'élaboration de son profil.

2. Faire baisser la tension.

3. Introduire un aspect positif dans votre couple que votre partenaire sera en mesure de percevoir. Ce peut être un simple coup de téléphone durant la journée, un baiser et une accolade en matinée, en soirée un petit billet doux placé dans une de ses poches, etc.

Cet exercice vous semble trop simple et sans grande portée ? Faites-moi confiance, l'action est la clé du succès. Les intentions sont stériles, mais les petites attentions s'accumulent. Voilà pourquoi la constance qu'apporte un programme strict est si importante. Votre relation n'a pas besoin d'événements émotifs démesurés, l'infusion constante d'énergie positive et d'actions aimables fera très bien l'affaire. Ne soyez pas impatient ; allez-y pas à pas, un pied devant l'autre, jour après jour, avec de simples pensées généreuses et attentionnées.

Pour la deuxième partie de cet exercice, vous devrez réaliser à chaque jour un « bilan des concepts appliqués », une évaluation de votre progression dans la maîtrise des principes que nous avons étudiés dans les chapitres précédents. Je vous demande, pour ce premier matin, un petit effort de plus ; inscrivez ce qui suit sur une feuille de papier :

1. Le noyau de ma conscience

2. Les dix mythes sur les relations de couple

3. Les dix manifestations du côté obscur

4. Les dix attitudes à adopter dans votre couple

Gardez à portée de main cette feuille pendant les deux prochaines semaines. Pour aujourd'hui, choisissez un item dans cette liste et relisez cette partie du livre avant de commencer votre journée. Par exemple, vous pourriez choisir l'attitude n° 4 à adopter dans votre couple : « Mettre l'emphase sur l'amitié » Vous retourneriez alors à la page 129 pour relire cette section qui traite de l'importance de fonder votre relation amoureuse sur l'amitié.

EXERCICES DE SOIRÉE

Parce qu'elles sont interactives, vos activités de soirée sont extrêmement importantes. Afin de créer un environnement propice à l'obtention de la plus haute probabilité de succès, choisissez un moment calme où les autres activités ont le moins de chance d'interférer. Plus précisément, lorsque le souper est terminé, que la télévision est éteinte, que les enfants sont au lit et que le téléphone a été décroché. Vous aurez besoin d'environ trente minutes sans interruption.

Prenez deux chaises et disposez-les de manière à ce qu'elles soient face à face près l'une de l'autre. Vous devriez pouvoir voir l'heure tout en étant assis ; utilisez une minuterie si nécessaire. Le chronométrage est important pour cette activité. Assoyez-vous maintenant tous deux sur les chaises ; l'un d'entre vous devrait avoir les genoux légèrement écartés et ils devraient toucher le devant de la chaise lui faisant face. L'autre doit avoir les genoux collés de manière à ce qu'ils puissent se glisser entre ceux de l'autre partenaire. Placez vos mains sur vos genoux, face contre terre ; vous ne devez pas croiser les bras. Dès que vous êtes assis, établissez et maintenez un contact visuel. On nomme cette position une dyade. C'est simplement un terme qui décrit la symbiose de deux personnes dans laquelle les partenaires maintiennent un contact visuel actif.

Nous utiliserons la dyade à chaque soir. Je vous proposerai différentes questions à débattre et des sujets de discussion sur lesquels vous devrez interagir d'une façon très structurée dans cette dyade. Il est très important que vous suiviez à la lettre les instructions pour chacun des exercices et que vous restiez dans la position de la dyade. N'apportez pas de variantes aux instructions sous aucun prétexte et ne brisez pas la dyade avant l'achèvement de tous les exercices.

Je sais que cela peut sembler strict, mais soyons réalistes, lorsque vous avez pris l'initiative, par le passé, de vous réconcilier, vous avez démontré une impressionnante habileté à tout foutre en l'air. Donc, essayons ma technique ; du moins pour les prochains quatorze jours. Je vous avertis, ne portez pas de jugements catégoriques sur cette technique en la catégorisant d'étrange. Ne me dites pas que vous trouvez étrange d'être assis face à votre partenaire et de le regarder attentivement dans les yeux. La structure rigide et toutes les règles à suivre ne sont là que pour vous empêcher de faire des bêtises et pour que vos discussions ne se détériorent pas en disputes ou en interactions destructrices.

Voici votre premier exercice dans la dyade – et ne riez pas.

Assis en silence, établissez et maintenez le contact visuel avec votre partenaire pendant deux minutes sans interruption. L'emphase, ici, est sur le silence. Pas de papotage. Pas de bavardage. Regardez votre partenaire dans les yeux. Deux minutes peuvent vous sembler une éternité, mais, faites-moi confiance, chacune de ces secondes est nécessaire pour que vous puissiez considérer votre partenaire comme un être humain intelligent, sensible et affectueux. Il est très rare de voir des couples, particulièrement ceux en détresse, prendre le temps de se percevoir comme des êtres humains – de se regarder simplement, sans porter de jugement et sans poser de questions. Tout ce que je veux que vous fassiez, c'est de vous regarder et de prendre conscience de ce que vous voyez. Sans paroles.

Il est ensuite temps d'engager la conversation – mais seulement d'une manière structurée. Je vous présenterai, à chaque soir, trois sujets de discussion. Pour chaque sujet, je commencerai une phrase et ce sera à vous de la terminer comme vous l'entendrez. Vous pouvez coudre votre réponse avec autant de dentelles que vous le souhaiterez, en autant que vous restiez honnêtement ouvert. Il y a un modèle précis par lequel vous devez communiquer. Le partenaire qui prend la parole en premier (l'ordre dans lequel vous prendrez la parole n'a aucune importance) partage ses pensées et ses sentiments sur le sujet proposé pendant trois minutes ininterrompues en gardant le contact visuel ; l'autre partenaire, quant à lui, a la responsabilité de chronométrer les trois minutes et d'avertir l'autre lorsque ce temps est écoulé. Vous devez vous taire lorsque vos trois minutes se sont écoulées. Si vous restez assis là, à bégayer et à bafouiller pendant deux minutes quarante-cinq secondes, il ne vous reste que quinze secondes pour terminer la phrase. Après ce laps de temps, vous perdez votre tour. Utilisez-le judicieusement.

Sauvez votre couple

Lorsque le premier partenaire aura terminé ses premières remarques, le second ne peut pas formuler une autre réponse que celle-ci : « Merci de me considérer assez pour partager cela avec moi ; je te promets de chérir ces révélations précieusement. »

Aucune autre déclaration n'est possible. Le deuxième partenaire, celui qui écoutait, ne peut pas argumenter, montrer son désaccord ou poser des questions. Gardez vos remarques en mémoire et exposez-les à un autre moment ; elles seront sources de discussions ultérieures.

C'est maintenant au tour du deuxième partenaire. Il utilisera les trois minutes qui lui sont allouées pour donner ses impressions sur le même sujet en étant minuté par l'autre partenaire. Encore une fois, le contact visuel doit être maintenu en tout temps et la seule réponse pouvant être formulée aux remarques de l'autre est : « Merci de me considérer assez pour partager cela avec moi ; je te promets de chérir ces révélations précieusement. »

Trois sujets vous sont présentés pour la première soirée. Afin d'éliminer tout malentendu, je vous guiderai à travers tout l'exercice pour vous expliquer exactement ce qui doit s'y dérouler. Ce soir et pour tous les autres soirs, gardez votre livre sous la main pour être en mesure de lire les exercices correctement et de suivre le modèle avec précision.

Voici votre agenda pour la soirée n° 1. Le livre et une minuterie seront nécessaires. Formez la dyade et maintenez le contact visuel en silence pendant deux minutes.

SUJET N° 1

Partenaire A : « Je t'ai choisie comme la personne avec qui je formerais une relation de couple intime parce que… »   *Trois minutes*

Partenaire B : « Merci de me considérer assez pour partager cela avec moi ; je te promets de chérir ces révélations précieusement. »

Partenaire B : « Je t'ai choisi comme la personne avec qui je formerais une relation de couple intime parce que… »   *Trois minutes*

Partenaire A : « Merci de me considérer assez pour partager cela avec moi ;
je te promets de chérir ces révélations précieusement. »

SUJET N° 2

Partenaire A : « Ma plus grande peur en m'ouvrant à toi a été… »

Trois minutes

*Conseil : Utilisez le « je » et non le « tu » dans votre propos. Évitez de dire :
« Ma plus grande peur en m'ouvrant à toi a été que tu le prennes mal. »
Dites plutôt : « Ma plus grande peur en m'ouvrant à toi a été causée par
mon manque de confiance en moi parce que… »*

Partenaire B : « Merci de me considérer assez pour partager cela avec moi ;
je te promets de chérir ces révélations précieusement. »

Partenaire B : « Ma plus grande peur en m'ouvrant à toi a été… »

Trois minutes

Partenaire A : « Merci de me considérer assez pour partager cela avec moi ;
je te promets de chérir ces révélations précieusement. »

SUJET N° 3

Partenaire A : « Je crois que je bénéficierai de mon ouverture émotionnelle
avec toi parce que… »   *Trois minutes*

Partenaire B : « Merci de me considérer assez pour partager cela avec moi ;
je te promets de chérir ces révélations précieusement. »

Partenaire B : « Je crois que je bénéficierai de mon ouverture émotionnelle
avec toi parce que… »   *Trois minutes*

Partenaire A : « Merci de me considérer assez pour partager cela avec moi ; je te promets de chérir ces révélations précieusement. »

Serrez-vous dans vos bras pendant trente secondes.

Eh oui, vous avez bien lu. Une étreinte de trente secondes. L'étreinte est un outil corporel ayant des vertus de guérison émotive incontestablement efficaces. C'est également la meilleure manière, pour vous et votre partenaire, de vous prouver que l'exercice de ce soir n'était pas qu'un petit jeu, mais une tentative honnête et sincère de faire une différence dans votre couple. Par cette étreinte, vous vous dites que vous tenez le coup.

Jour 2

EXERCICE MATINAL : *Pour une explication détaillée des exercices matinaux, consultez le Jour 1 à la page 231.*

EXERCICE DE SOIRÉE : *Formez la dyade, en ayant sous la main le livre et votre minuterie. Rappelez-vous de choisir un moment libre de toute distraction.*

Étape n° 1 : Établissez et maintenez en silence le contact visuel.

Deux minutes

Étape n° 2 : Voici les sujets de révélations intimes.

Partenaire A : « Je crois que mes plus grandes contributions à notre relation sont... » *Trois minutes*

Partenaire B : « Merci de me considérer assez pour partager cela avec moi ; je te promets de chérir ces révélations précieusement. »

Partenaire B : « Je crois que mes plus grandes contributions à notre relation sont... » *Trois minutes*

Partenaire A : « Merci de me considérer assez pour partager cela avec moi ; je te promets de chérir ces révélations précieusement. »

Partenaire A : « Je crois que j'ai contaminé notre relation par... »
Trois minutes

Partenaire B : « Merci de me considérer assez pour partager cela avec moi ; je te promets de chérir ces révélations précieusement. »

Partenaire B : « Je crois que j'ai contaminé notre relation par... »
Trois minutes

Partenaire A : « Merci de me considérer assez pour partager cela avec moi ; je te promets de chérir ces révélations précieusement »

Partenaire A : « Je suis vraiment enthousiasmé pour notre avenir parce que... »
Trois minutes

Partenaire B : « Merci de me considérer assez pour partager cela avec moi ; je te promets de chérir ces révélations précieusement. »

Partenaire B : « Je suis vraiment enthousiasmée pour notre avenir parce que... »
Trois minutes

Partenaire A : « Merci de me considérer assez pour partager cela avec moi ; je te promets de chérir ces révélations précieusement »

Étape n° 3 : Prenez-vous dans vos bras pendant trente secondes.

Étape n° 4 : Commencez un journal personnel – pour vos yeux seulement. Notez-y vos impressions, vos pensées et vos sentiments sur le déroulement du programme. Ces impressions vous seront très utiles au cours des semaines et des mois prochains. Prenez au minimum cinq minutes pour écrire dans votre journal.

Sauvez votre couple

Jour 3

EXERCICE MATINAL : *Pour une explication détaillée des exercices matinaux, consultez le Jour 1 à la page 231.*

EXERCICE DE SOIRÉE : *Formez la dyade, en ayant sous la main le livre et votre minuterie. Rappelez-vous de choisir un moment libre de toute distraction.*

Étape n° 1 : Établissez et maintenez en silence le contact visuel.
Deux minutes

Étape n° 2 : Voici les sujets de révélations intimes.

Partenaire A : « Les aspects négatifs que j'ai empruntés à la relation de mes parents sont... » *Trois minutes*

Partenaire B : « Merci de me considérer assez pour partager cela avec moi ; je te promets de chérir ces révélations précieusement. »

Partenaire B : « Les aspects négatifs que j'ai empruntés à la relation de mes parents sont... » *Trois minutes*

Partenaire A : « Merci de me considérer assez pour partager cela avec moi ; je te promets de chérir ces révélations précieusement. »

Partenaire A : « Les aspects positifs que j'ai empruntés à la relation de mes parents sont... » *Trois minutes*

Partenaire B : « Merci de me considérer assez pour partager cela avec moi ; je te promets de chérir ces révélations précieusement. »

Partenaire B : « Les aspects positifs que j'ai empruntés à la relation de mes parents sont... » *Trois minutes*

Partenaire A : « Merci de me considérer assez pour partager cela avec moi ; je te promets de chérir ces révélations précieusement. »

Partenaire A : « Notre couple a maintenant une bien meilleure chance de réussir parce que… »   *Trois minutes*

Partenaire B : « Merci de me considérer assez pour partager cela avec moi ; je te promets de chérir ces révélations précieusement. »

Partenaire B : « Notre couple a maintenant une bien meilleure chance de réussir parce que… »   *Trois minutes*

Partenaire A : « Merci de me considérer assez pour partager cela avec moi ; je te promets de chérir ces révélations précieusement. »

Étape n° 3 : Prenez-vous dans vos bras pendant trente secondes.

Étape n° 4 : Notez vos impressions, vos pensées et vos sentiments dans votre journal « confidentiel ». Ces notes vous seront très utiles au cours des semaines et des mois prochains. Prenez au minimum cinq minutes pour écrire dans votre journal.

Jour 4

EXERCICE MATINAL : *Pour une explication détaillée des exercices matinaux, consultez le Jour 1 à la page 231.*

EXERCICE DE SOIRÉE : *Formez la dyade, en ayant sous la main le livre et votre minuterie. Rappelez-vous de choisir un moment libre de toute distraction.*

Étape n° 1 : Établissez et maintenez en silence le contact visuel.
Deux minutes

Étape n° 2 : Voici les sujets de révélations intimes.

Partenaire A : « Tu devrais m'aimer et me chérir parce que... »

Trois minutes

Partenaire B : « Merci de me considérer assez pour partager cela avec moi ; je te promets de chérir ces révélations précieusement. »

Partenaire B : « Tu devrais m'aimer et me chérir parce que... »

Trois minutes

Partenaire A : « Merci de me considérer assez pour partager cela avec moi ; je te promets de chérir ces révélations précieusement. »

Partenaire A : « Si je te perds, j'aurais vraiment mal parce que... »

Trois minutes

Partenaire B : « Merci de me considérer assez pour partager cela avec moi ; je te promets de chérir ces révélations précieusement. »

Partenaire B : « Si je te perds, j'aurais vraiment mal parce que... »

Trois minutes

Partenaire A : « Merci de me considérer assez pour partager cela avec moi ; je te promets de chérir ces révélations précieusement. »

Partenaire A : « Mes rêves les plus sincères pour notre couple sont... »

Trois minutes

Partenaire B : « Merci de me considérer assez pour partager cela avec moi ; je te promets de chérir ces révélations précieusement. »

Partenaire B : « Mes rêves les plus sincères pour notre couple sont... »

Trois minutes

Partenaire A : « Merci de me considérer assez pour partager cela avec moi ;
je te promets de chérir ces révélations précieusement. »

Étape n° 3 : Prenez-vous dans vos bras pendant trente secondes.

Étape n° 4 : Notez vos impressions, vos pensées et vos sentiments dans
votre journal personnel. Prenez au minimum cinq minutes pour
effectuer cette tâche.

Jour 5

EXERCICE MATINAL : *Pour une explication détaillée des exercices
matinaux, consultez le Jour 1 à la page 231.*

EXERCICE DE SOIRÉE : *Formez la dyade, en ayant sous la main le livre et
votre minuterie. Rappelez-vous de choisir un moment libre de toute
distraction.*

Étape n° 1 : Établissez et maintenez en silence le contact visuel.

Deux minutes

Étape n° 2 : Voici les sujets de révélations intimes.

Partenaire A : « Les engagements que je t'ai faits et que je n'ai pas tenus
sont... »   *Trois minutes*

Partenaire B : « Merci de me considérer assez pour partager cela avec moi ;
je te promets de chérir ces révélations précieusement. »

Partenaire B : « Les engagements que je t'ai faits et que je n'ai pas tenus
sont... »   *Trois minutes*

Partenaire A : « Merci de me considérer assez pour partager cela avec moi ;
je te promets de chérir ces révélations précieusement. »

Partenaire A : « Je suis blessé lorsque tu brises tes engagements parce
que... »   *Trois minutes*

Partenaire B : « Merci de me considérer assez pour partager cela avec moi ; je te promets de chérir ces révélations précieusement. »

Partenaire B : « Je suis blessée lorsque tu brises tes engagements parce que… »   *Trois minutes*

Partenaire A : « Merci de me considérer assez pour partager cela avec moi ; je te promets de chérir ces révélations précieusement. »

Partenaire A : « Je me sens mieux dans ma peau lorsque je te traite avec dignité et respect parce que… »   *Trois minutes*

Partenaire B : « Merci de me considérer assez pour partager cela avec moi ; je te promets de chérir ces révélations précieusement. »

Partenaire B : « Je me sens mieux dans ma peau lorsque je te traite avec dignité et respect parce que… »   *Trois minutes*

Partenaire A : « Merci de me considérer assez pour partager cela avec moi ; je te promets de chérir ces révélations précieusement. »

Étape n° 3 : Prenez-vous dans vos bras pendant trente secondes.

Étape n° 4 : Notez vos impressions, vos pensées et vos sentiments dans votre journal personnel. Prenez au minimum cinq minutes pour accomplir cette tâche.

Post-scriptum : Parce qu'aucun de nous n'est parfait, nous prenons tous des engagements que nous ne tenons pas. Peut-être était-ce aussi banal que de sortir les ordures, ou d'avertir lorsque nous rentrerons un peu tard ou aussi complexe que de nous engager à aimer et à respecter notre partenaire. Même les plus petits bris d'engagement peuvent rendre cahoteux le parcours de notre relation amoureuse. Un tel comportement incite votre partenaire à croire qu'il ne méritait pas votre temps et votre énergie. Bien entendu, vous aviez toujours une excuse ; parfois, elles étaient même très valables. Mais, cela ne change rien aux résultats encourus.

Approfondissez honnêtement cette question, sondez votre cœur. Établissez précisément les engagements que vous n'avez pas respectés. Efforcez-vous à identifier les circonstances exactes de ces occasions. Par exemple : « J'ai brisé mon engagement envers toi lorsque, jeudi passé, je t'ai promis d'aller chercher les vêtements chez le nettoyeur. » ; « Je n'ai pas tenu ma promesse, je m'étais engagé à être indulgent envers ton frère. » ; « Je n'ai pas respecté l'engagement que j'avais pris avec toi, j'étais supposé m'efforcer de rendre notre relation plus satisfaisante et je me suis mis à bouder. » Ne tentez pas de justifier et d'expliquer ces « bris de contrat » à votre partenaire, admettez-les et faites-en une liste. Vous pouvez utiliser les trois minutes dont vous disposez pour relater des engagements non respectés récents ou anciens.

Jour 6

EXERCICE MATINAL : *Pour une explication détaillée des exercices matinaux, consultez le Jour 1 à la page 231.*

EXERCICE DE SOIRÉE : *Formez la dyade, en ayant sous la main le livre et votre minuterie. Rappelez-vous de choisir un moment libre de toute distraction.*

Étape n° 1 : Établissez et maintenez en silence le contact visuel.

Deux minutes

Étape n° 2 : Voici les sujets de révélations intimes.

Partenaire A : « Lorsque, au lieu de te juger, j'ouvre mon cœur pour te pardonner et t'accepter telle que tu es, je suis mieux avec moi-même parce que... » *Trois minutes*

Partenaire B : « Merci de me considérer assez pour partager cela avec moi ; je te promets de chérir ces révélations précieusement. »

Partenaire B : « Lorsque, au lieu de te juger, j'ouvre mon cœur pour te pardonner et t'accepter tel que tu es, je suis mieux avec moi-même parce que... »   *Trois minutes*

Partenaire A : « Merci de me considérer assez pour partager cela avec moi ; je te promets de chérir ces révélations précieusement. »

Partenaire A : « Lorsque, au lieu de me juger, j'ouvre mon cœur pour me pardonner et m'accepter tel que je suis, je suis mieux avec moi-même parce que... »   *Trois minutes*

Partenaire B : « Merci de me considérer assez pour partager cela avec moi ; je te promets de chérir ces révélations précieusement. »

Partenaire B : « Lorsque, au lieu de me juger, j'ouvre mon cœur pour me pardonner et m'accepter telle que je suis, je suis mieux avec moi-même parce que... »   *Trois minutes*

Partenaire A : « Merci de me considérer assez pour partager cela avec moi ; je te promets de chérir ces révélations précieusement. »

Partenaire A : « J'implore et j'ai besoin de ton pardon parce que... »
Trois minutes

Partenaire B : « Merci de me considérer assez pour partager cela avec moi ; je te promets de chérir ces révélations précieusement. »

Partenaire B : « J'implore et j'ai besoin de ton pardon parce que... »
Trois minutes

Partenaire A : « Merci de me considérer assez pour partager cela avec moi ; je te promets de chérir ces révélations précieusement. »

Étape n° 3 : Prenez-vous dans vos bras pendant trente secondes.

Étape n° 4 : Notez vos impressions, vos pensées et vos sentiments dans votre journal personnel. Prenez au minimum cinq minutes pour effectuer cette tâche.

Jour 7

EXERCICE MATINAL : *Pour une explication détaillée des exercices matinaux, consultez le Jour 1 à la page 231.*

EXERCICE DE SOIRÉE : *Formez la dyade, en ayant sous la main le livre et votre minuterie. Rappelez-vous de choisir un moment libre de toute distraction.*

Étape n° 1 : Établissez et maintenez en silence le contact visuel.

Deux minutes

Étape n° 2 : Voici les sujets de révélations intimes.

Partenaire A : « Ce qui va bien dans ma vie, c'est... »   *Trois minutes*

Partenaire B : « Merci de me considérer assez pour partager cela avec moi ; je te promets de chérir ces révélations précieusement. »

Partenaire B : « Ce qui va bien dans ma vie, c'est... »   *Trois minutes*

Partenaire A : « Merci de me considérer assez pour partager cela avec moi ; je te promets de chérir ces révélations précieusement. »

Partenaire A : « Ce qui ne va pas bien dans ma vie, c'est... »   *Trois minutes*

Partenaire B : « Merci de me considérer assez pour partager cela avec moi ; je te promets de chérir ces révélations précieusement. »

Partenaire B : « Ce qui ne va pas bien dans ma vie, c'est... »   *Trois minutes*

Partenaire A : « Merci de me considérer assez pour partager cela avec moi ; je te promets de chérir ces révélations précieusement. »

Partenaire A : « Les excuses que je serais tenté d'employer pour justifier la débandade de notre couple seraient ... » *Trois minutes*

Partenaire B : « Merci de me considérer assez pour partager cela avec moi ; je te promets de chérir ces révélations précieusement. »

Partenaire B : « Les excuses que je serais tentée d'employer pour justifier la débandade de notre couple seraient ... » *Trois minutes*

Partenaire A : « Merci de me considérer assez pour partager cela avec moi ; je te promets de chérir ces révélations précieusement. »

Étape nº 3 : Prenez-vous dans vos bras pendant trente secondes.

Étape nº 4 : Notez vos impressions, vos pensées et vos sentiments dans votre journal personnel. Prenez au minimum cinq minutes pour accomplir cette tâche.

Jour 8

EXERCICE MATINAL : *Pour une explication détaillée des exercices matinaux, consultez le Jour 1 à la page 231.*

EXERCICE DE SOIRÉE : *Formez la dyade, en ayant sous la main le livre et votre minuterie. Rappelez-vous de choisir un moment libre de toute distraction.*

Étape nº 1 : Établissez et maintenez en silence le contact visuel.

Deux minutes

Étape nº 2 : Voici les sujets de révélations intimes.

Partenaire A : « Les obstacles qui nous empêchent d'avoir une relation satisfaisante ont été... » *Trois minutes*

Partenaire B : « Merci de me considérer assez pour partager cela avec moi ; je te promets de chérir ces révélations précieusement. »

Partenaire B : « Les obstacles qui nous empêchent d'avoir une relation satisfaisante ont été... »   *Trois minutes*

Partenaire A : « Merci de me considérer assez pour partager cela avec moi ; je te promets de chérir ces révélations précieusement. »

Partenaire A : « Les meilleurs atouts dont nous disposons pour accéder à une relation exceptionnelle sont... »   *Trois minutes*

Partenaire B : « Merci de me considérer assez pour partager cela avec moi ; je te promets de chérir ces révélations précieusement. »

Partenaire B : « Les meilleurs atouts dont nous disposons pour accéder à une relation exceptionnelle sont... »   *Trois minutes*

Partenaire A : « Merci de me considérer assez pour partager cela avec moi ; je te promets de chérir ces révélations précieusement. »

Partenaire A : « Tous les efforts que nous ferons pour améliorer notre relation seront justifiés parce que... »   *Trois minutes*

Partenaire B : « Merci de me considérer assez pour partager cela avec moi ; je te promets de chérir ces révélations précieusement. »

Partenaire B : « Tous les efforts que nous ferons pour améliorer notre relation seront justifiés parce que... »   *Trois minutes*

Partenaire A : « Merci de me considérer assez pour partager cela avec moi ; je te promets de chérir ces révélations précieusement. »

Étape n° 3 : Prenez-vous dans vos bras pendant trente secondes.

Étape n° 4 : Notez vos impressions, vos pensées et vos sentiments dans votre journal personnel. Prenez au minimum cinq minutes pour accomplir cette tâche.

Jour 9

EXERCICE MATINAL : *Pour une explication détaillée des exercices matinaux, consultez le Jour 1 à la page 231.*

EXERCICE DE SOIRÉE : *Formez la dyade, en ayant sous la main le livre et votre minuterie. Rappelez-vous de choisir un moment libre de toute distraction.*

Étape n° 1 : Établissez et maintenez en silence le contact visuel.

Deux minutes

Étape n° 2 : Voici les sujets de révélations intimes.

Partenaire A : « Mes convictions fixes sur les hommes sont… »

Trois minutes

Partenaire B : « Merci de me considérer assez pour partager cela avec moi ; je te promets de chérir ces révélations précieusement. »

Partenaire B : « Mes convictions fixes sur les hommes sont… »

Trois minutes

Partenaire A : « Merci de me considérer assez pour partager cela avec moi ; je te promets de chérir ces révélations précieusement. »

Partenaire A : « Mes convictions fixes sur les femmes sont… »

Trois minutes

Partenaire B : « Merci de me considérer assez pour partager cela avec moi ; je te promets de chérir ces révélations précieusement. »

Partenaire B : « Mes convictions fixes sur les femmes sont… »

Trois minutes

Partenaire A : « Merci de me considérer assez pour partager cela avec moi ; je te promets de chérir ces révélations précieusement. »

Partenaire A : « Mes convictions fixes sur les relations amoureuses sont… »

Trois minutes

Partenaire B : « Merci de me considérer assez pour partager cela avec moi ; je te promets de chérir ces révélations précieusement. »

Partenaire B : « Mes convictions fixes sur les relations amoureuses sont… »

Trois minutes

Partenaire A : « Merci de me considérer assez pour partager cela avec moi ; je te promets de chérir ces révélations précieusement. »

Étape n° 3 : Prenez-vous dans vos bras pendant trente secondes.

Étape n° 4 : Notez vos impressions, vos pensées et vos sentiments dans votre journal personnel. Prenez au minimum cinq minutes pour effectuer cette tâche.

Post-scriptum : Les convictions fixes sont des croyances établies et des pensées récurrentes sur certains éléments de la vie. Elles vous reviennent si souvent à l'esprit qu'elles sont devenues automatiques et elles ne peuvent être éliminées qu'en reconnaissant leur existence. Voici quelques exemples : les hommes ne pensent qu'au sexe, les hommes sont insensibles, les femmes sont volages, les femmes sont manipulatrices.

Jour 10

EXERCICE MATINAL : *Pour une explication détaillée des exercices matinaux, consultez le Jour 1 à la page 231.*

EXERCICE DE SOIRÉE : *Formez la dyade, en ayant sous la main le livre et votre minuterie. Rappelez-vous de choisir un moment libre de toute distraction.*

Étape nº 1 : Établissez et maintenez en silence le contact visuel.

Deux minutes

Étape nº 2 : Voici les sujets de révélations intimes.

Partenaire A : « Ce qui me déplaît chez moi, c'est… » *Trois minutes*

Partenaire B : « Merci de me considérer assez pour partager cela avec moi ; je te promets de chérir ces révélations précieusement. »

Partenaire B : « Ce qui me déplaît chez moi, c'est… » *Trois minutes*

Partenaire A : « Merci de me considérer assez pour partager cela avec moi ; je te promets de chérir ces révélations précieusement. »

Partenaire A : « Ce qui me plaît chez moi, c'est… » *Trois minutes*

Partenaire B : « Merci de me considérer assez pour partager cela avec moi ; je te promets de chérir ces révélations précieusement. »

Partenaire B : « Ce qui me plaît chez moi, c'est… » *Trois minutes*

Partenaire A : « Merci de me considérer assez pour partager cela avec moi ; je te promets de chérir ces révélations précieusement. »

Partenaire A : « Ce qui me déplaît chez toi, c'est… » *Trois minutes*

Partenaire B : « Merci de me considérer assez pour partager cela avec moi ; je te promets de chérir ces révélations précieusement. »

Partenaire B : « Ce qui me déplaît chez toi, c'est… » *Trois minutes*

Partenaire A : « Merci de me considérer assez pour partager cela avec moi ; je te promets de chérir ces révélations précieusement. »

Partenaire A : « Ce qui me plaît chez toi, c'est... »   *Trois minutes*

Partenaire B : « Merci de me considérer assez pour partager cela avec moi ; je te promets de chérir ces révélations précieusement. »

Partenaire B : « Ce qui me plaît chez toi, c'est... »   *Trois minutes*

Partenaire A : « Merci de me considérer assez pour partager cela avec moi ; je te promets de chérir ces révélations précieusement. »

Étape n° 3 : Prenez-vous dans vos bras pendant trente secondes.

Étape n° 4 : Notez vos impressions, vos pensées et vos sentiments dans votre journal personnel. Prenez au minimum cinq minutes pour effectuer cette tâche.

Jour 11

EXERCICE MATINAL : *Pour une explication détaillée des exercices matinaux, consultez le Jour 1 à la page 231.*

EXERCICE DE SOIRÉE : *Formez la dyade, en ayant sous la main le livre et votre minuterie. Rappelez-vous de choisir un moment libre de toute distraction. (Référez-vous au tableau à la page 254)*

Étape n° 1 : Établissez et maintenez en silence le contact visuel.

Deux minutes

Étape n° 2 : Voici les sujets de révélations intimes

Partenaire A : « Parmi les cinq catégories du tableau, je crois que ma personnalité s'apparente davantage au _____ parce que... »

Trois minutes

Partenaire B : « Merci de me considérer assez pour partager cela avec moi ; je te promets de chérir ces révélations précieusement. »

Partenaire B : « Parmi les cinq catégories du tableau, je crois que ma personnalité s'apparente davantage au _____ parce que... »
Trois minutes

Partenaire A : « Merci de me considérer assez pour partager cela avec moi ; je te promets de chérir ces révélations précieusement. »

Partenaire A : « Parmi les cinq catégories du tableau, je crois que ta personnalité s'apparente davantage au _____ parce que... »
Trois minutes

Partenaire B : « Merci de me considérer assez pour partager cela avec moi ; je te promets de chérir ces révélations précieusement. »

Partenaire B : « Parmi les cinq catégories du tableau, je crois que ta personnalité s'apparente davantage au _____ parce que... »
Trois minutes

Partenaire A : « Merci de me considérer assez pour partager cela avec moi ; je te promets de chérir ces révélations précieusement. »

Partenaire A : « Je peux utiliser les attributs de ma catégorie pour contribuer à notre relation en... » *Trois minutes*

Partenaire B : « Merci de me considérer assez pour partager cela avec moi ; je te promets de chérir ces révélations précieusement. »

Partenaire B : « Je peux utiliser les attributs de ma catégorie pour contribuer à notre relation en... » *Trois minutes*
Partenaire A : « Merci de me considérer assez pour partager cela avec moi ; je te promets de chérir ces révélations précieusement. »

Partenaire A : « Je pourrais contaminer notre relation en permettant aux caractéristiques de ma catégorie de… »   *Trois minutes*

Partenaire B : « Merci de me considérer assez pour partager cela avec moi ; je te promets de chérir ces révélations précieusement. »

Partenaire B : « Je pourrais contaminer notre relation en permettant aux caractéristiques de ma catégorie de… » *Trois minutes*

Partenaire A : « Merci de me considérer assez pour partager cela avec moi ; je te promets de chérir ces révélations précieusement. »

Étape nᵒ 3 : Prenez-vous dans vos bras pendant trente secondes.

Étape nᵒ 4 : Notez vos impressions, vos pensées et vos sentiments dans votre journal personnel. Prenez au minimum cinq minutes pour accomplir cette tâche.

Post-scriptum : Afin de compléter cet exercice, consulter le tableau ci-dessous. Il décrit cinq types de personnalité. Pour des fins d'imagerie, j'ai attribué à chacun de ces types un animal qui dépeint le mieux leur personnalité. Amusez-vous, mais prêtez-y également une attention particulière en répondant aux questions d'aujourd'hui.

TYPES DE PERSONNALITÉ
CONTRIBUTIONS / CONTAMINATIONS

Loup	Lion	Chien	Hibou	Castor
Initiateur	Contrôlant	Assistant	Analyste	Bourreau de travail
Calme	Organisateur	Conciliant	Examinateur	Travaillant
Persuasif	Entêté	Accommodant	Médiateur	Infatigable
Possède ses propres règles	Leader	Décontracté	Suspicieux	Perfectionniste
Toujours prêt	A sa propre voie	Crédule	Critique	Vertueux
		Vérificateur		

Jour 12

EXERCICE MATINAL : *Pour une explication détaillée des exercices matinaux, consultez le Jour 1 à la page 231.*

EXERCICE DE SOIRÉE : *Formez la dyade, en ayant sous la main le livre et votre minuterie. Rappelez-vous de choisir un moment libre de toute distraction.*

Étape n° 1 : Établissez et maintenez en silence le contact visuel.

Deux minutes

Étape n° 2 : Voici les sujets de révélations intimes.

Partenaire A : « La plus grande peine dont j'ai été affligé est… »

Trois minutes

Partenaire B : « Merci de me considérer assez pour partager cela avec moi ; je te promets de chérir ces révélations précieusement. »

Partenaire B : « La plus grande peine dont j'ai été affligée est… »

Trois minutes

Partenaire A : « Merci de me considérer assez pour partager cela avec moi ; je te promets de chérir ces révélations précieusement. »

Partenaire A : « Je ne me suis jamais senti aussi seul que lorsque… »

Trois minutes

Partenaire B : : « Merci de me considérer assez pour partager cela avec moi ; je te promets de chérir ces révélations précieusement. »

Partenaire B : « Je ne me suis jamais sentie aussi seule que lorsque… »

Trois minutes

Partenaire A : « Merci de me considérer assez pour partager cela avec moi ; je te promets de chérir ces révélations précieusement. »

Partenaire A : « Je ne me suis jamais senti aussi aimé et considéré que lorsque... »   *Trois minutes*

Partenaire B : « Merci de me considérer assez pour partager cela avec moi ; je te promets de chérir ces révélations précieusement. »

Partenaire B : « Je ne me suis jamais sentie aussi aimée et considérée que lorsque... »   *Trois minutes*

Partenaire A : « Merci de me considérer assez pour partager cela avec moi ; je te promets de chérir ces révélations précieusement. »

Étape nº 3 : Prenez-vous dans vos bras pendant trente secondes.

Étape nº 4 : Notez vos impressions, vos pensées et vos sentiments dans votre journal personnel. Prenez au minimum cinq minutes pour accomplir cette tâche.

Jour 13

EXERCICE MATINAL : *Pour une explication détaillée des exercices matinaux, consultez le Jour 1 à la page 231.*

EXERCICE DE SOIRÉE : *Formez la dyade, en ayant sous la main le livre et votre minuterie. Rappelez-vous de choisir un moment libre de toute distraction.*

Étape nº 1 : Établissez et maintenez en silence le contact visuel.
                                                                   Deux minutes

Étape nº 2 : Voici les sujets de révélations intimes.

Partenaire A : « Si je pouvais changer un événement quelconque dans ta vie, ce serait... »   *Trois minutes*

Partenaire B : « Merci de me considérer assez pour partager cela avec moi ; je te promets de chérir ces révélations précieusement. »

Partenaire B : « Si je pouvais changer un événement quelconque dans ta vie, ce serait... »   *Trois minutes*

Partenaire A : « Merci de me considérer assez pour partager cela avec moi ; je te promets de chérir ces révélations précieusement. »

Partenaire A : « Je suis vraiment fier de toi lorsque... »   *Trois minutes*

Partenaire B : « Merci de me considérer assez pour partager cela avec moi ; je te promets de chérir ces révélations précieusement. »

Partenaire B : « Je suis vraiment fière de toi lorsque... »   *Trois minutes*

Partenaire A : « Merci de me considérer assez pour partager cela avec moi ; je te promets de chérir ces révélations précieusement. »

Partenaire A : « Je veux que tu te sentes vraiment spéciale parce que... »
                                                                    Trois minutes

Partenaire B : « Merci de me considérer assez pour partager cela avec moi ; je te promets de chérir ces révélations précieusement. »

Partenaire B : « Je veux que tu te sentes vraiment spécial parce que... »
                                                                    Trois minutes

Partenaire A : « Merci de me considérer assez pour partager cela avec moi ; je te promets de chérir ces révélations précieusement. »

Étape nº 3 : Prenez-vous dans vos bras pendant trente secondes.

Étape nº 4 : Notez vos impressions, vos pensées et vos sentiments dans votre journal personnel. Prenez au minimum cinq minutes pour effectuer cette tâche.

Jour 14

EXERCICE MATINAL : *Pour une explication détaillée des exercices matinaux, consultez le Jour 1 à la page 231.*

EXERCICE DE SOIRÉE : *Formez la dyade, en ayant sous la main le livre et votre minuterie. Rappelez-vous de choisir un moment libre de toute distraction.*

Étape nº 1 : Établissez et maintenez en silence le contact visuel.

Deux minutes

Étape nº 2 : Voici les sujets de révélations intimes.

Partenaire A : « Je te trouve vraiment des plus sexy et sensuelle lorsque tu… »

Trois minutes

Partenaire B : « Merci de me considérer assez pour partager cela avec moi ; je te promets de chérir ces révélations précieusement. »

Partenaire B : « Je te trouve vraiment des plus sexy et sensuel lorsque tu… »

Trois minutes

Partenaire A : « Merci de me considérer assez pour partager cela avec moi ; je te promets de chérir ces révélations précieusement. »

Partenaire A : « Tu me fais sentir vraiment sexy et sensuel lorsque tu… »

Trois minutes

Partenaire B : « Merci de me considérer assez pour partager cela avec moi ; je te promets de chérir ces révélations précieusement. »

Partenaire B : « Tu me fais sentir vraiment sexy et sensuelle lorsque tu… »
Trois minutes

Partenaire A : « Merci de me considérer assez pour partager cela avec moi ; je te promets de chérir ces révélations précieusement. »

Partenaire A : « Les talents que je perçois chez toi sont… » *Trois minutes*

Partenaire B : « Merci de me considérer assez pour partager cela avec moi ; je te promets de chérir ces révélations précieusement. »

Partenaire B : « Les talents que je perçois chez toi sont… » *Trois minutes*

Partenaire A : « Merci de me considérer assez pour partager cela avec moi ; je te promets de chérir ces révélations précieusement. »

Étape n° 3 : Prenez-vous dans vos bras pendant trente secondes.

Étape n° 4 : Notez vos impressions, vos pensées et vos sentiments dans votre journal personnel. Prenez au minimum cinq minutes pour effectuer cette tâche.

Post-scriptum : Chacun d'entre nous possède des talents, des habiletés et des caractéristiques uniques. Ce sont des cadeaux de Dieu propres à chacun. Reconnaître les talents de notre partenaire s'avère très bénéfique. Prenez un instant pour identifier les talents que vous pouvez déceler chez votre partenaire et décrivez-les dans toute leur grandeur ; exprimez-vous avec passion.

Il est évident que ce programme n'est pas complet. À presque tous les jours à partir d'aujourd'hui, vous devrez tester vos habiletés à renouer avec votre partenaire et à renforcer vos liens amoureux. Vous aurez toujours à confronter vos mauvais raisonnements et la manifestation de votre côté obscur qui ont brouillé les cartes dans votre couple par le passé. Vous aurez constamment à remettre en question votre perception de l'être aimé, à

---

réajuster votre tir et vous devrez toujours prôner l'amélioration de votre attitude. Vous devrez travailler, travailler, travailler. Mais, je suis persuadé que, après ces quatorze jours d'entraînement, vous êtes sur la bonne voie. Si vous appliquez judicieusement les concepts que vous avez étudié dans cet ouvrage, les liens entre vous et votre partenaire seront d'une solidité dont vous aviez seulement rêvé. Je crois qu'il est important que, vous et votre partenaire, fassiez le serment d'accéder à cet état.

En fait, je veux que vous preniez une décision de vie que vous formulerez par écrit sous la forme d'une déclaration proclamant le début d'une croisade pour vivre une relation de couple exceptionnelle. Cette déclaration contiendra une définition claire et précise de vos aspirations, de vos rêves et de vos engagements. Elle vous guidera comme l'étoile polaire qui a permis à tant de marins et de navigateurs, depuis des siècles, de retrouver leur voie. Si les premiers marins se perdaient en mer, ils n'avaient qu'à trouver l'étoile polaire, se fier sur elle, et tout revenait dans l'ordre. C'est exactement ce que je veux créer dans votre couple. En rédigeant conjointement une déclaration de cette nature, vous créerez un point d'ancrage sur lequel vous pourrez toujours vous rattacher pour garder votre relation sur les rails.

Cette déclaration doit venir d'une concertation. Voici un exemple qu'un couple à partagé avec moi il y a quelques années :

« Nous, Jeff et Diane, nous engageons à vivre en accord avec les principes d'une relation de couple et à nous traiter dignement et de manière respectueuse. Nous nous engageons à valoriser l'amitié qui est la base de notre amour par l'acceptation plutôt que par la critique. Nous prenons la résolution de ne plus jamais nous disputer devant nos enfants et de ne jamais mettre notre couple sur la corde raide pour un quelconque différend. Nous ne serons pas parfaits, mais avec l'aide de Dieu et un amour inébranlable, nous l'emporterons. »

Dans l'espace offert ci-dessous, je veux que vous créiez votre propre étoile polaire pour votre couple. Elle doit être spécifique à vous et à votre partenaire. Cette déclaration n'est pas gravée dans la pierre, vous pouvez la modifier à mesure que votre couple évolue. Mais, son essence devrait toujours être la définition de votre philosophie sur vos besoins, vos désirs et vos attentes. Affichez bien en vue cette déclaration afin d'être toujours conscient de son contenu.

Votre déclaration :

_____

_____

_____

_____

_____

_____

_____

_____

_____

_____

_____

chapitre neuf

ALERTE ROUGE : UNE RELATION DE COUPLE SE GÈRE, ELLE NE SE GUÉRIT PAS

Après avoir fait tant de travail – démystifié les mythes sur les relations amoureuses, éclairé d'une lumière éblouissante votre côté obscur, embrassé une série d'attitudes positives et engagé le processus de renouement – vous vous sentez probablement beaucoup mieux avec vous-même. Du moins, vous devriez. Mais, comme nous le savons, si vous croyez que vous allez toujours voguer en eaux paisibles à l'avenir, vous devez retourner à la première page de ce livre et recommencer votre cheminement car vous n'avez pas compris mon propos – vous n'avez absolument rien compris d'ailleurs.

Comme je l'ai souvent dit dans les précédents chapitres, vous avez travaillé toute votre vie à la sueur de votre front à prendre les mauvaises décisions et à créer un mode de vie qui supporte une relation très malsaine. Vous avez élaboré ce mode de vie en le fondant sur les côtés négatifs et autodestructeurs de votre personnalité, ce qui a engendré beaucoup de frustrations et un sentiment aigu de détresse – croyez-moi, le simple fait d'avoir reconnu que votre mode de vie fonctionne au détriment de votre couple ne règle pas votre problème.

Je répéterai sans cesse que, peu importe la force et le degré de vos intentions, elles ne vous apporteront pas ce que vous désirez. D'ailleurs, la raison qui pousse quatre-vingt pour cent des gens qui arrêtent de boire à rechuter au cours de leur première année d'abstinence et quatre-vingt-dix pour cent des gens ayant perdu du poids à le reprendre dans l'année qui suit, est qu'ils n'ont jamais abandonné le mode de vie qui supporte leur comportement malsain.

Les alcooliques façonnent leur environnement de manière à pouvoir assouvir leurs besoins, même s'ils avouent consciemment vouloir arrêter cette habitude malsaine. Les gens obèses façonnent leur milieu de manière à pouvoir garder leur surplus de poids ; ils s'assurent que leur vie tourne autour de la nourriture. Ils peuvent tenter, pour un court laps de temps, d'exercer leur volonté dans un milieu où la nourriture abonde, mais ils ne changent jamais vraiment leur environnement. Tout comme eux, vous avez façonné votre monde et choisi un mode de vie qui supporte une relation de couple problématique.

Alors, ne croyez surtout pas qu'une nouvelle formule visant le bonheur relationnel peut fonctionner comme une pilule magique ou qu'un programme de conditionnement d'une durée de quatorze jours vous transformera. Vous devez abandonner votre mode de vie actuel et embrasser consciemment le noyau de votre conscience. Rien de moins que la destruction de votre monde et une reconstruction en bonne et due forme vous apporteront des changements durables. Vous devez créer un mode de vie en accord avec une relation positive. Voyez les choses sous cet angle : si vous aviez un mode de vie A qui générait une relation malsaine et qu'après avoir fait tout le travail proposé dans cet ouvrage, vous avez un mode de vie B qui génère une relation de couple satisfaisante, vous ne vivrez pas les problèmes relationnels engendrés par le mode de vie A. *Si vos désirs sont différents, vous obtiendrez des résultats différents.*

Vous avez un autre problème inhérent au sauvetage de votre couple. Vous et votre partenaire êtes programmés pour vivre en conflit. Vouloir être en relation avec une personne du sexe opposé – et j'insiste sur le mot « opposé » – signifie que vous essayez d'être en symbiose avec une personne physiquement, mentalement, émotionnellement et socialement différente. Vous êtes aussi compatibles que chien et chat et tenez-vous-le pour dit :

aucun livre, aucun conférencier et aucun thérapeute ne peut effacer ces différences naturelles.

Il y aura nécessairement des moments dans le futur – peut-être demain, la semaine ou l'année prochaine – où ces différences feront en sorte que vous tirerez un trait dans le sable et vous mettrez votre partenaire au défi de franchir cette limite. Lorsque cela arrivera, si vous n'êtes pas en mesure de prendre en compte ces différences, vous retomberez violemment au fond de la fosse des relations troubles.

J'espère ne pas trop entailler votre enthousiasme. Croyez-moi : par l'apprentissage que ce livre vous a fourni, vous faites désormais partie du petit groupe de gens qui savent comment rendre leur relation satisfaisante. Mais, il y a une grande différence entre savoir et faire, entre être capable d'effectuer des changements et de vivre son engagement à changer. Vous suiviez le courant de la rivière en canot, mais il est temps de vous retourner et de remonter cette rivière à contre-courant. Vous verrez que de furieux coups de pagaie sont nécessaires juste pour faire du surplace en raison de l'inexorable force du courant. Vous avez fait demi-tour pour vous diriger dans la bonne direction, mais n'oubliez jamais que vous devez pagayer à contre-courant pour le restant de votre vie. Tout notre passé, tous nos modèles et toutes nos attentes continuent de couler dans la mauvaise direction ; pagayez. Ce ne sera pas facile, mais c'est possible.

Je veux que vous fassiez partie du groupuscule qui a eu le courage de pagayer jusqu'à vaincre la rivière. Mais, pour ce faire, vous devez mettre sur pied un programme qui maintiendra votre relation dans un esprit sain. J'espère que de suivre mon programme intense et strict en effectuant la série d'exercices quotidiens vous a stimulé. Mais, cette partie de style « relier les points » est terminée. Vous pénétrez maintenant dans une zone très dangereuse où vous et votre partenaire serez incroyablement vulnérables.

De vous exposer la situation en étant moins formel serait trahir votre confiance. Voilà pourquoi, comme nous arrivons à la fin de cet ouvrage, je ne commencerai pas à vous couvrir de flatteries ou à vous donner de grandes tapes dans le dos en vous disant que vous n'avez plus qu'à écrire une lettre d'amour à votre partenaire et à jouir d'une relation cicatrisée. Je veux m'assurer que votre stratégie est bien en place et que vous êtes en mesure de conserver les acquis pour lesquels vous avez tant travaillé.

Si vous n'avez pas une stratégie concrète pour affronter le futur, vous trébucherez au premier obstacle. Nous avons naturellement tendance à relaxer après avoir accompli une tâche fastidieuse. Vous avez fait d'énormes progrès, mais ce n'est pas le temps de croiser les bras. Il est temps de profiter du courant qui joue en votre faveur pour progresser davantage. Ne tombez pas dans le piège : ne travaillez pas uniquement sur votre couple lorsqu'il est en péril. Les relations amoureuses sont très similaires à tous les autres éléments de votre existence. Si, par exemple, vous vous occupez seulement de votre santé lorsque vous êtes malade, vous n'aurez jamais un mode de vie sain et une santé durable. Vous devez travailler sur votre santé lorsque vous êtes particulièrement en forme et il en va de même pour la santé de votre couple. Si vous n'êtes pas capable de créer et d'appliquer une bonne stratégie de gestion, ce livre n'aura été qu'une lecture divertissante et vous retomberez dans votre ancien mode de vie. Laissez-moi, une fois de plus, vous rappeler ceci : on ne guérit pas une relation de couple, on la gère. Vous devez nécessairement adopter une stratégie pour établir un renouement à long terme, une stratégie qui prend en compte la puissance de votre attirance vers le négatif lorsque vous relevez des défis dans le monde réel. Ces défis sont inéluctables dans la poursuite d'une relation saine et florissante.

Anticipez, regardez droit devant. Je m'inquiète autant de ce que vous et votre partenaire allez faire cet été ou à Noël prochain que je m'inquiète pour vos comportements de la semaine prochaine. Votre gestion à court terme est cruciale pour créer un élan positif et de nouvelles expériences satisfaisantes – et le long terme est aussi important parce qu'il représente votre vie. Organisez votre mode de vie prudemment, de manière réfléchie, mature et réaliste. Prendre des résolutions comme celles du Nouvel An, ces engagements faits de promesses légères en conséquences, n'auront aucun impact. Votre plan doit être précis et il doit être fragmenté en étapes quotidiennes.

Je sais que vous ne voulez plus entendre parler de travail ardu, mais si vous désirez véritablement et sincèrement garder cette relation sur la bonne voie, vous devez aller jusqu'au bout et le faire correctement. Voyez la situation sous cet angle : même si ce n'était pas intentionnel, vous avez « travaillé » d'arrache-pied, pendant plusieurs années, à rendre votre relation problématique. Vous programmiez votre relation, mais vous la programmiez pour l'échec. Je vous demande simplement de consacrer autant d'énergie et de temps utilisés à supporter une relation douloureuse et insatisfaisante et de vous en servir pour reprogrammer votre couple pour le succès. Oui, cette technique fonctionne, mais cette fois-ci, le travail sera un véritable labeur d'amour, labeur qui vous apportera des récompenses à court et long terme.

~ LA GESTION DES PRIORITÉS ~

Dans la gestion d'une nouvelle relation de couple, vous devez porter une attention très particulière à vos priorités. La gestion de vos priorités est simple et efficace seulement si ces dites priorités sont clairement identifiées. Vous rappelez-vous que, lors d'un précédent chapitre, je vous ai parlé de décisions de vie ? Ce sont des décisions fondamentales que nous prenons avec notre cœur contrairement à celles que nous prenons par de simples déductions intellectuelles. Le sauvetage de votre couple doit être une décision prise avec votre cœur, une priorité si importante qu'elle doit sous-tendre l'évaluation de tous vos raisonnements, de tous vos sentiments et de tous vos comportements. Vous n'avez qu'à vous poser la question suivante : « Ces réflexions, ces sentiments ou ces comportements supportent-ils ma priorité de maintenir la santé de cette relation de couple ? » Si la réponse est non, si vos agissements ne supportent pas votre priorité, vous êtes dans le pétrin. Ma règle est la suivante : si vous vous surprenez à agir d'une manière qui ne supporte pas votre plus grande priorité, ou que vos agissements sont, en fait, antagonistes à celle-ci, arrêtez immédiatement ce que vous faites et changez pour une attitude qui est en accord avec votre décision de vie.

Votre attitude générale envers votre couple est tel un piston pour un moteur. C'est à ce niveau que s'effectuent les changements. Par « attitude générale », je ne parle pas de la force de la volonté aidant à créer une poussée d'énergie passagère qui mène à certains changements. La force de la volonté est celle qui vous permettra de perdre du poids en deux semaines pour mieux paraître lors d'un mariage. Si vous devez compléter un projet majeur dans une échéance relativement serrée – faute de quoi vous perdrez votre emploi – c'est la force de la volonté qui vous aidera à accomplir ce travail. Mais, la volonté ne sera jamais suffisante pour résoudre les problèmes majeurs de votre couple. Je me fiche de votre degré d'enthousiasme, de conviction ou que vous soyez gonflé à bloc et prêt à entreprendre des changements drastiques dans votre couple, cette énergie s'épuisera nécessairement. Votre carrière, vos enfants, votre famille, le flux et un million d'autres « tracas quotidiens » viendront gâcher votre élan positif et draineront votre énergie émotionnelle.

J'espère que vous pourrez contourner le besoin de vous sentir motivé, que vous prendrez le contrôle de vos motifs pour modifier votre philosophie dans le but de faire une différence dans votre couple à tous les jours. Faites-moi confiance, tout ceci n'est pas du papotage de croissance personnelle tombé des nues qui a de la gueule mais qui ne veut rien dire dans le concret. En effet, il y a une différence fondamentale entre les gens normaux qui vivent des vies normales et des gens qui s'élèvent au-dessus des circonstances pour créer des situations beaucoup plus gratifiantes et satisfaisantes pour eux-mêmes. Ce qui différencie ces gens, c'est leur système de conviction. Ils n'affirment jamais qu'ils devraient avoir une meilleure vie. Ils disent qu'ils doivent trouver une meilleure vie ; ils identifient et exécutent des actions destinées à améliorer leur vie. Ils demandent l'excellence. Ils ne tentent pas de trouver des raccourcis qui rendent leur vie facile sans pour autant générer les résultats escomptés. Ils ont un désir ardent qui les pousse à faire bien plus que « vivre avec » et seulement « bien faire ». Ils sont poussés à être exceptionnels.

Ces gens ont identifié leurs désirs et ils sont partis à la recherche de leur assouvissement. Ils passent aux actes plutôt que de rester apathiques en analysant et en se berçant d'intentions.

Vous devez être poussé de la même façon pour rendre votre relation exceptionnelle. Voilà votre priorité. Vous devez retirer une grande fierté et vous sentir mis au défi par cette nouvelle mission des plus honorables. Vous ne pouvez pas tourner autour du pot et vous ne pouvez pas changer d'avis comme vous changez de chaussettes ; prenez la décision de vie d'améliorer votre couple. Vous ne pouvez pas vous permettre de tâter l'eau avec votre orteil pour en connaître la température : saucez-vous. L'apathie, l'hésitation et la prudence démesurée n'ont jamais mené à rien. Vos nouvelles priorités ne doivent pas être remises en question. Si vous jouez de l'esprit et que vous les redéfinissez constamment, votre engagement sera sans conviction et inconséquent. Si vous tentez de jouer à être en couple derrière un mur protecteur, c'est l'échec assuré. Tout ce qui a de la valeur ne peut être obtenu qu'en prenant des risques – et une relation merveilleuse et gratifiante ne fait pas exception à la règle.

Une formule testée et efficace est tout à fait à propos ici : Être - Faire - Avoir. Soyez engagé, faites ce qu'il faut et vous aurez ce que vous voulez. Ne décidez pas de travailler sur cet objectif sur une période de temps définie. Vous devez vous engager à faire ce travail jusqu'à ce qu'il soit complété. Vous travaillerez sur ceci jusqu'à l'obtention des résultats désirés.

Vos nouvelles priorités peuvent sembler si claires et si fortes en ce moment que vous ne pouvez pas imaginer les oublier un jour. Cependant, sachez que ces priorités sont nouvelles et que vous devez vous familiariser avec elles. Vous avez travaillé fort pour arriver jusqu'ici ; vivez en accord avec ce que vous avez appris et assimilé. Avec ce but en tête, je vous recommande fortement de continuer à plonger régulièrement dans le bassin de connaissances qui vous a permis de faire tant de progrès. Retournez en arrière et relisez sur les mythes et votre côté obscur pour qu'ils ne réapparaissent plus jamais dans votre vie ; faites attention, vous pouvez les rencontrer à tous les détours. Continuez d'améliorer votre jeu en étudiant les attitudes à adopter dans votre couple de manière à mieux les embrasser. Relisez ces passages afin d'évaluer honnêtement la justesse avec laquelle vous vivez ces attitudes au jour le jour. Votre clarté de jugement vous a réellement permis de vous libérer et de vous amener sur le seuil du changement. Ne vous laissez pas désorienter à nouveau.

~ LA GESTION DES COMPORTEMENTS ~

Votre deuxième tâche dans le cadre de la gestion de votre couple consiste à vous comporter de manière à atteindre le bonheur. Ne confondez pas cette tâche avec une technique beaucoup moins sincère du style « faire semblant jusqu'à ce qu'on le devienne ». Vous ne faites pas semblant d'être en couple, vous désirez sincèrement une relation de couple saine, heureuse, enrichissante et productive. Si vous commencez à vous comporter d'une manière qui reflète vos priorités, alors vous commencerez à jouir des conséquences de ce genre de comportement. Orienter vos pas vers le bonheur en vous comportant d'une manière fidèle à vos attentes, de façon à apporter le bonheur dans le contexte d'une relation de couple.

Une de mes théories à laquelle j'adhère depuis belle lurette stipule que les gens blasés sont décourageants et que les gens déprimés sont déprimants. Si les gens blasés faisaient davantage d'activités intéressantes – c'est-à-dire, « agir » de manière moins blasée – ils auraient une toute autre expérience de la vie. Si les gens déprimés, même ceux qui souffrent d'une déficience biochimique, « agissaient » de manière plus enthousiaste envers la vie, ils seraient plus heureux. Le dicton affirmant « qui ne tente rien n'a rien » est définitivement juste. Vous ne pouvez pas être plus heureux si vous vous confinez dans votre malheur. En délaissant celui-ci, en agissant de la manière dont vous voudriez que votre vie soit, vous vous donnez la chance de profiter des récompenses que ce genre de comportement engendre. Par exemple, si vous aimez la façon dont vous vous sentez lorsque votre partenaire vous regarde et qu'il rit ou sourit, alors comportez-vous de manière à ce qu'il ait la chance de vous regarder, de rire et de sourire. Créez ce que vous désirez en agissant en fonction du bien-être à atteindre.

Je sais que ce que je m'apprête à dire est un cliché mais, pour être exceptionnel, vous devez agir de manière exceptionnelle. Même si ce n'est pas exceptionnel d'être avec votre partenaire en ce moment, vous pouvez pencher dans cette direction en choisissant de vous comporter avec passion ; même si c'est un choix conscient plutôt que le fruit de la spontanéité. Même si vous sentez que vous n'avez pas renoué avec le noyau de votre conscience, vous pouvez vous en rapprocher en agissant comme si c'était fait. Même lors des moments où, au cours du processus de renouement, vous sentez que vos sentiments sont ambivalents et que vous vous demandez si vous avez véritablement fait des progrès, vous devez continuer à agir comme un gagnant. Vous pouvez nourrir ce désir d'accomplissement en vous comportant comme s'il était assouvi. Vous savez pertinemment que personne n'a jamais rien obtenu en se morfondant. Soyez heureux des changements qui ont lieu dans votre vie, même si cela implique que vous donniez le bénéfice du doute à votre relation en étant optimiste. Et, avant même que vous vous en aperceviez, les actions et les interactions positives deviendront la règle plutôt que l'exception. Tous les psychothérapeutes s'entendent pour dire que de nouveaux comportements entraînent de nouveaux sentiments.

En effet, vous devez absolument adopter une approche orientée vers l'action où vous donnez vie aux connaissances acquises dans ce livre pour maintenir votre élan positif. Prenez note que le mot « renouer » est un verbe. Renouer n'implique pas seulement que vous pensiez et que vous viviez vos émotions de manière positive, vous devez également agir positivement – et ne limitez pas vos nouveaux comportements aux interactions avec votre partenaire. Sachez qu'une relation de couple vit et meurt dans le mode de vie et dans l'environnement dans lesquels elle s'est développée. Créer un nouveau mode de vie propice à une relation saine nécessite de procéder à des changements substantiels et tangibles. Voici un bon baromètre : si votre entourage ne trouve pas manifeste que vous avez changé votre manière de vivre, vous n'avez pas effectué des changements assez drastiques. Vous ne changerez rien par votre bon vouloir ; vous changerez lorsque vous agirez différemment.

Votre partenaire s'apercevra, lui aussi, de votre changement de fusil d'épaule. Il sentira que vous avez redonné de la vitalité à votre cœur et raffermi votre intérêt, ce qui signifie qu'il ne peut vous aider sans que votre passion ne lui soit communiquée. Être aimé, admiré et chéri par quelqu'un n'a aucune conséquence si cette personne demeure un admirateur secret. Si votre partenaire doit lire dans vos pensées pour savoir comment vous vous sentez, cela ne fait pas de vous un séducteur mystérieux et vous n'êtes surtout pas intriguant. Vous êtes simplement paresseux et non disposé à prendre le risque de vous ouvrir émotionnellement.

Je dois avouer que les hommes sont les contrevenants typiques dans ce domaine. Année après année, j'ai rencontré et conseillé des hommes qui, lorsqu'ils étaient acculés au pied du mur, me révélaient avoir souvent des pensées bien intentionnées et adorables ou envisagé de poser des gestes encourageants et bienveillants, mais, plus souvent qu'autrement, ils n'en disaient rien, ne passaient pas aux actes et, par conséquent, ne risquaient rien. C'est tragique, j'ai fréquemment entendu tenir ce genre de discours par des hommes sortant d'une relation terminée par un échec, par des hommes abandonnés par une partenaire ne se sentant pas appréciée et désirée.

Cependant, cela ne signifie pas que vous devez vous comporter comme une « cheerleader » en adoptant, pompons dans les airs, une attitude extravertie excessive. Mais, montrer son engagement, se comporter en respectant celui-ci est une façon de faire savoir à votre partenaire que vous n'abandonnerez pas au premier signe de trouble. Votre comportement confirme l'inconditionnalité de votre engagement. Vous dites que vous êtes complètement et inconditionnellement lié à votre partenaire, que vous ne réprimez pas votre extraversion parce que vous avez des doutes et des craintes. Vous vous comportez avec une ouverture émotionnelle et un enthousiasme qui lui confirment que vous ne voulez pas vous embarquer dans cette aventure avec personne d'autre. Vous lui dites que vous travaillez dans le meilleur intérêt de chacun, que vous ne lui causerez pas intentionnellement de la peine et que vous serez toujours disponible lorsqu'il aura besoin de vous. Aimer est un comportement qui engendre une énorme quantité de bons sentiments entre vous et l'objet de vos comportements, c'est-à-dire votre partenaire. Agissez en gardant à l'esprit que l'amélioration de votre couple est inévitable et je vous garantis, votre partenaire commencera à agir de la même façon. Les gagnants vous diront invariablement qu'ils peuvent voir leur victoire, leur succès et qu'ils sont en mesure de visualiser cette réussite, ce qui nourrit leur soif de réussite, leur désir d'atteindre leur but.

De plus, rappelez-vous : les meilleurs précurseurs des comportements futurs sont les comportements antérieurs significatifs. En plus de transformer votre relation au quotidien, la modification de votre mode de vie aura un effet important sur votre existence car vous commencerez à bâtir une histoire nouvelle et positive, un jour à la fois. Comme je l'ai déjà dit, les jours se transformeront en semaines, les semaines en mois et bientôt, vos comportements antérieurs significatifs formeront une histoire positive et productive – et fort de cette nouvelle situation, vous ne pourrez qu'avoir des attentes optimistes pour le futur car les précurseurs des événements à venir sont, eux aussi, des plus positifs et productifs.

~ LA GESTION DES BUTS ~

Faisant partie intégrante de la reprogrammation de votre vie en général et de votre relation de couple en particulier, vous devez élaborer un plan précis afin de faire face à ce que vous savez être les points faibles de votre relation. Votre faiblesse peut être votre tendance à vous disputer ou elle peut être le réflexe de vous replier sur vous-même. Vous avez peut-être une fâcheuse tendance à devenir vicieux dans certaines situations, vous êtes peut-être enlisé dans une zone de confort ou peut-être réagissez-vous aux problèmes vécus dans votre relation en flirtant un peu trop avec quelqu'un du sexe opposé au travail.

Peu importe la nature de votre point faible – et je suis persuadé que vous en connaissez déjà la nature – vous devez mettre sur pied un plan visant l'atteinte de vos buts pour pallier les points faibles dans votre relation. Si, par exemple, vous croyez que la qualité et/ou la fréquence de vos rapports sexuels constituent les points faibles dans votre relation, vous devez alors élaborer un plan précis et réfléchi pour pallier cette faiblesse. Vos objectifs peuvent être aussi simples que d'engager des rapports sexuels un certain nombre de fois par semaine. Ils peuvent être aussi indirects que de faire plus d'exercice pour augmenter votre degré d'énergie, pour prendre soin de votre apparence afin d'être plus attirant ou de prendre plus de temps pour être seul avec votre partenaire afin de créer des moments où les rapports sexuels sont possibles.

De la même manière, un plan similaire est nécessaire pour mettre en valeur et bâtir sur les points forts de votre relation. Par exemple, si vous croyez que les moments où vous êtes ensemble, les fins de semaine et les vacances, sont les plus précieux moments de votre vie, vous devez vous fixer des objectifs qui feront en sorte de rehausser ces moments et d'augmenter la possibilité qu'ils se produisent. Si vous appréciez et vous vous entendez très bien lors de situations sociales, assurez-vous d'interagir fréquemment dans ces circonstances.

Vous fixer des buts est une partie cruciale de votre programme de gestion et cela ne se fera pas en un seul coup de baguette magique. Ne sautez pas cette partie en prenant « certaines améliorations » au sein de votre couple comme gage de succès. Il est vrai que ces améliorations peuvent être réconfortantes et apaisantes. Cependant, ces améliorations ne doivent pas minimiser votre sentiment d'urgence et votre motivation ; la douleur que vous vivez dans votre relation s'est atténuée, mais faites très attention : la cloison qui vous sépare de la douleur qui vous affligeait par le passé est extrêmement mince. Il est très facile d'ignorer les problèmes sur lesquels vous devez travailler pour ne pas réveiller le lion qui dort ; c'est aussi facile de prendre pour acquis les bons côtés dans votre relation et de les laisser stagner. Poursuivez activement vos buts et ne brisez pas votre élan positif.

Votre philosophie de gestion à long terme devrait être fondée sur le progrès perpétuel. Je n'insinue pas que vous devez déprécier votre situation actuelle, mais il est trop facile de s'enliser à nouveau dans une autre zone de confort et redevenir apathique. Parce que les relations amoureuses ne se guérissent pas, votre tâche de gérance est perpétuelle, elle est toujours à l'ordre du jour. Vous devez constamment avoir à l'agenda un but relationnel et des comportements précis à adopter pour l'atteindre. Rappelez-vous : un bon gérant ne doit pas être réactionnaire. Un bon gérant ne réagit pas à ce qui se produit, il agit. Vous devez être proactif en vous fixant des objectifs et en mettant sur pied des plans pour les atteindre. En restant conscient de vos forces et de vos faiblesses – en vous fixant des buts et en exécutant des plans précis – vous satisferez aux exigences d'un gérant actif dans votre relation de couple.

Voici des critères simples mais cruciaux à respecter pour que vos buts soient réalisables. Soyez extrêmement précis dans la définition de ce que vous voulez. Fragmentez votre but en comportements précis ou en éléments tangibles qui le définissent. Par exemple, si vous désirez plus d'harmonie au sein de votre couple, vous devez définir précisément ce qu'est l'harmonie pour vous. Signifie-t-elle l'absence de disputes et de querelles, une heure paisible par jour avec votre partenaire ou une promenade dans le quartier, dans un parc, où il est strictement interdit de débattre de vos problèmes ? Peu importe les particularités de votre but, précisez-les.

Mettez vos buts par écrit. Formuler mentalement des objectifs ne nécessite pas la même objectivité ni la même clarté de propos que l'écrit exige. Soyez précis et exhaustif dans la rédaction de vos buts.

Fixez-vous des échéances. Un but sans date de réalisation prévue n'est rien d'autre qu'un rêve fantaisiste destiné à vous divertir. Lorsqu'on fixe la date à laquelle un but doit être atteint, notre approche de cette poursuite change complètement.

Fragmentez vos buts en étapes. Il est évident que l'atteinte de certains buts est fastidieuse et qu'il existe plusieurs parties à celle-ci. Faites une évaluation réaliste de la période de temps nécessaire et divisez cette période en plusieurs étapes intermédiaires. Choisissez des intervalles assez rapprochés pour qu'il ne s'écoule pas un trop grand laps de temps entre les évaluations de votre progrès.

Créez un sentiment de responsabilité. Choisissez une personne dans votre vie à qui vous pourrez faire part de votre progression. Cela peut être un membre de la famille, un ami ou même votre partenaire. Au moins une fois par semaine, ou à des intervalles plus rapprochés encore, vous devez pouvoir regarder dans les yeux une personne que vous respectez et lui faire un compte rendu de votre situation par rapport à votre plan et l'échéance de celui-ci.

Fixez-vous des critères précis pour définir vos résultats. Définissez objectivement ce que signifie « atteindre avec succès » votre but. Une fois de plus, soyez d'une extrême précision quant aux résultats gagnants afin de réellement savoir lorsque vous aurez réussi.

~ LA GESTION DES DIFFÉRENCES ~

Je dois avouer que, pendant plusieurs années, j'ai personnellement cru en secret, et même parfois de manière évidente, que ma femme, Robin, était cinglée. Je ne pouvais pas être plus persuadé d'avoir raison et, comme un parfait abruti, je lui en ai fréquemment fait part. La logique de mon raisonnement me semblait sans faille. En l'écoutant parler, je me disais à moi-même : « C'est inconcevable [parce que cela n'était pas en accord avec ma pensée logique]. Comment une personne aussi brillante et compétente peut avoir un raisonnement si tordu ? C'est la pagaille complète dans sa tête. »

J'étais, à l'époque, handicapé sévèrement par ma croyance au mythe n° 1. Je croyais fermement qu'une relation exceptionnelle ne pouvait exister que si les deux partenaires se comprenaient pleinement. Donc, j'étais fréquemment submergé de frustrations causées par ce qui se produisait entre Robin et moi-même. Je tentais de comprendre Robin par mon esprit logique masculin tandis qu'elle essayait de me comprendre de son point de vue. C'était comme entreprendre de scier un madrier avec un tournevis.

L'inconstance de son raisonnement ou de son comportement me laissait tout simplement béat. Par exemple, j'ai assisté à l'accouchement de son premier enfant et je me suis rendu compte qu'elle avait une tolérance à la douleur qui rendrait honteux la plupart des hommes. Puis, un jour, elle s'est fermé une porte de voiture sur deux doigts au milieu de l'après-midi. Comme je n'avais pas annulé les rendez-vous d'une demi-douzaine de patients pour revenir à la maison mettre de la glace sur sa blessure, elle avait été profondément offusquée de cette absence et avait conclu que je ne l'aimais plus. Qu'était-il arrivé à la femme forte ?

Je peux être à la maison, sur une échelle à soixante centimètres du sol, pour changer une ampoule électrique et elle me dit : « Oh ! sois prudent, ne tombe pas. Sois prudent. » Dix minutes plus tard, nous nous arrêtons à une intersection lorsqu'une horde complète d'Hell's Angels entoure notre voiture. Elle s'exclame : « Phil, cet homme me dévisage. Dis-lui de se mêler de ses affaires. » « Quoi ? Robin, ils sont au moins douze. Ils nous tueraient et mangeraient nos petits. Il y a trois minutes, tu avais peur que je tombe d'une échelle à quelques centimètres du sol et maintenant, tu voudrais que j'étrangle à main nue un troupeau d'Hell's Angels. » Je ne comprenais plus rien à rien.

Nous semblons si différents, c'est incroyable. Si Robin et moi-même devons nous rendre à un endroit pour neuf heures du matin, je me lève aux alentours de huit heures et demie afin d'avoir un peu de temps pour me préparer. C'est certain, je n'ai pas vraiment besoin d'arranger ma coiffure. Je me douche, je me secoue comme un chien mouillé et je suis prêt. Robin, d'un autre côté, se glisse hors du lit vers quatre heures et demie, et c'est le branle-bas de combat. Cela commence par les lumières. D'étranges lumières luisent et se propagent par la fente sous la porte de la salle de bain et sont suivies par l'apparition de nuages de consistance poudreuse. C'est digne de la quatrième dimension. Puis, on peut percevoir des bruits, des sons étranges. L'un d'entre eux est un son bizarrement érotique. Je suis souvent allé dans cette pièce en pleine après-midi lorsque Robin n'était pas là et je vous jure que je ne peux rien trouver pouvant produire un son pareil.

Donc, je reste étendu dans mon lit jusqu'à ce que je sois sur le point de le mouiller, je suis obligé de me lever et de m'engouffrer dans « la Zone ». Je ne veux pas m'y rendre, je souhaiterais ne pas avoir à m'y rendre, mais je n'ai pas le choix. La première étape se déroule sans anicroche mais c'est au moment où, encore endormi, je tente d'évacuer les lieux, de filer en douce, qu'elle me dit : « Hum ! attends un instant. » Elle me pose ensuite une question à laquelle il n'existe aucune bonne réponse. Je voudrais me cacher, me rendre invisible, mais je lève les yeux et bien sûr, toute sa garde-robe est suspendue autour d'elle. Elle décroche une tenue, la tient devant elle et me demande : « Est-ce que cette robe m'amincit ? » Oh non ! Il n'en est pas question ! Si je réponds oui, elle me dira : « Donc j'ai besoin d'être amincie ? » Si je réponds non, je suis cuit et vous comprenez pourquoi. Il n'existe aucune bonne réponse à cette question. La meilleure alternative consiste à gruger votre pied jusqu'à ce que vous vous libériez de ce piège infâme.

Bien sûr, il est évident que je m'amuse avec vous ici pour prouver mon point. Tout comme Robin et moi-même, vous et votre partenaire êtes très différents et aucune quantité de travail établira un rapprochement sur certains points ou éliminera ces différences. Donc, vous devez apprendre à gérer votre relation malgré ces différences. De plus, vous devez embrasser ces différences, leur trouver des côtés positifs. Rejeter ou renier ces différences en les jugeant catégoriquement ne vous apportera que de la souffrance. Votre processus de renouement s'effondrera en une tonne d'accusations latentes et de regards haineux. Votre vie sera submergée par une frustration totale, vous secouerez constamment votre tête en signe d'incrédulité.

Il m'embarrasse de vous avouer le nombre d'années que j'ai passées à être frustré par rapport à ma femme, des années où je la jugeais et où je lui en voulais de faire ce pour quoi Dieu l'avait précisément conçue. Dieu ne nous a pas créés avec les mêmes caractéristiques ; il nous a créés différemment. Il nous a créés différemment car nous avons différentes tâches à accomplir et malgré cette évidence, nous nous critiquons pour qui nous sommes. Les hommes critiquent les femmes parce qu'elles sont émotives, sensibles et intuitives plutôt que d'être logiques. Les femmes sont supposées être de cette façon et ces caractéristiques n'empêchent pas un raisonnement intelligent, perspicace et concluant. Elles ont simplement une autre façon de faire.

Les femmes sont, plus que les hommes, munies de ces caractéristiques parce que Dieu a prévu qu'elles joueraient un rôle précis dans le cycle de la vie, rôle pour lequel ces caractéristiques sont plus convenables. Dieu a donné moins de ces qualités aux hommes en les remplaçant, entre autres, par la logique et la force physique car il a déterminé que ces caractéristiques se prêteraient mieux pour certaines des tâches qui leur seraient attribuées dans la société. Ce n'est pas une question de hiérarchie. Ne croyez pas que l'émotivité, la sensibilité et l'intuition sont de deuxième ordre – tout comme il est faux que les caractéristiques masculines sont de second plan. Les différences entre les hommes et les femmes sont tout à fait normales, à moins que vous n'en décidiez autrement.

Je vous ai fait part du prix à payer pour ceux qui résistent à l'ordre naturel des choses. J'ai payé ce prix. Mais, aujourd'hui, je suis très reconnaissant envers Robin, parce qu'elle est ce qu'elle est. Je réalise maintenant que j'aurais tout gâché si j'avais pu la changer, il y a de ça des années. Robin, je crois, partage la même opinion. Il y a plusieurs années, Robin ronchonnait parce qu'elle trouvait que j'étais parfois rude et cruel ; je lui avais répondu : « Si tu pouvais changer la manière dont je me comporte, ma manière de parler, ma manière de penser et la manière dont j'exprime mes sentiments, que changerais-tu, en fait ? » Elle m'avait fait une description idéaliste d'un homme sensible, émotif, consciencieux, presque pleurnichard qui aime aller au bois pour partager ses sentiments. Ma réponse fut honnête : « Tu voudrais qu'un défenseur-centre de football qui s'est toujours battu dans sa vie pour ce qu'il a obtenu devienne une sorte de danseur de ballet écrivant de la poésie. Je peux te jurer que ce n'est pas ce que tu veux. Tu n'as pas été attirée vers moi à cause de ma sensibilité. Ce qui t'a attirée vers moi, entre autres choses, c'est la sécurité que je t'apportais ; je te protégeais et je protégeais notre caverne. » Elle m'a plus tard avoué que, si elle avait réussi à me changer en ce qu'elle prétendait désirer que je sois, je n'aurais plus été la personne qu'elle avait choisie pour partager sa vie entière.

Nous nous sommes engagés solennellement à considérer nos différents points de vue et nos différentes manières d'expression comme des attributs complémentaires. Je n'ai pas besoin d'être aussi sensible et émotif qu'elle, et par ma présence, elle n'est pas obligée d'être aussi logique et linéaire dans ses raisonnements que je le suis. Mais, réunis, nos styles font très bon ménage même s'ils sont vraiment différents. Cependant, elle ne verra jamais les situations comme je les vois et elle peut fort bien penser pour l'éternité que je suis froid et insensible dans la manière dont je gère certaines situations. D'autre part, je ne comprendrai jamais comment elle peut ne pas aller jusqu'au bout dans ses réflexions sur certaines situations, mais je reconnais que ce sont ces mêmes traits, ces mêmes caractéristiques qui ont apporté la chaleur dans notre foyer et dans notre famille, chaleur indispensable et désirée plus que tout. Je veux être marié avec quelqu'un dont les qualités et les caractéristiques ne sont pas, à prime abord, les points forts de ma personnalité de manière à ce que cette personne puisse mettre sur la table des éléments qui me complètent. De plus, je vous assure que ma femme ne veut pas être mariée à quelqu'un en tous points identique à elle.

Nous pourrions parler indéfiniment des différences entre homme et femme. Par exemple, les hommes ne conçoivent pas la résolution d'un problème de la même manière que les femmes. Les hommes s'intéressent davantage à la solution tandis que les femmes s'intéressent autant à la solution qu'au cheminement qui mène à celle-ci. Les hommes préfèrent aller droit au but ; les femmes aiment élaborer en détail. Comprenez que si vos différences ne sont pas gérées adéquatement, elles deviennent destructrices. Cette gestion ne s'accomplit pas en voyant les situations avec les yeux de votre partenaire. Vous n'avez pas à toujours le comprendre. Cette gestion implique que vous acceptiez ces différences ; elles ne devraient pas être source de frustrations.

L'aspect positif d'avoir vécu une relation problématique est que vous avez perdu votre naïveté, vous savez à quel point vivre en couple peut être difficile ou comment une relation peut tourner mal. Vous êtes un vétéran expérimenté ayant eu une expérience pratique irremplaçable. L'apprentissage de la souffrance vous a déjà coûté assez cher, ne gaspillez pas l'expérience qu'il vous a conférée. Les recherches ont démontré que ce n'est pas ce qui s'est produit ou non qui fâche les gens ; c'est si ce qui s'est produit ou non a violé leurs attentes.

Lorsque des conflits surviendront, et vous savez qu'il y en aura, ne paniquez pas. Dites-vous simplement : « Bon, nous en avons parlé abondamment. Nous savions que des conflits surviendraient et nous savons comment y faire face. Nous ne paniquerons pas et nous ne mettrons pas notre relation sur la corde raide parce que nous sommes confrontés à certains défis normaux qu'impliquent deux vies fusionnées en un couple. »

~ LA GESTION DE L'ADMIRATION ~

Ceci peut vous sembler un sujet quelque peu étrange. Qu'est-ce que la gestion de l'admiration ? Comment peut-on gérer l'admiration ? Je vous explique : tout comme nous pouvons oublier de construire notre relation en mettant l'emphase sur ses points forts, vous pouvez également oublier de travailler à redécouvrir, à identifier et à vous concentrer sur les qualités de votre partenaire, qualités que vous devriez et pouvez admirer. Gardez à l'esprit que les couples qui travaillent uniquement sur leurs problèmes ont une relation à problèmes. Même dans des relations solides, les gens ont trop souvent tendance à focaliser leur attention sur les aspects négatifs, en espérant les éliminer dans un effort pour améliorer leur relation. Mais, il est très facile d'oublier le positif lorsqu'on s'étend constamment sur le négatif. S'appesantir sur les lacunes et les défauts mène à l'oubli d'admirer. En effet, si vous arrêtez votre pensée sur le négatif dans votre relation, vos attentes envers votre relation et votre partenaire ne peuvent pas être très élevées. Vous devez plutôt avoir un plan qui vous rappellera toutes les qualités admirables chez votre partenaire et que ses défauts et ses lacunes n'éliminent pas tout le reste.

Cette partie de votre programmation nécessite davantage que l'acceptation simple de vos différences respectives. Vous devez allez plus loin en travaillant activement à créer une valorisation des différences dans votre couple. En le faisant, vous prenez consciemment l'engagement de développer et de nourrir votre admiration pour l'être aimé. Concentrez-vous sur ses qualités admirables de manière à ce qu'elles soient la fondation de votre relation. En devenant le meilleur « fan » de votre partenaire, vous choisissez de valoriser ses traits uniques et inspirants. Vous n'avez pas choisi cette personne parce qu'elle était une perdante accablée de malchance ; vous l'avez choisie parce que vous avez vu en elle des qualités qui vous ont ému et qui vous ont poussé dans une direction positive. Attisez les flammes du respect, de l'honneur et de l'admiration et soyez fier de votre partenaire.

Rappelez-vous : vous n'avez pas à comprendre ou à être d'accord avec le style et les nuances de votre partenaire pour les apprécier. Je ne comprends pas très bien le fonctionnement de l'électricité, mais cela ne m'empêche en aucune façon de l'utiliser et de l'apprécier. Peut-être devriez-vous en faire de même pour les manières d'agir de votre partenaire.

Dès que je me suis mis à me concentrer sur les qualités de ma femme plutôt que de critiquer ses différences, j'ai commencé à récolter des bénéfices inimaginables. Au lieu de lui résister, j'en suis venu à me fier sur elle. Je n'ai pas, tout d'un coup, reconnu ses différences comme des points forts ; j'ai commencé par la valoriser dans tout son être d'une façon plus mature et complète.

chapitre dix

LE DOCTEUR EST DANS LA SALLE

Au cours du processus de rédaction et de conception de ce livre, j'ai fréquemment tenté de me mettre à votre place, vous le lecteur, afin d'identifier les sujets que vous désiriez et que vous aviez besoin que j'aborde aux différentes étapes de votre lecture. L'idée m'est venue, à ce stade, que si j'étais vous et que j'avais travaillé si fort et si longtemps dans la poursuite des multiples objectifs stratégiques abordés jusqu'à présent, je souhaiterais probablement avoir une discussion face à face afin de parler avec précision de ma propre relation de couple et de poser quelques questions propres à celle-ci. Je peux presque vous entendre penser : « Hé ! Doc, nous avons compris, c'est clair, mais il nous serait fort utile de prendre part à une séance ou deux pour affiner nos réflexions et clarifier certains sujets clés. » Je souhaiterais acquiescer à votre demande, mais c'est impossible.

Comme nous ne pouvons pas nous asseoir ensemble, j'ai opté pour la deuxième meilleure solution : j'ai anticipé les questions que, selon moi, vous me poseriez si nous étions assis face à face. Je suis parfaitement conscient que toutes les situations individuelles ont leurs particularités, mais je sais également qu'il existe plusieurs éléments communs qui s'appliquent à certains sujets, sans égard aux circonstances précises.

Donc, même si je n'ai pas la chance d'entendre votre situation personnelle avant de vous fournir des réponses, je sais qu'il y a certains points que j'aborderais inévitablement avec vous. Je crois que, en vous parlant franchement et en toute simplicité de ces dénominateurs communs, je peux vous donner une longueur d'avance pour affronter les défis dans votre propre couple. Je vous offre ces réflexions et ces suggestions pour que vous vous en serviez comme levier, pour stimuler vos propres réflexions.

Afin de m'assurer de choisir les bons sujets à aborder, j'ai passé en revue des milliers et des milliers de cas de couples que j'ai rencontrés, individuellement et lors de mes séminaires, pour identifier les questions les plus demandées. J'espère couvrir au moins certaines de vos questions dans la partie qui suit.

Certains sujets rendent simplement les couples inconfortables tandis que d'autres sont si explosifs qu'il est vraisemblable que ces couples mettent fin à leur relation s'ils ne trouvent pas un terrain d'entente ou s'ils sont incapables de gérer la problématique qu'entraîne le sujet débattu.

Je ne vous parle pas, ici, de romance ou de dramatique hollywoodienne. Je vous parle des problèmes quotidiens auxquels font face les vrais couples dans le vrai monde. Par exemple, je soupçonne que si vous êtes marié et avez des enfants, vous vous levez extrêmement tôt durant l'année scolaire et vous tentez, tant bien que mal, de mettre votre petit troupeau debout et prêt pour la journée dans le meilleur état possible, que vous êtes exténué à la fin de la journée, que vous faites face à des contraintes budgétaires, des conflits d'horaire et une fatigue physique et émotionnelle. Ce ne sont pas là des défis très divertissants, mais ils en sont néanmoins réels. Je peux vous dire que chez nous, la lumière matinale n'est généralement pas la bienvenue, mais nous nous rendons à la raison et, en peu de temps, nous nous retrouvons devant un bol de Cheerios, nous concoctons des lunchs en criant au chien de se la fermer et d'arrêter de se précipiter vers la porte à chaque fois qu'elle s'entrouvre. Si je mettais une rose le soir sur l'oreiller de ma femme ou qu'elle faisait de même, nous devrions souvent extraire les épines de nos joues le lendemain car, une fois sur deux, nous nous endormons avant même que notre tête ait touché l'oreiller.

Nous allons commencer par aborder une petite liste de sujets épineux : le sexe, l'argent, les enfants et les moments où vous regardez votre partenaire à l'autre bout de la table de cuisine en murmurant : « Dans quoi je me suis embarqué ? Je suis pris avec une personne complètement folle. »

Alors maintenant, trouvez les questions dans la liste qui se rattachent à votre situation et, soyez-en certain, si vous étiez assis devant moi dans un fauteuil de thérapeute, voici, au minimum, ce que je vous dirais.

QUESTION : Les activités sexuelles dans notre couple sont sérieusement en voie de disparition. Devrions-nous nous en inquiéter et que devrions-nous faire ?

Comme je l'ai dit plus tôt, ce n'est rien de moins qu'un déni mythique de croire que le sexe devient superflu à un moment quelconque dans une relation de couple. Dans des couples sains, le sexe est une extension naturelle de la qualité de la relation. C'est un élément qui fait partie d'un mode de vie sain, aspect dont nous avons parlé abondamment dans ce livre. Vos priorités qualifiées de faibles sont celles auxquelles vous allouez peu ou pas de temps et d'énergie. Si vous désirez une vie sexuelle satisfaisante, il est nécessaire qu'elle soit enchâssée dans une relation de couple saine et satisfaisante.

Assurez-vous d'avoir bien compris ce que je viens de dire. Les rapports sexuels ne sont pas le fondement d'une relation de couple saine ; ils sont l'extension d'une relation où recevoir et donner du support ainsi que du confort sont de mise.

En d'autres mots, vous et votre partenaire ne pouvez pas vous attendre à avoir un mode de vie dans lequel vous passez une ou plusieurs journées entières remplies d'hostilité, d'insensibilité, d'inattentions, de querelles et ensuite espérer que, en un claquement de doigts, vous partagerez les plaisirs de l'intimité sexuelle. Pour faire en sorte qu'une relation sexuelle saine et satisfaisante soit possible, les partenaires doivent ressentir un degré substantiel de confiance mentale, émotionnelle et physique. Les rapports sexuels impliquent la vulnérabilité : ce sont des actes qui peuvent se dérouler sans contrainte seulement dans un contexte de confiance.

(J'englobe dans le terme sexe toute une gamme de comportements visant l'intimité physique, des caresses et des touchers superficiels jusqu'à l'acte sexuel lui-même et ses conséquences.)

Donc, lorsque les gens me disent qu'ils sont frustrés sexuellement, ma première idée est que ces frustrations n'ont que peu ou rien à voir avec la sexualité elle-même. Je suggère souvent au couple d'examiner leur relation dans son ensemble afin de déterminer s'ils créent ou non une toile de fond propice à une vie sexuelle normale et saine.

Si vous croyez qu'il est normal d'ignorer votre partenaire le matin, d'aboyer après lui deux ou trois fois dans la journée, de vous disputer le soir pour ensuite tomber dans ses bras et avoir une aventure sexuelle palpitante, ce n'est pas surprenant que vous soyez frustré. Si, d'un autre côté, vous interagissez de façon saine et positive, les rapports sexuels sont la suite logique de vos comportements. Cela n'a pas besoin d'être surfait. Cette attitude devient simplement une autre manière d'exprimer votre support, la mutualité et une considération réciproque. Demandez-vous si vous créez un environnement caractérisé par le partage, la confiance, la sérénité et la relaxation.

Dans la plupart des situations et des circonstances, ce qui mène à une interaction sexuelle saine à dix heures et demie le mardi soir a fort probablement commencé au lever du soleil le lundi précédent, lorsque vous vous êtes serrés dans vos bras juste un peu plus longtemps qu'à l'habituel ou que vous vous êtes embrassés sur les joues, que vous avez rigolé ensemble au cours de la journée et que vous vous êtes blottis l'un contre l'autre le lundi soir. Par ces simples gestes affectueux et aimables, vous êtes devenus, vous et votre partenaire, de plus en plus enclins et prêts à entreprendre des échanges intimes ; cette montée de désir a commencé la journée précédente. Dans ce contexte, les rapports sexuels sont l'extension parfaitement naturelle d'une situation où deux personnes vivent dans la considération, la confiance et le réconfort mutuels. Qui plus est, les rapports sexuels, les rapprochements physiques et émotionnels, qui se sont déroulés ce mardi soir deviennent un tremplin pour d'autres pensées et comportements appréciés qui feront le pont d'un rapport sexuel à un autre ; même si ce dernier semble spontané, il est le résultat de l'élan positif créé par le premier.

Je fais allusion ici au rythme ou au cycle des interactions sexuelles. J'espère que vous comprenez comment l'insensibilité, l'inattention et l'hostilité rendent les rapports sexuels hautement illogiques et contre nature. On dit souvent à la blague que le sexe est l'activité la plus agréable à faire sans rire. Elle peut également être une merveilleuse occasion de communiquer sans dire un mot. Personne ne s'attendrait, dans ces circonstances, à avoir ce genre d'échange verbal : « Je te hais et je hais tout ce que tu représentes. Tu as ruiné ma vie, espèce de vaurien, salaud ! – et pendant que j'y pense, je t'aime tendrement. »

Ça n'a aucun sens. C'est complètement contradictoire ; tout comme il est illogique de croire qu'être rude et insensible toute la journée vous mènera à une nuit torride avec votre partenaire. Cette supposition est ridicule et insensée. Conclusion : si vous voulez voir une recrudescence de vos activités sexuelles, vous devez créer un élan positif relationnel propice à l'intimité émotionnelle.

QUESTION : Mais, Dr Phil, qu'en est-il si nous avons cet élan, si tout se déroule à merveille entre moi et mon partenaire, mais que nous n'avons toujours pas ou très sporadiquement de rapports sexuels ? Quel est le problème ?

Cette situation est possible. Souvent, les problèmes surviennent à l'origine pour une raison et persistent ensuite pour une série de raisons totalement différentes. Vous avez peut-être perdu l'habitude ou cassé complètement le rythme auquel vous aviez des rapports sexuels parce que vous viviez des problèmes, soit dans les derniers stades de votre grossesse, soit parce que vous avez simplement eu à vivre une période exigeante physiquement où l'un de vous était singulièrement fatigué. Il arrive, parfois, qu'un ou les deux partenaires soit distrait et permette à la sexualité de chuter dans l'échelle des priorités. Ces couples se sont désistés de leurs habitudes sexuelles et ont permis à un certain nombre d'autres activités d'empiéter sur ce très précieux échange intime.

Maintenant, vous voudriez peut-être me demander : « Eh bien, si tout le reste est en place – c'est-à-dire, la confiance, la considération et le support mutuel – alors pourquoi le modèle que suivent nos ébats amoureux a de l'importance ? » C'est important parce que l'intimité engendrée par les rapports sexuels amène la relation à un tout autre niveau. Comme je l'ai dit, les interactions sexuelles intimes sont un moyen de communication unique et puissant ; elles peuvent communiquer des messages beaucoup plus profonds que vous ne pourriez le faire par des mots. Vous pouvez avoir plusieurs amis proches et intimes dans votre vie – des gens que vous considérez, supportez et avec qui vous partagez verbalement d'importantes pensées ainsi que vos sentiments les plus sincères. Mais, les interactions sexuelles intimes sont uniques à votre relation de couple. Sans celles-ci, vous éliminez le caractère unique de cette relation. Le sexe est une activité précieuse partagée seulement par vous et votre partenaire.

Conclusion : si vous êtes devenu distrait et ne pensez plus à avoir des rapports sexuels, ce qui arrive fréquemment à bon nombre de personnes, ce n'est qu'un problème d'habitude. Afin de pallier cette situation, vous devez consciemment vous engager à réintégrer cet aspect précieux dans votre vie. Et ne faites pas qu'y penser – faites-le. Uniquement y réfléchir – c'est-à-dire, avoir de bonnes intentions sans toutefois prendre la peine de résister à la fatigue et décider d'ajourner la « séance intime » – ne vous apportera que des problèmes. Alors, exécution ! Oubliez la vaisselle, oubliez la télévision, oubliez les enfants, ne vous souciez pas de réveiller les plantes, passez à l'action.

QUESTION : Eh bien, Dr Phil, cela m'amène à poser une autre question. Je peux m'engager à le faire, mais franchement, je ne pense pas que je peux le faire correctement. Je ne crois pas que mon partenaire est satisfait sexuellement et, pour ma part, je ne le suis pas toujours. Peut-être est-ce la raison de notre manque de motivation. Alors, que dois-je faire ?

Tout comme dans les autres domaines du fonctionnement humain, il existe des différences entre les hommes et les femmes en regard de la sexualité. Les femmes, par exemple, ont longtemps dit : « Les hommes sont toujours prêts et meurent d'impatience de s'y adonner. Ils ne pensent qu'à ça ; ils sauteraient dans le lit en entendant "chapeau" ! » Cette généralisation est complètement fausse. Bon, d'accord, elle est fausse d'une certaine manière. Il existe, chez les hommes, une vaste différence quant à leur appétit sexuel. Des facteurs tels leur personnalité, leur âge, leur santé physique, leurs expériences antérieures, leur éducation ont une grande influence sur leurs préférences et leurs habitudes sexuelles. Cependant, il est vrai que les hommes, en général, ont un cycle d'excitation ou d'éveil sexuel beaucoup plus court que les femmes. Ce fait n'est ni bon ni mauvais ; ce n'est qu'un fait.

Mais, un problème directement lié à cette différence dans le cycle d'excitation sexuelle peut surgir dans le couple. Parce que les hommes sont plus rapidement excités que leurs comparses féminines, ils ont tendance à devenir « amoureux » et à engager l'activité sexuelle très rapidement. Les femmes deviennent tout aussi excitées sexuellement, mais, elles ne sont pas aussi rapides sur la gâchette. Parfois, l'homme va croire, parce qu'il ne comprend pas la science du corps humain, que sa partenaire ne répond pas à ses avances, qu'elle n'est pas réceptive – et il se vexe. D'autres fois, la femme se vexe parce qu'elle croit ne pas répondre sexuellement assez vite à son partenaire. Les partenaires semblent déphasés. Le temps que la femme commence à devenir excitée, l'homme aura peut-être déjà conclu qu'il y a un manque d'intérêt ou peut-être même s'est-il senti rejeté et donc, s'est retiré.

Cette apparente incompatibilité dans le cycle d'excitation sexuelle peut affecter grandement la vie sexuelle d'un couple, non seulement dans les interactions préliminaires à l'activité sexuelle, mais également durant l'acte en question. Regardez le tableau n° 1, le schéma des réponses physiques. Notez qu'il y a une ligne du temps divisée en minutes au bas du schéma. La courbe de réponse masculine correspond à la ligne pleine et celle de la femme à la ligne en pointillé. N'est-ce pas intéressant de constater que le cycle d'excitation de l'homme, en commençant par l'idée, en passant par l'érection, l'orgasme et la perte d'érection, ne dure en moyenne que 2.8 minutes ? Sa courbe de réponse est presque verticale : elle s'élève en flèche et pique très rapidement par la suite. (Vous pouvez, si vous le voulez, insérer ici la blague de votre choix.)

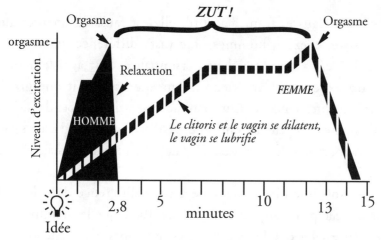

Tableau nº 1 : Schéma des réponses sexuelles masculines et féminines

Comparez cette courbe avec celle de la femme. Elle s'élève graduellement et atteint un plateau vers les sept minutes. Le cycle complet dure environ treize minutes. Ce qui peut-être problématique, c'est que la lubrification vaginale ne se produit que plusieurs minutes après que le cycle de l'homme soit complété. Donc, seulement vingt à trente pour cent des femmes atteignent l'orgasme durant les rapports sexuels, en grande partie parce que « M. Vite sur la gâchette » est parti bien longtemps avant que leur physiologie ait eu le temps d'ouvrir la machine, de se mettre en branle.

Vous pouvez faire le calcul aussi bien que moi. Si le cycle de l'homme dure 2.8 minutes et que celui de la femme en compte treize, nous avons un écart de dix minutes ; dix minutes d'incompatibilité. Avis à mes lectrices, soulignez cette portion du texte pour votre partenaire. Cet écart de dix minutes entre les points culminants du cycle de l'homme et de la femme laisse la place aux préludes amoureux, aux préliminaires. Messieurs, « Prends garde à toi, j'arrive ma chanceuse ! », n'est pas ce qu'on appelle un prélude amoureux, même si vous venez du Texas et que dix minutes sont nécessaires pour formuler cette phrase. Pour que quelque chose soit qualifié de préliminaire amoureux, ce doit être excitant. En passant, cela signifie que ce doit être excitant pour *elle*. Souvenez-vous de cette partie de notre formule : une relation exceptionnelle signifie que les besoins des deux personnes impliquées sont satisfaits. C'est également vrai pour vos relations sexuelles.

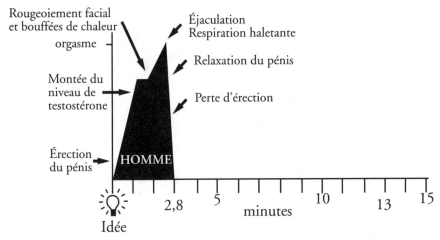

Tableau n° 2 : Schéma des réponses sexuelles chez l'homme

Dans le domaine de la sexualité, tout comme dans les autres domaines du fonctionnement humain, le savoir, c'est le pouvoir. Utilisez ces nouvelles connaissances pour rendre plus compatible votre sexualité avec celle de votre partenaire et elle sera beaucoup plus satisfaisante pour tous. Pour que vous ayez une meilleure compréhension de la réponse physiologique sexuelle chez l'homme et la femme, j'ai inclus les tableaux 2 et 3 pour une explication plus détaillée des réponses masculines et féminines. Étudiez-les afin de comprendre le fonctionnement du corps de votre partenaire. En comprenant les aspects comportementaux, émotionnels et physiques de la sexualité, je suis persuadé que vous obtiendrez de meilleurs résultats.

La clé pour avoir une relation où la sexualité est satisfaisante, c'est d'avoir régulièrement des rapports sexuels de qualité. Bien entendu, vous passerez par toutes les gammes d'interactions sexuelles, de faire passionnément et avec romantisme l'amour toute la nuit jusqu'à avoir des rapports sexuels tout simples pour relaxer physiquement ou même seulement pour la forme. C'est très bien comme ça, tant que vous agissez en étant toujours sensible aux préférences de votre partenaire. Par la sensibilité et la compréhension, vous aurez droit tant aux nuits passionnées qu'aux rapports sexuels sans artifices et vous trouverez beaucoup de possibilités entre ces deux extrêmes. Inévitablement, vous trouverez un juste milieu où vous et votre partenaire serez également confortables.

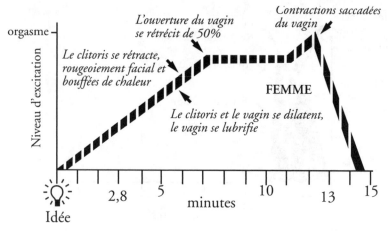

orgasme —

Niveau d'excitation

Le clitoris se rétracte,
rougeoiement facial et
bouffées de chaleur

L'ouverture du vagin
se rétrécit de 50%

Contractions saccadées
du vagin

FEMME

Le clitoris et le vagin se dilatent,
le vagin se lubrifie

2,8   5   10   13   15

minutes

Idée

Tableau n⁰ 3 : Schéma des réponses sexuelles chez la femme

Afin d'engager ce processus du bon pied, je vous encourage tous les deux à surmonter vos inhibitions et à discuter de cette importante partie de votre relation de couple. Vous pouvez grandement aider votre vie sexuelle en général et plus particulièrement votre partenaire si vous partagez avec lui vos pensées, vos sentiments et vos préférences. Même si cela vous semble délicat à prime abord, foncez et engagez de manière ouverte une bonne discussion sur le sujet. Ce n'est pas grave de rire nerveusement ou d'être embarrassé en autant que vous continuiez la discussion. Et rappelez-vous : si vous voulez avoir une bonne sexualité dans votre couple, vous devez passer aux actes au lieu d'y songer.

QUESTION : Dr Phil, vous m'avez dit qu'il est correct de se disputer, qu'il n'est pas dramatique de confronter l'autre lorsque c'est nécessaire – mais que je devais le faire sans être cruel, vicieux ou humiliant. C'est une lourde tâche. Existe-t-il de bonnes règles à suivre pour me disputer sans heurt avec mon partenaire ?

Comme je l'ai dit plus tôt, que vous vous disputiez ou non n'a aucune importance, cela signifie ni le succès ni l'échec de votre couple à long terme. C'est la manière de vous disputer qui importe réellement et comment vous y mettez fin. Les désaccords et les disputes sont inévitables. Ils peuvent avoir de bons effets, voire même être constructifs, si vous les abordez dans les règles de l'art. Avant d'effeuiller ces règles, vous devez comprendre et observer cette condition requise : garder le contrôle. Parce que cela peut être bénéfique de se disputer dans un couple ne vous donne pas le droit d'être puéril, abusif ou immature. Cela veut simplement dire que vous avez des sentiments légitimes et que vous avez le droit de leur donner voix. Pour le faire d'une manière constructive, vous devrez prétendre à l'excellence et exercer un contrôle de fer sur vos émotions. Un bon point de départ pour affiner votre contrôle est d'arrêter de vous prendre trop au sérieux. Dans un couple où les partenaires partagent et sont, de ce fait, égaux, croire être toujours dans son bon droit et paraître autosuffisant sont des attitudes rarement appropriées et typiquement injustifiées. Soyez en désaccord, mais restez calme et reconnaissez que toute irritation ne nécessite pas un acte fédéral d'accusation ou une condamnation divine.

Donc, voici des règles précises à observer durant les disputes. Respectez ces règles et vous découvrirez peut-être que vos différences d'opinion peuvent, en fait, mener à des changements constructifs au sein de votre couple.

Première règle : Lavez votre linge sale en privé

Si des enfants sont impliqués dans votre relation de couple, que vous soyez mariés ou non, ne vous disputez pas devant ces enfants. J'insiste, ne vous querellez pas devant les enfants. Ces comportements ne sont rien d'autre qu'un abus de ses enfants. Vous disputer devant eux les mutilera émotionnellement, tout cela uniquement parce que vous n'avez pas le self-control pour vous contenir jusqu'à ce que vous soyez seul avec votre partenaire. Se disputer devant des enfants les blesse au point de les changer complètement.

Les enfants considèrent leurs parents comme leur point d'attache émotionnel et physique, un point d'ancrage solide les protégeant du danger. Lorsqu'ils sont témoins ou exposés à des hostilités ouvertes et des disputes entre deux personnes sur qui ils se fient pour assurer leur sécurité personnelle, ils sont ébranlés jusqu'au tréfonds de leur être. Ils commencent à ressentir de l'insécurité et la peur d'une désintégration de leur milieu familial s'instaure. Ils croient souvent qu'ils sont la cause de la dispute, qu'importe son contenu, et s'approprient le fardeau de la peine de leurs deux parents. D'ailleurs, les enfants ne sont que très rarement présents lors de la réconciliation. Donc, ils sont exposés au procès et, par conséquent, à toute la souffrance sans pour autant pouvoir bénéficier du rôle de pacificateur. Ces incidents compromettent leur stabilité psychique, érodent vicieusement leur estime personnelle et les aliènent au point d'être socialement inaptes. Dans des milieux familiaux particulièrement hostiles, les enfants craignent même d'inviter leurs amis de peur qu'ils soient soumis à ces tribulations incontrôlées. Si vous devez être en froid, et vous le serez éventuellement, ne faites pas payer la note à vos enfants.

Deuxième règle : Restez pertinent

Si vous et votre partenaire devez vous expliquer en rapport à un sujet ou un problème en particulier, vous devez cerner de manière très concise ce sujet ou ce problème et vous en tenir à celui-ci. En clair, si vous devez vous disputer à propos de votre mère ou celle de votre partenaire, votre dispute ne doit pas englober d'autres problèmes que celui en litige. En d'autres mots, si après quinze minutes de dispute, la « discussion » a dérivé et que vous ne parlez plus de la même mère ou de l'idiotie d'un de vos beaux-parents, vous avez transgressé la deuxième règle, vous êtes allé au-delà des limites de l'acceptable.

Les disputes dégénèrent souvent en mêlées générales car elles mènent à un cul-de-sac, aucune voie mène à la résolution du problème. Il faut vous demander et questionner votre partenaire : « Pourquoi nous nous disputons au juste ? » Lorsque vous trouverez la réponse à cette question, n'en démordez pas. Vous devrez peut-être même dire à votre partenaire : « Nous nous éloignons du sujet en ce moment. Nous nous disputions à propos de ta mère. Restons sur le sujet. Nous pouvons parler des autres problèmes une autre fois, mais, pour l'instant, concentrons-nous sur ce qui nous a amenés à nous disputer. » Soyez constant, ne dérivez pas du sujet débattu, sinon, vous devrez revivre cette dispute encore et encore car vous n'avez pas pu exprimer le fond de votre pensée sur cette situation qui vous irrite.

Ce qui, en général, vous fait déborder du sujet, vous pousse à la dérive, c'est une attitude trop défensive et catégorique. Il est très facile de tomber dans une approche du genre : « Hé ! Si tu me cherches, tu me trouveras. » Mais, lorsque les couteaux volent bas et que les attaques deviennent trop personnelles, le plaisir prend ses jambes à son cou. Si vous ne pouvez pas faire face à la musique, abandonnez l'orchestre. Si vous voulez jouer de la timbale, gardez le rythme.

Troisième règle : Soyez vrai

J'en ai fait mention plus tôt, il est très facile d'être une « poule mouillée émotionnelle ». Parce que la plupart des désaccords découlent de la perception d'un ou l'autre des partenaires, guerre qui a comme enjeu l'acceptation ou le rejet, il peut sembler plus prudent et facile de se battre pour défendre des points insignifiants, de s'acharner sur les symptômes plutôt que de prendre son courage à deux mains pour s'attaquer à la véritable source de frustration. Par exemple, il est beaucoup plus facile de se ruer sur votre partenaire parce qu'il passe soit disant trop de temps avec ses amis ou qu'il regarde trop la télévision plutôt que d'aborder le vrai problème, problème qui va comme suit : « Je me sens rejeté parce que tu prends tes temps libres pour être avec quelqu'un d'autre que moi. » Résignez-vous, si vous êtes prêt à dépenser votre énergie et à vous exposer à la douleur qu'un désaccord avoué engendre, faites à tout le moins l'effort d'aborder le sujet réellement en cause. Mais pour ce faire, vous devez obligatoirement effectuer une introspection honnête afin d'identifier ce qui vous importe véritablement. Il n'y a rien de plus insignifiant et insensé que de se donner la peine de se disputer sans toucher au sujet initiateur de la querelle. Soyez franc et dites ce qui vous tracasse, ce qui vous perturbe. Si vous n'exprimez pas vos frustrations, vous sortirez de la dispute encore plus frustré. Laissez-moi vous donner un conseil : n'oubliez pas que la colère est symptomatique d'une douleur, d'une peur ou d'une frustration réprimée. Si votre dispute est causée par la colère, à coup sûr, l'un d'entre vous renie la réalité de la situation. Mettez-vous au défi et ayez le courage de verbaliser vos véritables sentiments.

Quatrième règle : **Évitez la diffamation**

Se cacher derrière des problèmes bénins montés en épingle est une des multiples façons de se sortir de situations délicates et d'éviter le sujet en litige. Une autre tactique d'évitement sans risque mais tout aussi destructrice est d'attaquer personnellement votre partenaire. Il est impératif que vous restiez cohérent avec le sujet débattu, car toute autre approche ferait dégénérer la dispute en guerre de tranchées ; conflit où la cible à atteindre est l'estime personnelle de votre partenaire. Si vos propos deviennent durs, sarcastiques, vicieux, et que vous profitez de la dispute pour concentrer vos efforts à diminuer votre partenaire en tant que personne, il est fort probable que sa réponse sera ultra-défensive et cette attitude l'incitera à imposer un système de représailles. Même les personnes les plus raisonnables, au sein d'une relation saine, ne s'entendent pas sur une multitude de questions. Votre partenaire n'a pas tort parce qu'il ne partage pas votre point de vue. Il n'a pas cessé de mériter le respect et la dignité parce que vous lui reprochez certains comportements. Je suis persuadé que vos parents vous ont déjà dit qu'ils n'étaient pas fâchés contre vous, mais contre votre attitude. Ils étaient sincères – et vous devriez adopter la même approche dans votre couple. Même si vous n'appréciez pas la conduite de votre partenaire, ne détériorez pas la situation en l'attaquant personnellement. Les commentaires qui commencent comme ce qui suit devraient être bannis :

Eh bien, tu m'en diras tant…

Eh bien, j'imagine que tu penses que…

Tu me rends malade. Tu crois que tu es supérieur parce que…

Qu'est-ce qui te fait croire que…

Cinquième règle : Restez concentré sur votre tâche

Sachez pourquoi vous vous disputez et pourquoi vous êtes en désaccord. Ne vous permettez pas de vous disputer sans motif ou sans but précis. Une dispute sans but est un conflit cruel et insensé où tous seront inévitablement blessés. Si vous êtes disposé à assumer la souffrance et les turbulences d'une dispute, vous devez, à tout le moins, savoir où cette querelle doit prendre fin. Identifiez clairement ce que vous désirez retirer de cette échauffourée, parce que vous réaliserez peut-être que ces désirs peuvent être comblés d'une autre manière beaucoup moins dangereuse. La problématique, c'est que les gens ne savent généralement pas où ils vont et à quoi ils veulent en venir, par conséquent, ils ne se sont pas mis de bornes qui leur permettent de réaliser qu'ils ont atteint leur but. Sachez ce que vous voulez de manière à savoir quand vous l'aurez obtenu.

Si vous atteignez votre but, acceptez le butin. Votre colère ne s'est peut-être pas encore dissipée, mais si, par exemple, ce sont des excuses que vous désiriez et qu'on vous les a faites, acceptez-les. Ne vous répandez pas en injures contre votre partenaire ; il vous a donné ce que vous désiriez.

Sixième règle : Permettez à votre partenaire de se retirer dignement

La manière dont vous mettez fin à une dispute est elle aussi importante, sinon plus, que celle dont vous vous disputez ou le sujet de cette dispute. Si votre relation est fondée sur l'amitié, un des partenaires se présentera inévitablement le rameau d'olivier à la main dans le but de décrisper ou de désamorcer la situation. La façon dont vous répondrez à ce drapeau blanc déterminera, non seulement le dénouement de l'altercation, mais le sort de votre relation toute entière. En acceptant l'effort pacificateur de votre partenaire, vous lui enverrez un message très clair qui confirme que, « Tout va bien, nous ne sommes pas d'accord, mais ce n'est pas grave. »

Mais, assurez-vous d'être très attentif et aux aguets afin de percevoir les tentatives de votre partenaire de vous tendre ce rameau d'olivier. Ces tentatives de pacification peuvent prendre différentes formes telles que des excuses, de l'humour, une reconnaissance partielle de votre point de vue ou un changement de sujet pour un autre tout aussi chargé d'émotions. Pour être certain que vous soyez tous les deux gagnants dans ce conflit, assurez-vous de laisser une porte de sortie ouverte qui permettra à votre partenaire de s'en tirer indemne. Peu importe que vous soyez persuadé d'avoir raison, permettez-lui de se retirer dignement de cette confrontation. Cette démonstration de classe, d'élégance, de tact sera extrêmement appréciée et votre partenaire en tiendra compte lors de vos prochains désaccords.

Cette attitude est particulièrement de mise dans les situations où les faits vous donnent raison. Si votre partenaire a clairement tort, soyez clément, bienveillant et indulgent. Plus souvent qu'autrement, puisque les conflits majeurs ne seront jamais résolus, vous n'aurez qu'à laisser la poussière retomber et poursuivre votre route. La façon dont vous recollez les pots cassés est incroyablement importante. Par le message conciliant que vous envoyez à votre partenaire ou par votre réceptivité à celui envoyé par votre partenaire, vous vous assurerez que la dignité et l'estime de chacun d'entre vous seront préservées.

Septième règle : Réagissez avec proportion

Une fois de plus, pour la grâce de Dieu, ne donnez pas libre cours à vos instincts bagarreurs ; gardez le contrôle. Toutes vos différences de point de vue ne constituent pas des conflits d'envergure internationale. Vous ne devez pas devenir hystérique à chaque fois que vous croyez en avoir le droit. Protester n'est qu'une option. Parfois, le simple fait d'exprimer votre irritation ou un reproche sans en débattre peut être bénéfique. Je ne vous incite pas à être passif ou à refouler vos sentiments, mais je vous invite à considérer que de passer outre certaines imperfections chez la personne que vous aimez est une vertu. Votre partenaire appréciera certainement que vous ne fassiez pas un drame d'une situation lorsqu'il sait pertinemment que vous pourriez le faire. Restez en contrôle et usez de force raisonnable lors de confrontations. Ne montez pas tout en épingle.

QUESTION : Comment puis-je faire face à l'abus de drogue et d'alcool dans mon couple ?

Des irresponsables ! Absolument, catégoriquement, totalement irresponsables. Des zéros ! Laissez-moi vous rappeler ce qui devrait être une évidence : l'alcool et les drogues sont des substances qui, si l'on en abuse, créent un état d'esprit altéré. Lorsque vous devez vivre avec une personne contrôlée par l'alcool ou la drogue, vous vivez avec l'alcool ou la drogue, et non pas avec la personne en tant que telle. Lorsque quelqu'un succombe au contrôle de la dépendance à l'alcool ou aux drogues, cette personne a abandonné la dignité de choisir consciemment et est maintenant le passager d'un train fou qui vous roulera dessus si vous ne vous ôtez pas de son chemin. Les gens dépendants de l'alcool ou des drogues ne sont pas les personnes que vous croyez qu'elles sont ou celles que vous voudriez qu'elles soient. Leur dépendance les transforme et suspend leur logique, leurs valeurs et leur intégrité.

Je sais que mon propos est intolérant – mais c'est volontaire. Je veux vraiment vous influencer à tirer un trait définitif en disant : « Je ne vivrai pas en relation avec un partenaire qui est dépendant de l'alcool ou de drogues. » Je ne peux pas vous dire combien j'ai vu de relations être détruites dans mes vingt-cinq années de travail dans le domaine du comportement humain. Je ne suis pas en mesure de vous décrire le nombre de larmes versées et d'années perdues par des partenaires qui se sont fait bercer d'illusions par les rationalisations et les justifications trompeuses de leurs partenaires dépendants de l'alcool ou des drogues. Ces partenaires maintenaient qu'ils étaient en contrôle et qu'ils n'avaient pas vraiment de problème. Trop de ces couples se sont brisés parce que le partenaire non dépendant n'a pas eu le courage de tirer ce trait et de dire : « Je ne vivrai pas dans cet enfer toxique. » Dans la plupart des cas, si ce partenaire avait été ferme dans sa résolution, le partenaire dépendant aurait probablement été forcé de faire face à la réalité autodestructrice de sa dépendance avant de se détruire lui-même et son couple.

Si vous croyez sincèrement que votre partenaire abuse de substances créant une dépendance, je vous recommande d'aller immédiatement demander l'aide d'un professionnel qui pourra confirmer vos soupçons. Si, en fait, vos craintes sont confirmées, je vous conseille alors de confronter votre partenaire d'une façon affectueuse et tendre mais d'une fermeté sans ambiguïté par laquelle vous exigez qu'il aille chercher immédiatement de l'aide professionnelle. Insistez jusqu'à ce qu'il accepte – et s'il résiste, c'est qu'il met fin à votre contrat. Vous devez être prêt à suspendre votre relation jusqu'à ce qu'il vous prouve objectivement que son problème est sous contrôle et qu'il suit un programme de traitements et de surveillance continu. Votre partenaire doit clairement comprendre que vous ne tolérerez pas de rester dans cette relation tant qu'il abusera de substances créant la dépendance. Aucune exception n'est possible et il n'y a aucune place pour la négociation. Soyez fort dans votre résolution. Vous sauverez probablement plus de vies que la vôtre.

Comprenez que lorsque je dis qu'il n'y a pas d'exception ni de circonstances atténuantes, je veux dire aucune. Le manque d'argent n'est pas une excuse. Des organisations à but non lucratif s'occupant de l'abus d'alcool et de drogues existent et elles offrent de merveilleux programmes. Des programmes de subventions régionales, provinciales et fédérales ont été mis sur pied de façon à ce que les cliniques, les hôpitaux et autres institutions puissent accepter tous les patients avec des frais établis selon leur capacité de payer. (**Voir l'appendice pour les adresses et les numéros de téléphone des programmes gouvernementaux**) Tous ces programmes coûtent beaucoup moins chers que l'argent gaspillé dans l'alcool ou les drogues par votre partenaire. De plus, la plupart des employeurs ont une assurance santé ou un programme d'aide aux employés qui peut également vous venir en aide. Le manque d'argent est l'argument classique que les personnes dépendantes à l'alcool ou aux drogues utilisent pour éviter la thérapie ou le traitement – c'est aussi le stratagème le plus absurde qui soit.

Je comprends que beaucoup de gens ont tendance à vouloir pardonner aux gens qui abusent de ces substances à cause de la prédisposition génétique qu'implique cette « maladie », parce qu'il est possible qu'elle soit le fruit de l'hérédité et qu'elle doive, par conséquent, être traitée avec soin et réserve. En tant que professionnel qui a passé plusieurs années à travailler dans le domaine de la médecine comportementale, j'utilise tout comme vous cet argument car il est plus juste que la plupart des arguments utilisés en général. Mais, cela n'a aucune importance. Les raisons qui poussent quelqu'un à détruire votre vie ne changent pas le fait qu'elle est détruite. Que l'alcoolisme puisse être une maladie ne vous redonne pas un soupçon de votre vie. Que l'alcoolisme soit une maladie ne diminue pas le besoin d'une intervention et, en fait, rend celle-ci beaucoup plus urgente. Chaque maladie, ou du moins son traitement, implique un choix personnel. En imposant le traitement, vous exigez de votre partenaire qu'il exerce ce choix. Vous lui faites un cadeau.

Aimez votre partenaire à distance, pardonnez-lui dans votre cœur, assistez à ses séances de traitements – mais ne vivez pas avec lui. Vous méritez davantage. Lorsque vous l'exigerez, vous l'obtiendrez et pas une seconde avant.

Un dernier commentaire : si des enfants sont impliqués dans votre relation, soulignez tout ce que je viens de dire. Si vous n'avez pas le courage de les protéger, vous les remettez à la merci de l'abus d'alcool ou de drogues. Ne pensez même pas une seconde à succomber à la vive inquiétude de confronter la situation, car vous êtes la dernière ligne de défense entre ces enfants et une vie détruite, une existence gâchée.

QUESTION : Qu'en est-il des abus physiques ?

Aussi fortement que je considère que l'abus d'alcool et de drogues est un bris de contrat sans équivoque entre vous et votre partenaire, je considère l'abus physique comme un mal encore plus inacceptable. Laissez-moi être catégorique : si vous êtes dans une relation où l'abus physique est récurrent, vous devez immédiatement sortir de cette relation ; immédiatement.

Aucune justification, aucune excuse et aucune apologie ne réparera le mal fait à vos enfants ou à vous-même par l'abus physique. Je m'adresse autant aux hommes qu'aux femmes ici. Il existe un nombre surprenant d'hommes battus en Amérique, quoique ce nombre ne soit qu'une fraction de celui des femmes battues. Dans les deux cas, c'est un bris de contrat de premier ordre. Tout ce que j'ai dit ci-dessus à propos de l'abus d'alcool et de drogues s'applique ici. Je ne me répéterai pas sauf en résumant mon propos comme ceci : si l'abus physique fait partie de votre relation de couple, détrompez-vous, vous n'êtes pas en relation de couple. Les abus mentaux et émotionnels sont déjà assez graves. Mais, lorsque quelqu'un abuse de votre personne, il transgresse la limite qui est la tolérance zéro. Si vous ou vos enfants sont exposés à une violence physique quelconque, vous ou votre partenaire devez immédiatement vous trouver un autre endroit pour vivre.

Ici encore, aucune excuse ne justifie la situation. Des ressources existent pour vous protéger et pour veiller à la sécurité de vos enfants. Que ce soient des fondations privées, le support aux familles ou des institutions gouvernementales, trouvez les ressources nécessaires et protégez votre vie et celle de vos enfants. Rappelez-vous que vos enfants ne sont que des passagers. Ils n'ont aucune habileté pour se débrouiller eux-mêmes dans cette situation. Ne vivez plus une autre journée avec l'abus physique. (**Des institutions et des ressources sont listées dans l'appendice avec les groupes de support pour l'abus d'alcool et de drogues.**)

Si vous êtes dans une situation de cet ordre, que vous tenez en compte mon conseil et que vous passez à l'action, soyez ferme dans votre résolution. Si vous avez vécu cette situation pendant une certaine période, vous savez pertinemment qu'elle est cyclique. Ce cycle commence typiquement par l'abus, suivi du sentiment de culpabilité et des promesses de ne plus jamais recommencer. Les gens qui abusent peuvent sembler totalement rationnels en dehors des épisodes violents. Ils peuvent sembler pathétiques, pitoyables et vraiment désolés. Mais, rappelez-vous : les meilleurs précurseurs des comportements futurs sont les comportements ultérieurs significatifs. L'un d'entre vous doit sortir et rester en dehors de cette relation jusqu'à ce qu'un professionnel compétent vous conseille objectivement qu'il est prudent de vivre à nouveau sous le même toit.

Prenez-moi au sérieux. Les statistiques sur la violence domestique sont atterrantes et le nombre d'infanticides et de femmes, d'hommes tués par leur partenaire monte en flèche de manière alarmante. Ne croyez pas que vous dramatisez à outrance la situation car vous réagiriez mollement face à un danger très réel. Agissez immédiatement et agissez de manière définitive. N'écoutez pas ses excuses, n'ayez pas honte de contrarier et de provoquer votre partenaire. Avoir honte dans une situation pareille est idiot, vraiment bête. Mais, n'oubliez pas que rien ne justifie la violence physique sur vous et sur vos enfants.

QUESTION : Comment puis-je vivre avec des maladies mentales et émotionnelles dans mon couple ?

Le terme maladie mentale et émotionnelle est une nomenclature générale que j'utilise pour interpréter une très large gamme de maladies ; ce terme englobe les excentricités et les particularités inoffensives, jusqu'aux psychoses potentiellement mortelles. Les excentricités et les particularités individuelles, bien que parfois peu commodes ou gênantes, ne détérioreront pas un couple. Une bonne évaluation que j'ai recommandée depuis plusieurs années à des personnes aux prises avec ces singularités est de se demander si le raisonnement ou le comportement douteux interfère ou non avec le fonctionnement général de cette personne ou du couple. Si la personne ou le couple continue de bien se porter – c'est-à-dire que le comportement discutable n'interfère pas avec sa qualité de vie ou la jouissance de celle-ci – alors, selon moi, une intervention professionnelle peut être appropriée mais certainement pas urgente.

Si, par contre, le comportement douteux mine et interfère dans la qualité de vie individuelle ou relationnelle, l'intervention professionnelle peut s'avérer beaucoup plus justifiée. Je vous conseille de vous poser la question suivante : « Cela pose-t-il problème à l'un ou à chacun de nous ? » Si oui, quelque chose doit être changé. Si cela ne pose aucun problème, votre attitude devrait être : « Je ne répare pas ce qui n'est pas brisé. »

Si vous avez déterminé que le comportement en question est plus sérieux, vous devez vous poser une toute autre série de questions. Je vais partager avec vous le processus mental que j'ai toujours suivi avec mes patients durant mes années en tant que psychologue professionnel. Ma première considération, lorsqu'une personne ou qu'un membre de la famille concernée me présentait un problème ou une plainte, c'était de savoir si cette plainte ou ce problème constituait une menace pour l'individu ou pour son entourage. Si je déterminais que cela constituait une réelle menace pour la sécurité du patient ou des autres, je prenais la décision d'hospitaliser ce patient pour qu'il soit soigné et supervisé de près plutôt que d'être aidé par des consultations externes. Je vous conseille que cela soit également votre première considération.

Je suis conscient que je peux m'adresser ici à un lecteur ou une lectrice inquiets du comportement de son partenaire ou inquiétés par leurs propres comportements. Si vous êtes la personne qui éprouve des problèmes, ne soyez pas arrogant à propos de votre habileté à vous contrôler et ne sous-estimez pas vos faiblesses. La gravité du problème, en fait, peut-être telle que vous ne pouvez pas le résoudre seul. Mon conseil est le suivant : allez chercher de l'aide. Que vous ayez à faire face à une simple phobie, une certaine dépression ou à de sévères interférences perturbatrices de vos raisonnements et de votre pensée, allez chercher de l'aide. La médication et la thérapie se sont avérées, toutes deux, très efficaces pour aider les gens à vivre avec les troubles les plus sévères et, dans certains cas, pour les éliminer totalement. Mais, les physiciens et les psychologues ne peuvent pas guérir des gens qu'ils ne rencontrent pas. Ne gâchez pas votre chance ou celle de votre partenaire d'être heureux et bien adapté dans la vie.

Parce que la fréquence des dépressions augmente de manière alarmante, je me dois d'en faire mention et d'aborder le sujet du suicide qui lui est souvent rattaché. Le suicide chez les personnes de tous âges est un problème majeur dans notre société nord-américaine et dans plusieurs autres sociétés. Ce que la plupart des gens ne réalisent pas, c'est que presque cinquante pour cent des suicides sont, après coup, qualifiés de mort accidentelle ; c'est-à-dire que le défunt n'avait pas vraiment l'intention de mourir, mais voulait, en fait, poser un geste suicidaire dans le but de manipuler son entourage ou pour envoyer un cri de désespoir. Lors de ces suicides accidentels, la victime a simplement mal calculé le danger ou la dose de la drogue, du gaz ou d'un autre moyen d'autodestruction et est tragiquement morte sans en avoir eu l'intention. L'autre cinquante pour cent se sont enlevé la vie avec la ferme intention de le faire.

Si vous ou votre partenaire entretenez des idées suicidaires, vous devez les prendre au sérieux et aller chercher immédiatement de l'aide professionnelle.

C'est un mythe que les personnes qui parlent de suicide n'ont pas vraiment l'intention de mettre leur plan à exécution. Rien n'est plus loin de la vérité. Si vous trouvez apeurant d'admettre que ce genre de problèmes est une réalité dans votre couple et que vous êtes tenté de glisser vers le reniement plutôt que de faire face à l'horrible vérité, ne succombez pas à cette lâche tentation, ne le faites sous aucun prétexte. Faire face à une intervention professionnelle n'est rien en comparaison de devoir vivre la réalité et les conséquences d'un suicide, que ce soit la perte de votre partenaire ou votre partenaire devant vivre avec la vôtre.

J'ai été témoin, de par mon travail, des conséquences d'un événement tragique qui m'a fait réaliser clairement, il y a de ça plusieurs années, l'urgence de telles situations. Un exécutif d'une compagnie majeure qui me consultait à Miami, en Floride, s'était présenté à mon bureau de Dallas un vendredi matin sans se faire annoncer et visiblement perturbé. Hal s'était assis et m'avait mécaniquement relaté une histoire pour le moins inquiétante. Il m'avait dit que sa femme, Kim, souffrait de dépression depuis plusieurs mois, mais elle avait refusé toute aide professionnelle. Hal, qui était à l'époque président d'une très grande multinationale, figurait sur la courte liste des candidats pouvant être promus au poste de président-directeur général de l'entreprise. Hal m'avait alors fait savoir qu'il était évident, pour lui, que cela ruinerait ses chances d'être promu si sa femme était « enfermée dans une maison de fous » (ce sont ses termes et non les miens). Il m'avait révélé qu'elle restait fréquemment réveillée la nuit, errant dans la maison, incapable de trouver le sommeil. Elle lui avait dit à certaines occasions qu'elle sentait que lui et les enfants se porteraient beaucoup mieux si elle était morte. Il avait continué en disant qu'il savait qu'elle aimait tendrement ses enfants et que, par conséquent, elle ne ferait jamais une « chose pareille ». Il se réconfortait à l'idée que des personnes parlant de se suicider ne le font pratiquement jamais.

Après une délibération considérable, j'ai persuadé Hal qu'il ne pouvait pas avoir plus tort. Je l'ai convaincu qu'il devait absolument amener sa femme voir un psychiatre ou un psychologue immédiatement à Miami. Il m'avait alors dit qu'elle devait amener leurs deux enfants, des filles de neuf et sept ans, passer deux semaines dans un camp de vacances. Comme ses méninges commençaient à sentir le chauffé, il avait conclu que ce serait le moment idéal pour s'occuper des problèmes de Kim et d'essayer de lui fournir de l'aide.

Fort de ces nouvelles résolutions et convictions, il s'était rembarqué dans son jet privé pour rejoindre sa femme à Miami. Ne voulant pas perdre une minute de plus, il s'était rendu directement de l'aéroport à son domicile, il était alors quatre heures de l'après-midi. Lorsqu'il avait franchi le seuil de la porte, de la musique jouait et il avait pu sentir l'odeur d'une carafe de café fraîchement infusé. Lorsqu'il était entré dans la cuisine, il avait aperçu une note à côté de la carafe fumante. Il y était inscrit : « Hal, je t'ai fait du café. Appelle le 911 et rejoins ensuite Bob et Sharon. S'il te plaît, ne viens pas dans la cour arrière. Je vous aime, toi et les filles. Essaye de ne pas me haïr. Adieu, Kim. »

Complètement sous le choc et pris de panique, Hal était accouru dans la cour arrière et y avait découvert le corps inanimé de Kim. Elle avait minutieusement et fermement enveloppé sa tête dans une serviette, s'était accroupie contre le mur de la maison et avait appuyé sur la gâchette d'un Magnum 357, s'administrant une décharge à bout portant à la tempe. Elle avait défié tous les mythes sur le suicide. Elle en avait parlé avant de passer aux actes. Elle avait utilisé un revolver, ce que, soi-disant, les femmes ne font pas. Elle n'avait jamais attenté à sa vie auparavant et elle avait tout pour être heureuse dans la vie. Mais, l'aide ne s'est pas rendue à temps et, à jamais, la vie de Hal et de ses deux filles sont totalement dévastées.

La morale de cette histoire saute aux yeux : si vous avez à faire face à une maladie mentale et émotionnelle sévère dans votre relation de couple, allez chercher de l'aide professionnelle et faites-le immédiatement.

QUESTION : Vous m'avez dit que nous étions, soit des partenaires qui contribuent, soit des partenaires qui contaminent le couple. Qu'en est-il si j'ai traîné avec moi et incorporé dans ma relation un bagage émotionnel terrible et débilitant ? Cela signifie-t-il que je contamine ma relation ?

Je ne peux répondre à cette question que par l'affirmative. Si vous avez été, d'une quelconque manière, scarifié émotionnellement avant de former votre couple actuel et que ces plaies sont encore vives, vous contaminez votre relation – que ce soit par inadvertance et involontairement, vous contaminez néanmoins votre couple. Peut-être avez-vous été traumatisé en étant molesté sexuellement dans votre jeunesse ou peut-être avez-vous subi des abus physiques qui vous empêchent aujourd'hui de participer à l'intimité de votre relation. Peut-être avez-vous été blessé dans une relation ou un mariage antérieur et avez transposé cette souffrance et vos peurs dans votre relation actuelle. Peut-être avez-vous vécu une relation douloureuse et tumultueuse avec un parent du sexe opposé qui rend difficile une relation à cœur ouvert avec votre partenaire. Qu'importe la cause, si vous avez été scarifié émotionnellement, cette expérience vous a changé en tant que personne et a modifié votre manière de réagir à votre présente relation.

C'est l'évidence même, vous ne pouvez pas offrir ce que vous ne possédez pas. Si l'amour que vous portez en votre cœur n'est pas vrai, pur et sans encombre, vous ne pouvez pas l'offrir. Ne vous illusionnez pas au point de croire que vous pouvez cloisonner votre souffrance émotionnelle et l'empêcher d'infecter votre relation. Trop d'énergie est nécessaire pour contenir une telle douleur. Elle est omniprésente, tentant sans relâche de s'extérioriser et de contaminer votre relation. Le déploiement massif d'énergie émotionnelle nécessaire pour contenir votre souffrance altère par lui-même votre état d'esprit, donc votre être tout entier.

Cette image n'est pas tellement réjouissante et encourageante, je l'admets. Cependant, elle vous informe de l'état actuel de votre relation, non pas de ce qu'elle pourrait être. Votre déni ou la répression de vos sentiments et de vos problèmes n'aident en rien votre couple. Il est invraisemblable que vous vous aidiez, que vous amélioriez votre relation en souffrant en silence ou en cachant votre vraie nature. Vous devez volontairement prendre le risque de vous ouvrir à ceux qui vous aiment en acceptant leurs offres d'assistance, leur désir de vous porter secours. Si, par exemple, vous avez été violé ou abusé sexuellement étant enfant et que cela a, ce qui est compréhensible, affecté votre estime personnelle et votre habileté à vivre l'intimité dans votre relation avec votre partenaire, vous devez savoir que cela ne peut pas être bénéfique pour votre couple. En révélant ces problèmes et les défis qu'ils impliquent plutôt que de succomber à la peur d'être jugé, vous vous donnez une chance de réussir, de progresser.

La bonne et la mauvaise nouvelle, c'est que vous êtes responsable. Elle est mauvaise parce que vous êtes la seule personne à pouvoir résoudre la situation et elle est bonne parce que cela vous confère le pouvoir de résoudre le problème ; vous être maître de vous-même. Je suis conscient qu'il est étrange de dire que les gens sont responsables des horreurs subies dans leur enfance – alors, laissez-moi clarifier mon propos. Je n'insinue pas qu'un enfant est à un dixième d'un pour cent responsable de ce qui s'est produit dans son enfance. Cet enfant a été victime de forces viles et malsaines. Mais, en tant qu'adulte, cet enfant devenu mature est responsable de ses réactions et de la manière dont il régit les conséquences des événements tragiques de son enfance. Cet enfant devenu mature est maintenant en mesure de choisir de s'évader de cette prison et de partir en quête d'aide et de guérison. Personne ne peut le faire à sa place, mais il peut le faire de son propre chef. La responsabilité d'une personne mature est indéniable.

Ne souffrez plus en silence, car vous contaminerez involontairement mais indéniablement votre couple. Dévoilez ces atrocités à ceux qui, selon vous, sont dignes de confiance et demandez de l'aide à ceux qui peuvent vous en fournir. Vous en valez la peine et vous le méritez. Faire l'effort de chercher cette aide peut être votre premier pas pour confirmer votre valeur personnelle.

QUESTION : Que dois-je faire de Dieu dans ma relation avec mon partenaire ?

Je crois que j'ai l'obligation et la responsabilité de vous informer lorsque mon propos est fondé sur des opinions personnelles par opposition à limiter celui-ci à des recherches, des observations et des expériences purement objectives. Considérez que je profite des pages qui suivent pour vous livrer mes impressions personnelles. Malgré ma riche expérience en ce qui concerne le rôle que Dieu peut jouer dans les relations de couple, je dois vous avouer qu'il m'est impossible d'être totalement objectif sur ce sujet parce qu'il vient me chercher au tréfonds de mon être, il réveille en moi des sentiments irrépressibles et des convictions profondes. Je n'ai aucune intention de vous imposer mes croyances personnelles, mais je désire partager avec vous ce que je crois être la pure vérité.

La relation que chaque personne entretient avec Dieu est, et devrait être, très personnelle. J'ai la conviction personnelle qu'il existe une puissance supérieure dans l'univers, une force supérieure que j'appelle Dieu. Si vous ne partagez pas cette croyance, lisez cette section par intérêt général, pour votre culture personnelle. Si vous partagez ma conviction, que ce soit en partie ou intégralement, il est fort probable que vous trouverez des valeurs honorables à embrasser dans cette section.

J'ai la ferme conviction que Dieu a créé chacun d'entre nous dans un but précis. Je crois que le rôle auquel il nous a conviés peut prendre une multitude de formes. D'abord et avant tout, il nous a tous créés égaux. Mais qui plus est, je crois que dans le plan originel, Dieu a décidé de faire cadeau de talents qu'il jugeait adéquats pour chacun de nous. Je crois qu'il a choisi de nous conférer des forces dans certains domaines afin que nous ayons la possibilité d'user de celles-ci pour accomplir Sa volonté. Je crois également au libre arbitre. De plus, j'ai la certitude que nos talents nous ont été donnés, qu'il est de notre devoir d'user de ceux-ci au service de Dieu et pour ceux que nous chérissons. D'autre part, j'ai la ferme conviction que, dans son plan divin, Dieu a prévu un partenaire de vie pour chacun d'entre nous. Par cet être, nous sommes en mesure de satisfaire bon nombre de nos besoins et d'insuffler en nous une envie irrépressible de mettre en valeur des qualités et des talents qui ont une importance incomparable dans notre monde.

Comprenez que cela en dit beaucoup sur votre relation avec votre partenaire. Parce que je crois que Dieu vous connaît mieux que quiconque, je sais qu'il a mis la providence sur votre chemin. Pour cette raison, je ne crois pas que vous pouvez rejeter et critiquer votre partenaire tout en respectant Dieu et sa volonté. Par la critique et le rejet de votre partenaire, vous dites essentiellement : « Dieu, je me place au-dessus de vous. Vous m'avez décerné le mauvais compagnon de vie avec des attributs incompatibles et indignes de moi. Voilà pourquoi mon insatisfaction me pousse à changer mon partenaire pour qu'il soit fidèle à mes attentes et non aux tiennes. » D'ailleurs, je suis persuadé que les lacunes et les défauts de votre partenaire ont été mis sur votre chemin dans un dessein divin. C'est à vous de déchiffrer ce dessein. Croyez-moi, dans les situations où votre partenaire est le plus faible, vous pouvez être encore plus fort et ces lacunes, les défauts de l'être aimé peuvent faire ressortir le meilleur de vous-même. Ce qui peut sembler être des tares va engendrer des situations où vous pouvez être utile plutôt que d'être une simple convenance.

En connaissance de cause, je crois qu'il ne faudrait pas omettre ce que la Bible nous enseigne sur les relations de couple. Je suis pertinemment conscient que plusieurs d'entre vous ne croient pas en Dieu, en Jésus Christ et aux écrits de la Bible. Cela n'ôte pas pour autant toute valeur à ce que je tente de vous démontrer. Que vous considériez la Bible comme étant le Livre Saint ou un livre sain, reconnaissez à tout le moins qu'il traite de sujets fondamentaux et qu'il figure sur la liste des *best-sellers* de l'histoire de l'humanité. Comme je vous l'ai déjà dit, je crois que la Bible est « le » livre ; je vais donc partager avec vous certains passages de cette œuvre divine sur lesquels, je l'espère, vous arrêterez sérieusement votre pensée car, ils peuvent être une source fondamentale de croissance personnelle. Je suis persuadé que peu importe votre foi, qu'elle vive comme la mienne ou non, nous nous entendrons pour qualifier l'inspiration de ces passages de divine ; du moins, vous ne pourrez pas nier qu'ils constituent de judicieux conseils.

D'ailleurs, vous devriez savoir qu'une des plus belles définitions de l'amour – la rare forme d'amour qui va au-delà des possibilités apparentes de sa propre nature, ce sentiment auquel nous devrions tous prétendre – nous a été évoquée dans les Corinthiens 13 : 4 : « L'amour est patient, l'amour est bon, il n'est pas envieux, il ne se vante pas, il n'est pas orgueilleux ; l'amour ne fait rien de honteux, il n'est pas égoïste, il ne s'irrite pas, il n'éprouve pas de rancune ; l'amour ne se réjouit pas du mal, mais il se réjouit de la vérité. L'amour permet de tout supporter, il nous fait garder en toute circonstance la foi, l'espérance et la patience. L'amour est éternel. » Gardez toujours à l'esprit cette dernière phrase : « L'amour est éternel. » Vous ne devez avoir qu'un seul but, votre relation doit fonctionner.

Sauvez votre couple

Voici d'autres passages de la Bible qui ont de fortes chances de vous inspirer :

LA BIBLE À PROPOS DE LA SEXUALITÉ

Corinthiens 7 : 3-5

Que le mari s'acquitte de son devoir envers sa femme, et pareillement la femme envers son mari. La femme ne dispose pas de son corps, mais le mari. Pareillement, le mari ne dispose pas de son corps, mais la femme. Ne vous refusez pas l'un à l'autre, si ce n'est d'un commun accord, pour un temps, afin de vaquer à la prière.

LA BIBLE À PROPOS DE L'AMOUR

Éphésiens 4 : 2

Je vous exhorte donc, moi le prisonnier dans le Seigneur, à mener une vie digne de l'appel que vous avez reçu : en toute humilité, douceur et patience, supportez-vous les uns les autres avec charité.

LA BIBLE À PROPOS DE LA VALEUR DE L'HOMME ET DE LA FEMME

Corinthiens 11 : 11

Aussi bien, dans le Seigneur, ni la femme ne va sans l'homme, ni l'homme sans la femme ; car, de même que la femme a été tirée de l'homme, ainsi l'homme naît de la femme, et tout vient de Dieu.

LA BIBLE À PROPOS DU PARDON DANS LE COUPLE

Colossiens 3 : 12-14

Vous donc, les élus de Dieu, ses saints et ses bien-aimés, revêtez des sentiments de tendre compassion, de bienveillance, d'humilité, de douceur, de patience ; supportez-vous les uns les autres et pardonnez-vous mutuellement, si l'un a contre l'autre quelque sujet de plainte ; le Seigneur vous a pardonnés, faites de même à votre tour. Et puis, par-dessus tout, la charité, en laquelle se noue la perfection.

LA BIBLE À PROPOS DES QUERELLES

Éphésiens 4 : 31-32

Aigreur, emportement, colère, clameurs, outrages, tout cela doit être extirpé de chez vous, avec la malice sous toutes ses formes. Montrez-vous au contraire bons et compatissants les uns pour les autres, vous pardonnant mutuellement, comme Dieu vous a pardonnés dans le Christ.

Comme j'ai reconnu votre droit de partager mon point de vue ou non, vous devez également reconnaître le droit de votre partenaire à être indépendant de croyances à propos de sa propre spiritualité. Certaines personnes seront ouvertes et candides sur leurs croyances, d'autres considéreront que cet aspect de leur vie est strictement personnel et ne devrait pas être assujetti aux intrusions extérieures. Rejoignez-les où ils en sont dans leur cheminement et respectez leurs positions. De grâce, soyez certain que je fais la distinction entre la personne aux croyances spirituelles et celle aux croyances religieuses. Les croyances religieuses d'une personne n'empêchent pas qu'elle soit très spirituelle, mais une personne ayant des croyances spirituelles n'implique pas qu'elle adopte des positions religieuses. Chaque personne a sa façon d'être et je suis prêt à parier que, avec l'esprit de compassion et d'acceptation dont nous avons largement discuté, vous et votre partenaire serez en mesure de trouver un terrain d'entente qui satisfera pleinement aux deux parties.

J'ai été témoin de plusieurs victoires relationnelles dues à la foi en Dieu ; j'ai également vu la destruction et les méfaits causés par l'hypocrisie de gens qui affirmaient avoir l'approbation et la bénédiction de Dieu. En effet, j'ai autant été témoin de l'un comme de l'autre. La faute n'incombe pas à Dieu ; c'est la nôtre. J'ai longtemps proclamé la gloire de Dieu, mais les Chrétiens me posent problème. Le seule raison de cette affirmation est que j'ai trop vu de dommages causés par des « Chrétiens » usant de leur soi-disant bon droit et fondant celui-ci sur la prétention d'être en accord avec la volonté de Dieu. Mais , il m'a aussi souvent été donné de voir des relations fondées sur la parole de Dieu, des couples résistant à toutes les attaques et surmontant tous les défis. D'ailleurs, David McLaughlin a mis en lumière une intéressante statistique dans sa merveilleuse série littéraire, *The Role of Man in the Family*, série qui reflète la réalité des couples modernes nord-américains où le taux de divorce atteint, au minimum, cinquante pour cent. Cependant, sachez que chez les couples qui prient régulièrement ensemble, l'incidence des divorces ne dépasse pas le taux d'un sur mille. Statistique étonnante, n'est-ce pas. Même si vous diminuez ce taux à un centième, cette statistique n'en demeure pas moins surprenante.

J'espère sincèrement que vous vivez avec Dieu dans votre relation de couple, qu'importe la façon dont vous l'incorporez dans celle-ci. Si vous ne le faites pas, je ne vous en tiendrai pas rigueur ; je suis confiant : la sincérité entretenue dans votre cœur et votre travail acharné ne peuvent que servir votre cause.

QUESTION : Existe-t-il un point où je dois admettre la défaite, sauver la mise et battre en retraite ?

Je ne peux répondre que par oui. Si la relation en question implique le mariage, je suis conscient que plusieurs dirigeants de l'église chrétienne ne partageront définitivement pas mon opinion. Je dois avouer qu'il est possible que je ne sois pas assez mature spirituellement pour adhérer à leur point de vue. Ces décisions sont, selon moi, justifiées et de mise lorsque la relation est infectée par l'abus physique, la dépendance à l'alcool ou aux drogues, lorsque votre partenaire refuse de reconnaître son problème et de faire un effort sincère afin d'obtenir de l'aide. Les impasses les plus difficiles à résoudre sont celles qui nécessitent des choix souvent déchirants et qui nous confrontent à notre propre personnalité. Les situations les plus complexes se présentent lorsque tous veulent que la relation prospère, mais que tous les efforts sont vains. Je ne peux que vous proposer deux avenues qui pourront vous aider dans votre prise de décision « définitive ».

Premièrement, ne décidez jamais du sort de votre couple en vous laissant emporter par l'ouragan de l'impulsion émotive. Lorsque vos sentiments ne font faire qu'un tour à votre cœur et que votre propos, votre rhétorique, tourne au quart de seconde, ce n'est vraiment pas le moment approprié pour prendre des décisions qui affecteront votre vie, celle de votre partenaire et celle de vos enfants. Il ne sert à rien de vous empresser à prendre ces décisions irréversibles ; sachez que les conséquences de celles-ci vous suivront longtemps.

Si vous vous êtes embarqué sur une montagne russe émotionnelle, regagnez le plancher des vaches pour prendre le temps d'évaluer objectivement et pour rationaliser la situation avant de prendre des décisions qui pourraient complètement perturber votre vie. Par chance, le processus auquel ce livre vous a convié a aplani et atténué de manière significative les sommets à risques de la montagne russe de sorte qu'une meilleure perspective de la situation vous est offerte.

En second lieu, il serait impératif que vous mettiez fin à cette relation dans les circonstances que voici : si vous êtes persuadé que la seule solution est l'abandon, vous devez justifier votre droit à l'abandon. Utiliser la colère en guise de fuite n'est pas une option ; vous ne pouvez pas justifier votre abandon par l'offense qu'on a faite à vos sentiments. Vous devez mériter le droit d'abandonner. Tant que vous ne pourrez pas vous regarder dans le miroir, tant que vous serez incapable de regarder vos enfants droit dans les yeux, et de dire que vous avez fait tout ce qui était dans le domaine du possible pour sauver votre couple, mais que cela n'a pas porté ses fruits, vous n'aurez pas mérité le droit d'abandonner. Vous me trouverez probablement arrogant, mais, tant que vous n'aurez pas assimilé tout ce qui vous a été proposé dans ce livre, je ne crois pas que vous avez le droit de lâcher prise. Vous devez d'abord vous plier à ce processus ; et si après avoir effectué tout ce qu'il exige, vous pouvez dire, « Voilà, Dr Phil, j'ai suivi vos directives à la lettre et, j'en suis désolé, rien n'y fait. », ce n'est qu'alors que vous pourrez prendre une décision définitive.

Je n'ai jamais cru qu'il était possible de sauver un couple à nos dépens. Dans ces circonstances, rien n'est sauvegardé ; ce n'est qu'un échange de prisonniers de guerre. Vous voudriez peut-être me dire, en toute humilité, que vous êtes prêt à vous sacrifier pour la survie de votre couple. Mais, ma

Sauvez votre couple

philosophie sur cette question est la même que celle de Patton sur la guerre. Il a dit : « Je ne tolérerai pas que des hommes biens meurent au champ de bataille pour leur Patrie. Laissez d'autres fils de putains le faire à leur place. Sacrifier des vies pour gagner du terrain n'est pas l'idée que je me fais de la victoire. » De la même manière, je ne vous permettrai jamais de vivre en vous disant : « Je laisserai périr mon âme pour cette relation de couple. » Je ne veux pas que vous disiez : « Je renoncerai à mes espoirs, à mes rêves, à ma dignité, à mes buts et à mon âme afin de me plier aux exigences de cette relation. » Cela ne constitue pas une victoire. Une entité s'éclipse et meurt pour la survie d'une autre. Aucun progrès n'a été accompli.

Faites-moi confiance, si telle est votre approche, votre relation est déjà morte car elle ne vit que par un des deux esprits. Cela signifie qu'une entité vous parasite. Vous savez pertinemment qu'une situation pareille ne peut pas fonctionner à long terme. Redoublez d'ardeur pour sauver votre couple. Vous valez l'effort, mais, je reconnais que le jour viendra peut-être où vous devrez prendre une décision définitive.

J'espère avoir survolé certaines de vos questions. Je savais que, peu importe le nombre de sujets abordés, je ne serais pas capable de les couvrir tous car je sais que vous pouvez être très imaginatifs. Cependant, je dois dire qu'avec les outils, les concepts mis à votre disposition dans ce livre et avec votre nouvelle habileté de renouer avec le noyau de votre conscience, je crois que vous êtes maintenant, et plus que jamais, en mesure de trouver les réponses dont vous aviez besoin. Lorsque c'est nécessaire, prenez du recul face à vos problèmes et à vos défis ; retournez lire certains passages de ce livre et de votre journal personnel afin d'y trouver des réponses pouvant vous guider. Rappelez-vous : vous avez, en vous, les réponses à chacune de vos questions. Votre tâche consiste à utiliser la force et la sagesse présentes dans le noyau de votre conscience pour avoir le courage de vivre dans la vérité.

UNE LETTRE PERSONNELLE VOUS ÉTANT ADRESSÉE

À mes lectrices,

Je désire conclure ce livre par une lettre franche et personnelle qui vient de mon cœur et est adressée au vôtre. Comme un magicien vous laissant voir derrière le rideau, je veux vous exposer quelques vérités rarement reconnues sur la vie et les relations. Je désire partager avec vous le point de vue d'au moins un homme. Je n'insinue d'aucune manière que ce que je m'apprête à vous dire justifie quelque attitude que ce soit ou que mon propos est représentatif du profil ou des points de vue de tous les hommes, mais par ailleurs, je crois que mon évolution au cours des dernières années est très typique et reflète probablement votre situation actuelle.

Premièrement, je parle ici en mon nom, mais, je lance par le fait même un cri d'alarme à mes confrères : *nous, les hommes, ne comprenons tout simplement pas !* Nous voudrions comprendre et, parfois, nous croyons comprendre, mais nous avons tort. Le pourquoi de notre incompréhension n'a aucune importance. Donc, je ne me lancerai pas dans un discours où je nous fais passer pour les victimes d'une mauvaise programmation et je n'insinuerai pas non plus que ce n'est pas de notre faute. Les raisons qui nous poussent à l'incompréhension ne changent rien à celle-ci. Les choses vraiment stupides que nous faisons et celles que nous ne faisons pas sont dues à notre ignorance ainsi qu'à une série de priorités auxquelles nous sommes soudés au point d'être dominés et définis par elles. Je suis persuadé que vous trouverez ces priorités très étranges.

Par exemple, il nous arrive souvent de mesurer étroitement le succès dans une grande perspective financière. Nous retirons de la fierté à être le protecteur, le pourvoyeur de nos familles et nous portons en silence la honte lorsque nous croyons échouer dans ces tâches. Nous pouvons avoir des vues si étroites et devenir si obsédés que nous oublions ou ignorons que d'autres aspects importent. Nous perdons la réalité de vue que vous, les femmes, avez besoin d'amour, de support, d'attention et d'affection. Cette mentalité d'homme des cavernes peut nous rendre aveugles à votre souffrance, à votre solitude et à vos besoins réels. Bref, nous pouvons devenir incroyablement égoïstes. Les hommes veulent vraiment une Betty Crocker à la cuisine et une tigresse sexuelle au lit. Nous poussons l'audace jusqu'à exiger cela de vous dès que vous revenez du travail et sans aucune contrepartie. Nous vous comparons à nos mères et nous nous attendons à passer avant tout, mais nous n'avons aucune idée de comment *vous* rendre la pareille. Notre ego est fragile et lorsque le monde se tourne contre nous, nous faisons la tortue, nous nous refermons sur nous-mêmes et vous essuyez le plus gros de nos frustrations. Nous voulons de votre aide, mais nous vous critiquons et trouvons toujours à redire lorsque vous nous l'offrez, spécialement si vous avez raison.

Nous ne comprenons peut-être pas, du moins pas de la manière que vous voudriez que l'on comprenne, mais cela ne signifie pas que, malgré nos façons maladroites et empotées, nous ne nous soucions pas de vous. Nous sommes sensibles, nous souffrons et nous avons des besoins tout aussi urgents que les vôtres, mais nous jouons les durs et cachons nos émotions. Il est peut-être vrai que les grands garçons ne pleurent pas, mais je vous assure que les hommes, eux, le font. Nos larmes sont peut-être silencieuses et elles coulent sous nos joues plutôt que sur elles, mais nous éprouvons des sentiments profonds – et nous avons des besoins encore plus profonds. Lorsque nous tentons de contrôler par l'intimidation, c'est pour cacher notre peur et nos doutes. Lorsque nous fulminons, c'est que nous sommes frustrés de notre propre incompétence. Lorsque nous critiquons et que nous vous déprécions, nous agissons sur un faux sentiment de supériorité destiné à dissimuler un ego blessé. S'il vous plaît, ne soyez pas repoussées par notre « langage étranger » contradictoire.

Conclusion : nous désirons et nous avons besoin que vous voyiez au travers de notre « masque de macho ». Nous avons besoin que vous veniez nous chercher derrière ce masque, que vous preniez notre main pour l'appuyer sur votre cœur afin que nous puissions en sentir la chaleur.

Deuxième vérité : Soyez persuadées que je ne tente pas de vous duper en apaisant vos inquiétudes quant au futur de votre relation même si vous devez faire face à un partenaire ne voulant pas entrer dans la danse avec vous. Mais, vous pouvez faire toute la différence, une immense différence dans la qualité et le cheminement de votre couple, même sans la participation active et volontaire de votre conjoint.

J'en suis la preuve vivante. Je suis maintenant marié depuis vingt-trois ans et ce mariage est couronné de succès et de bonheur pour la bonne raison que ma femme, Robin, n'a jamais accepté qu'il en soit autrement. Ces succès ne sont pas survenus par moi, mais bien malgré moi. Dans ces vingt-trois années de mariage, j'ai tenté d'adopter toutes les mauvaises habitudes et toutes les formes d'insensibilité imaginables, et, croyez-moi, quelques unes d'entre elles sont réellement inimaginables. L'immaturité et l'insensibilité avec lesquelles j'ai entrepris cette relation auraient normalement voué cette liaison à l'échec. Mais, elle ne l'a jamais permis. Mon train de vie obsessionnel de bourreau de travail aurait dû créer un large gouffre entre nous. Mais, il n'en n'était pas question. J'ai commis d'innombrables actes plus stupides les uns que les autres, j'ai oublié des événements et des engagements de la plus haute importance, j'ai dit des choses que je ne pensais pas et oublié de donner voix à certaines autres qui méritaient d'être partagées. Il y a eu des moments où elle aurait pu, avec raison, m'envoyer en enfer, mais elle a plutôt opté pour la délicatesse et la retenue en laissant mes « crimes » impunis. Elle a décidé d'éviter la confrontation et de ne pas monter en épingle le problème qui méritait de l'être : ma faillibilité. Elle a plutôt choisi de se concentrer sur mes qualités et la valeur de notre famille. Elle m'a aimé même quand j'étais tout sauf aimable et s'est tenue à mes côtés lorsque, même selon elle, j'aurais dû être totalement et souvent à juste titre seul. Elle a fait de notre mariage un succès et m'a permis de devenir un mari comblé lorsqu'il aurait été bien plus facile d'abandonner. Elle l'a fait sans mon aide, sans ma participation active. *Vous* pouvez également réussir.

Notre mariage est un exemple en chair et en os qui prouve que par la dévotion et la persistance, un partenaire peut inspirer et faire ressortir le meilleur chez l'autre. Je n'ai pas toujours été un mari attentionné et affectueux, mais ma femme a fait resurgir ce que j'avais de mieux et je dois vous dire qu'aujourd'hui, je suis véritablement un meilleur partenaire.

Je ne suis pas certain d'avoir mérité cette dévotion et votre partenaire ne la mérite peut-être pas non plus, mais je suis persuadé que *vous* le méritez. Ne nous abandonnez pas et n'abandonnez particulièrement pas votre partenaire. Utilisez ce que vous avez appris par ce livre et rejoignez les rangs de ceux qui commencent à changer ce monde, une vie et une relation à la fois, en commençant par la vôtre.

À mes lecteurs,

Je vais supposer que cette lettre est la seule partie que vous lirez dans ce livre. De toute manière, donnez-moi trois minutes pour vous parler d'homme à homme. Si votre partenaire vous a demandé de lire cette lettre, c'est parce qu'elle vous aime et qu'elle se soucie de votre relation de couple, alors ne jouez pas les bornés en vous renfrognant parce qu'elle s'est penchée sur la question ou parce que vous devrez vous exposer émotionnellement.

Je ne connais pas votre situation en particulier, mais si la femme de votre vie s'est donné la peine d'embarquer dans une automobile, de se rendre au magasin, d'y entrer et d'acheter ce livre, vous pourriez être sérieusement dans l'eau chaude, mon ami. Si vous avez vous-même acheté ce livre, c'est merveilleux. De toute façon, je veux vous donner un bon conseil : réveillez-vous ! Ce livre n'est pas fondé sur la mentalité féministe, son propos ne cherche pas à donner à votre femme les munitions nécessaires pour vous faire frire le cul et vous blâmer de ce qui ne fonctionne pas dans votre couple. Cet ouvrage n'a certainement pas une approche coin-coin et poétique qui désire vous amener au parc sur un duvet pour parler de vos sentiments. Nous avons un plan ici. Ce plan consiste à couper dans la dentelle, faire face à la réalité et a pour but de générer des résultats. Il vous amène à concentrer vos énergies pour obtenir ce que vous désirez et pour exprimer ce que vous croyez être juste tout en considérant ce qui importe pour votre partenaire. Voici le topo : elle aura non seulement à écouter ce que vous avez à dire, mais elle découvrira également de manière active vos besoins et vos désirs avec la ferme intention de ne pas blesser vos sentiments.

Bon, il est certain que vous pouvez continuer à lui fournir des réponses évasives. On ne peut pas vous empêcher de continuer à la blâmer pour ce qui ne va pas dans votre relation de couple. Mais en définitive, cette tactique ne fera que nuire à tous – et vous le savez. Cela vaut-il vraiment la peine de passer votre vie en ignorant la sensation d'insatisfaction qui vous tenaille ? Cela vaut-il la peine d'éviter une chance d'être heureux simplement parce que votre orgueil l'exige et parce que vous détestez avouer qu'il y a beaucoup de place pour l'amélioration dans votre situation ? Je sais exactement où vous en êtes. J'y suis resté moi-même longtemps, très longtemps même. Mais, je vous le promets, vous pouvez utiliser ce livre, non seulement pour déterminer où vous avez quitté la route carrossable dans votre vie et dans votre couple, mais afin de découvrir comment retrouver la douceur de roulement d'un pavé entretenu. Ce livre vous indiquera le chemin sans pour autant vous faire sentir comme une andouille. Vous ne perdrez pas votre virilité en lisant ce livre, mais au contraire, vous la retrouverez probablement.

Vous méritez une relation paisible, heureuse, mutuellement gratifiante, une relation où le plaisir, le support mutuel, le sexe, l'intimité, la camaraderie et la liberté sont mis en valeur. Lisez ce livre, faites les exercices proposés et vous ne croirez pas aux changements qui s'effectueront dans votre vie. J'ai la ferme conviction que vous ne trouverez pas ailleurs l'aide que je vous offre par ce livre ou une meilleure chance de remettre votre relation de couple sur la bonne voie.

Il n'est pas trop tard, mais le temps est compté. Vous devez passer à l'action. Je ne veux pas que vous fichiez tout en l'air. Comme on dit souvent : « C'est toujours pareil, on n'apprécie jamais assez ce que l'on a avant de le perdre. »

~ UN DERNIER MOT ~

Eh bien, vous avez maintenant tout ce qu'il vous faut : les outils et la clarté d'esprit nécessaires à la création de ce que vous désirez et méritez dans votre couple. J'ai dit à plusieurs reprises dans cet ouvrage que les comportements significatifs antérieurs sont les meilleurs précurseurs des comportements futurs. Voilà votre lourd fardeau ; c'est l'obstacle le plus difficile à contourner à ce moment-ci de votre parcours. Vous aviez des habitudes comportementales, des modèles par lesquels vous pensiez et vous viviez vos émotions ; ils sont toujours enracinés et surgissent de manière automatique. La vie en général, mais plus particulièrement votre mode de vie tenteront de vous faire retomber dans l'engrenage d'une relation distante, stérile et improductive. Vous avez travaillé si fort pour en sortir et vous savez maintenant que vous pouvez être victorieux en vous immergeant dans le noyau de votre conscience. Nourrissez ce renouement avec vous-même. Reconnaissez que dans l'histoire de notre monde, il n'y a jamais eu et il n'y aura jamais plus un autre *vous*. C'est un lourd contrat, certes. Cela signifie que votre vie et la manière dont vous la gérez constituent une lourde responsabilité. Comment pouvez-vous oser vous permettre de vous satisfaire d'une vie et d'un amour de seconde classe ?

Donnez-vous la permission – en fait, obligez-vous – d'aller de l'avant avec espoir, optimisme et une passion effrénée. N'ayez pas peur d'admettre que vous éprouvez ce désir et n'ayez pas peur de démontrer votre enthousiasme à le voir comblé. Vivre dans la joie et dans l'amour est des plus naturels et sains. Je crois que cela fait partie du plan divin pour ce monde. La seule raison qui pousse autant de gens à bannir la joie et l'amour de leur vie, c'est que dans leur infinie sagesse, ils ont décidé de « réarranger » et de « retoucher » le plan de Dieu.

Embrassez les concepts fondamentaux que ce livre vous a dévoilés et vivez-les avec passion, énergie et enthousiasme. Vous n'avez probablement pas vécu ainsi depuis votre tendre enfance. Vous rappelez-vous comment il était plaisant de danser, de chanter lorsque vous étiez trop jeune pour vous soucier de ce que les autres pensaient ? C'est ce sentiment que vous devez retrouver, c'est l'esprit inébranlable et libre de toute peur qui vous enflammera, qui allumera un feu en vous. Ce feu entraînera inévitablement votre partenaire dans la chaleur de la passion. Vous vous êtes préparé à réussir. Il est maintenant temps de réclamer et de vivre cette victoire.

La plupart des organismes suivants vous offrent un service confidentiel 24 heures sur 24 où vous pouvez discuter avec des conseillers expérimentés pouvant vous fournir des informations sur les refuges, sur les lois en vigueur, sur les services sociaux et sur l'aide disponible.

Drogues :   Aide et Références
                     Aucun frais, composez   1-800-265-2626

Jeu :   Aide et Référence
                     Aucun frais, composez   1-800-461-0140

Violence conjugale : (S.O.S.) 1-800-363-9010

La Ligne parents :   (Pour les parents en difficulté)
                     Aucun frais, composez   1-800-361-5085

Jeunesse J'écoute : (Ligne à l'écoute de vos enfants)
                     Aucun frais, composez   1-800-668-6868

Pour vous faire référer à un psychologue dans votre secteur, rejoignez sans frais le service de référence des psychologues de l'Ordre des Psychologues du Québec au 1-800-561-1223. Si vous restez en dehors du Québec, contactez l'Association des psychologues de votre province. Si vous croyez avoir besoin d'une assistance immédiate, veuillez s'il vous plaît composer votre numéro d'urgence local ou contacter votre centre de crise local dont vous trouverez le numéro dans la section « Aide morale » de votre annuaire téléphonique.

~ RESSOURCES LOCALES ~

CLSC et Hôpitaux locaux – demandez les services sociaux

Du même auteur
aux Éditions AdA

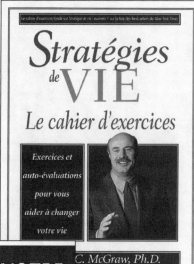

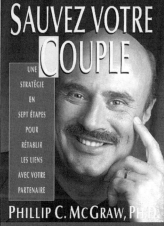

En vente dans toutes les bonnes librairies

Tél.: (450) 929-0296   Fax: (450) 929-0220
www.AdA-inc.com   info@AdA-inc.com

IMPRESSION
IMPRIMERIE GAGNÉ

IMPRIMÉ AU CANADA